Meisterwerke der Architektur

D. M. Field

EDITION XXL

Inhalt

Vorwort
8

Die Antike
10

Die klassische Welt
28

Das Mittelalter
46

Renaissance bis Barock
122

Barock bis Klassizismus
176

Der Ferne Osten
230

Südasien
256

Islam
284

Das 20. Jahrhundert
314

Glossar
398

Index
402

VORWORT

Die Architektur ist die einzige Kunst, an der wir nicht vorbeikommen. Sie ist allgegenwärtig, wir leben mit und sogar in architektonischen Bauten, immer in dem Wissen, dass alle Bauwerke gestaltet oder geplant wurden, auch wenn der Architekt nicht Brunelleschi oder Sir Norman Foster war. Dabei ist Architektur wahrscheinlich die am wenigsten angesehene der darstellenden Künste. Dies beruht zum Teil auf der Tatsache, dass sie einem praktischen Zweck dient, was ihr in der westlichen Welt, wenn auch nicht in anderen Kulturen, eben jenes geringe Ansehen beschert. Architektur wird zu „reinem" Handwerk und unterliegt somit ökonomischen, politischen oder sozialen Beschränkungen. Doch zu einem gewissen Grad beruht der untergeordnete Status der Architektur auch auf einer Ernüchterung, hervorgerufen durch viele Werke der Moderne, wie z. B. die Glastürme im Stil von Ludwig Mies van der Rohe und die Le Corbusier nachempfundenen Betonblöcke, die das Stadtbild europäischer Städte in den Jahren nach dem Zweiten Weltkrieg verunstalteten. Ältere Architektur wird öfter als Kunst angesehen, hauptsächlich deswegen, weil Älteres eher als erhaben betrachtet wird.

Doch zu Beginn des neuen Jahrtausends gibt es Anzeichen dafür, dass sich diese voreingenommene Haltung verändert. Es ist nach unseren Erkenntnissen nicht länger notwendig, Vergangenes nachzuahmen, um die Hässlichkeit der Gegenwart zu vermeiden. Das 20. Jahrhundert mag nicht viele unbestrittene Meisterwerke hervorgebracht haben, aber es entstand doch eine noch nie da gewesene Anzahl an kreativen, innovativen und spektakulären Bauwerken.

Durch die Vorstellung von rund 200 Bauwerken soll dieses Buch einen Überblick über die architektonischen Schätze dieser Welt bieten. Die Mehrheit befasst sich aufgrund ihrer größeren Vielfalt, Anzahl und Beständigkeit mit westlicher Architektur. In Ostasien war Holz das traditionelle Baumaterial, was dazu führte, dass nur sehr wenige Bauwerke aus der Zeit vor der Ming-Dynastie (1368–1644) erhalten sind. Wäre uns daran gelegen gewesen, die Auswahl nach rein ästhetischen Gesichtspunkten durchzuführen, so hätte der Abschnitt über den Islam größer ausfallen müssen. Wir haben jedoch diese Bauwerke ausgewählt, weil sie aus verschiedenen Gründen etwas Besonderes oder Typisches sind. Die Auswahl unterlag keinen speziellen Kriterien – der Großteil wurde aufgrund persönlicher Vorlieben hinzugefügt oder weggelassen.

Die Bauwerke sind nach regionalen und chronologischen Aspekten geordnet, wobei es in beiden Fällen einige Ausnahmen gibt. So haben wir uns die Freiheit genommen, manchmal zwei Bauwerke des Vergleiches wegen nebeneinander zu platzieren, die eigentlich der korrekten Datierung entsprechend früher oder später im Buch hätten erscheinen sollen.

Es ist bei vielen Bauwerken ohnehin schwierig, das genaue Erbauungsdatum zu bestimmen, da diese oft über Jahre oder gar Jahrhunderte hinweg erbaut wurden.

Dieses Buch soll ein breites Spektrum an Lesern ansprechen, weswegen auf schwer verständliche Theorien und technische Termini so weit als möglich verzichtet wurde.

Kapitel 1

—◆—

Die Antike

Stonehenge

Die Pyramiden von Gizeh

Die Zikkurat in Ur

Abu Simbel

Der Amun-Tempel in Karnak

Das Ischtar-Tor in Babylon

Knossos

Persepolis

Sonnenpyramide, Teotihuacán

Machu Picchu

Mesa Verde

DIE ANTIKE

Für gewöhnlich bringt man Architektur nur mit dem Menschen in Verbindung, doch gebaut wird auch – und zwar bemerkenswert gut – in der Tierwelt. Beispielsweise verziert der Laubenvogel seine hübsche Laube auf solche Art und Weise mit Blumen und Muscheln, dass man von gutem Geschmack spräche, wäre der Vogel ein Mensch. Deswegen würden wir den Laubenvogel aber nicht als Architekten bezeichnen.

Seit jeher baut der Mensch. Auch umherziehende Jäger und Sammler in der Altsteinzeit müssen Unterschlupfmöglichkeiten aus Blättern und Ästen gehabt haben.

Doch Bauten, die länger überdauern sollten, wurden erst möglich, als sich die Menschen niederließen. Das konnten sie im Allgemeinen nicht, bis sie gelernt hatten Getreide anzubauen und Tiere zu halten. Als Bauwerke nicht mehr nur vorübergehend genutzt wurden, wurden ihnen neben der rein funktionalen auch noch andere Eigenschaften beigemessen. So entstand Architektur. Wie es schon Vitruvius im 1. Jahrhundert v. Chr. definierte, ist Architektur das Errichten von Gebäuden, die drei Kriterien erfüllen: Sie sind nützlich, solide gebaut und venustas, also entzückend – schlicht Kunstwerke.

Bis vor kurzem waren die Bauwerke, die die Jahre überdauerten, fast ausschließlich Tempel, Paläste, Schlösser und Vergleichbares. Gewöhnliche Häuser wurden aus weniger beständigen Materialien wie Lehm oder Holz gebaut. Ihnen wurde natürlich weitaus weniger Pflege zuteil als den verschwenderisch gestalteten Heimstätten von Göttern und Herrschern. Es ist folglich kein Wunder, dass die ältesten architektonischen Werke in der Hauptsache religiösen Ursprungs waren, wie zum Beispiel die großartigen Tempel im alten Ägypten oder in Griechenland. Mit der Zeit spielten auch andere Bauwerke eine immer größere Rolle, doch waren meist spirituelle Motive für die architektonischen Meisterleistungen verantwortlich. Denken wir an die Kathedralen Europas im Mittelalter, an die barocken Kirchen aus der Zeit der Gegenreformation, an die islamischen Moscheen und Medresen oder an die Hindu- und Buddha-Tempel in Süd- und Südostasien.

Der Bedeutungsverlust der Religion im Westen mag eine Erklärung dafür sein, warum wir in der heutigen Zeit nicht länger großartige Bauwerke schufen und schaffen, obwohl wir eine nie gesehene Anzahl an ausgezeichneten Architekten haben.

DIE ANTIKE

Stonehenge

Stonehenge, das sich inmitten der trostlosen Weite der Salisbury Plain in Südengland erhebt, ist das berühmteste Monument aus der Zeit der Megalithkultur Europas. Schon 3000 v. Chr. begannen die ersten Arbeiten und fast zwei Jahrtausende lang wurde das Bauwerk genutzt. Es besteht aus einem unvollständigen Kreis aus roh behauenen, aufrecht stehenden Steinen, die bis zu 7 Meter hoch und ringförmig angeordnet sind.

Archäologen unterscheiden drei Hauptphasen der Errichtung. In der ersten Phase, der Jungsteinzeit, gruben Arbeiter einen kreisförmigen Graben mit fast 100 Metern Durchmesser, der von einem Ringwall umgeben war. Zwei große Steine, von denen einer auch heute noch existiert, markierten den Eingang. In der zweiten Phase, ca. 2100 v. Chr., wurden aus 80 Blausteinsäulen, von denen jede bis zu vier Tonnen wog, zwei konzentrische Kreise im Zentrum des Grabens errichtet. 100 Jahre später, wurden senkrecht stehende Sandsteinfindlinge (Sarsen) in einem Kreis angeordnet und mit Decksteinen bedeckt. Diese Dreisteine oder Trilithen haben trotz Witterung und Plünderung bis heute ihre Form behalten. Da es in der Nähe keinerlei natürlichen Fels gab, mussten die Sarsen aus den 32 Kilometer entfernten Marlborough Downs herbeigeschafft werden. Der einzige bekannte Herkunftsort der riesigen Blausteine ist Südwales. Vermutlich wurden die Steine mit Schlitten und Flößen zur Baustelle gebracht. Die Theorie, es gäbe eine Verbindung zu Druiden, ist sicherlich falsch, da diese erst Jahrhunderte später auf der Bildfläche erschienen.

Die durchaus umstrittene Rekonstruktion lässt Stonehenge weniger wie zuvor ruinenhaft wirken.

DIE ANTIKE

Die Pyramiden von Gizeh

Obwohl sich die ägyptische Architektur fast 3000 Jahre lang kaum veränderte, gab es doch einen Wandel. Die Pyramiden, die als Grabstätten für die Pharaonen gebaut wurden, entstanden nur im Alten Reich (ca. 2575–2134 v. Chr.). Sie entwickelten sich aus einer flachen Vorgängerform, und wurden ca. 1800 v. Chr. durch tief in die Felsen eingelassene Gräber ersetzt, um der Grabräuberei – leider erfolglos – Einhalt zu gebieten.

Heute existieren noch 100 Pyramiden, von denen die meisten allerdings nicht viel mehr als Geröllhaufen sind. Die Pyramiden von Gizeh in der Nähe Kairos werden oft als die schönsten ihrer Art bezeichnet. Sie sind als letztes der sieben Weltwunder der Antike erhalten geblieben.

Mit 230 m Seitenlänge und einer ursprünglichen Höhe von 147 m ist die Cheops-Pyramide die größte und älteste. Sie ist größer als die fünf größten europäischen Kathedralen zusammen und besteht angeblich aus ca. 2300000 Steinblöcken, die durchschnittlich 2,5 Tonnen wiegen. In ihr verborgen sind drei separate Kammern, welche durch Furcht erregende, verwinkelte Passagen erreicht werden können.

Die Pyramide bietet noch immer einen Ehrfurcht gebietenden Anblick, doch die Zeit hat auch hier Spuren hinterlassen. Die Pyramiden von Gizeh gehören selbst 4500 Jahre nach ihrer Erbauung noch immer zu den Meisterwerken der Architektur.

GEGENÜBER
Die drei Pyramiden von Gizeh

UNTEN
Die Oberflächenstruktur der Pyramiden ist fast gänzlich verschwunden.

DIE ANTIKE

Der restaurierte untere Teil der Zikkurat in Ur

Die Zikkurat in Ur

Den Sumerern im Süden Mesopotamiens (etwa des heutigen Iraks) wird gemeinhin die älteste der antiken Zivilisationen zugeschrieben. Im Zentrum des Lebens der Sumerer stand der Tempel, das Haus des über die Stadt herrschenden Gottes. Zu jener Zeit war der König lediglich dessen Beauftragter. Im Süden Mesopotamiens waren Steine oder Holz nur spärlich als Baumaterial verfügbar, doch es wurden durch den regelmäßig über die Ufer tretenden Fluss Unmengen an Schlick angeliefert. Dieses in anderen Klimaregionen unbrauchbare Material hält sich in trockenen Gebieten erstaunlich lange.

Aber die Zikkurat in Ur ist auch deswegen vergleichsweise gut erhalten, weil die schrägen Wände zuerst mit Mörtel aus Schlamm und dann mit an der Sonne getrockneten Ziegeln bedeckt wurden. Interessant ist, dass diese Verkleidung in Abständen durch flache vertikale Kanäle unterbrochen wird, die wahrscheinlich den Kern des Gebäudes atmen lassen sollten, um Risse während der Regenzeit zu vermeiden. Die Zikkurat wurde unter der Herrschaft von Urnammu, einem König der 3. Dynastie, vor ca. 4000 Jahren erbaut, etwa 1000 Jahre später als die ältesten sumerischen Tempel in Eridu und Uruk.

Aus deren ursprünglicher Tempelform entstand schließlich die Zikkurat, ein Dreistufenbau. Dies war vormals auch die Form der Zikkurat in Ur, bei der sich auf der obersten Stufe der Tempel des Mondgottes Nanna befand. In den königlichen Gemächern und Gräbern fanden sich auch hier außergewöhnliche Schätze.

DIE ANTIKE

Abu Simbel

Abu Simbel liegt ca. 280 km südlich von Assuan in Nubien. Während der Zeit des Mittleren Reiches (2134–1786 v. Chr.) wurde die Region von den Ägyptern erobert und mit Unterbrechungen auch bis zum 8. Jahrhundert v. Chr. regiert. Es folgten die Nubier, die jedoch bald von den Assyrern vertrieben werden sollten.

Der große Tempel in Abu Simbel wurde unter der langen Regierungszeit des Pharao Ramses II. (1304–1237 v. Chr.) erbaut und kündete von dessen enormer Macht. In die Steinfassade sind vier gewaltige Nachbildungen Ramses' eingearbeitet. Jede ist 20 m hoch und von winzigen Abbildungen seiner Familie umgeben. Der Tempel wurde im typischen Stil konstruiert, also mit zwei großen Säulenhallen, die von Kammern umgeben sind. Die Konstruktion war so angelegt, dass Sonnenstrahlen an den beiden wichtigsten Festtagen des Jahres, am 20. Februar und am 20. Oktober, das Heiligtum im Inneren erleuchten. Die Innenwände wurden mit bemalten Reliefs geschmückt, die die kriegerischen Taten des göttlichen Herrschers darstellten, wie z. B. seine berühmten Schlachten mit den Hethitern in Syrien. Diese Schlachten waren die ersten, die anhand von Inschriften rekonstruiert werden konnten. Ein hübscher, kleinerer Tempel ist Ramses' Großer Gemahlin Neferati gewidmet.

In den 1960er-Jahren drohte Abu Simbel die Überflutung durch den Assuan-Stausee. Zur Rettung wurde der gesamte Komplex in Einzelteile zerschnitten und um 60 m versetzt wieder aufgebaut.

Ramses II. ließ – einschließlich des großen Tempels – sieben Tempel in Abu Simbel erbauen. Der so genannte kleine Tempel (links) war seiner Großen Gemahlin Neferati geweiht. Im Inneren des Tempels ist ihre Vergöttlichung abgebildet. Unten sind Details der Außen- und Innenverzierungen der Tempel in Abu Simbel zu sehen.

DIE ANTIKE

RECHTS
Die gewaltigen gedeckten Säulen mit Papyrus nachempfundenen Kapitellen im Karnak-Tempel, der größten Tempelanlage dieser Art.

GEGENÜBER
Sphinx-Allee in Karnak. Die Löwen mit Widderköpfen stellen Amun dar; die menschlichen Figuren Könige.

UNTEN
Obelisk der Pharaonin Hatschesput

Der Amun-Tempel in Karnak

Von Theben, der Hauptstadt Ägyptens während der Zeit des Neuen Reiches (1550–1070 v. Chr.), ist nur wenig erhalten, doch die beiden großen Tempel in Luxor und speziell in Karnak (Letzterer liegt direkt am Nil) sind bemerkenswerte Ausnahmen.

Die Tempel im antiken Ägypten waren keine Kultstätten, sondern die Wohnsitze der Götter. Oft ersetzten die noch heute existierenden Tempel ältere, die aus Zeiten des Alten Reiches stammten. So hat sich nahezu 1500 Jahre lang der Baustil kaum verändert. Diese Tempel sind riesig, und ihre Bauelemente gliedern sich entlang einer Achse. Zu beiden Seiten des Haupteingangs befinden sich Pylonen, dahinter gelangt man in einen Säulenhof und in eine Säulenhalle. Die Wände sind reich mit den typischen Reliefs verziert, welche Kultriten, Taten des Pharao und manchmal auch gewöhnliche Szenen darstellen. Doch die mit Säulen fast schon überfüllte Halle war lediglich eine Art Vorraum. Erst dahinter lag das vergleichsweise dunkle und niedrige Heiligtum, in dem die Statue, in der der Gott verweilte, in einem Schrein aufbewahrt wurde.

Dem einfachen Volk blieb der Zutritt verwehrt, doch bei Festen wurde die Gottesstatue ins Freie gebracht. Einen Monat dauerte die jährlich zur Zeit der Überschwemmungen – wenn niemand auf den Feldern arbeiten konnte – stattfindende Zeremonie, während der die Statue auf dem Wasserweg nach Theben gebracht wurde. Wie in einem mittelalterlichen Klosterbetrieb waren um 1200 v. Chr. 10000 Menschen im Amun-Tempel beschäftigt.

DIE ANTIKE

Das Ischtar-Tor in Babylon

Obwohl Babylon schon 3000 v. Chr. existierte, gelangte es erst 1800 v. Chr. zu großer Bedeutung, als Hammurabi es zur Hauptstadt seines Reiches erklärte, welches sich vom Persischen Golf bis zu den Grenzen Anatoliens erstreckte. Die Stadt wurde in den folgenden Jahrhunderten nicht nur von den Hethitern überfallen und geplündert. Ab 900 v. Chr. herrschten dort die Assyrer bis zum Fall ihres eigenen Reichs 612 v. Chr. Unter Nebukadnezar II. (602–562 v. Chr.) wurde Babylon erneut zu einer der wichtigsten politischen Mächte im Nahen Osten.

Die Ruinen wurden seit Anfang des 20. Jahrhunderts freigelegt. Sie befinden sich an den Ufern des Euphrat, ca. 90 km südlich von Bagdad. Die Stadt überspannt den Fluss, ist von einer Mauer umgeben und hatte einen Umfang von 19 km. In ihr fand man sagenhafte Bauwerke, wie eine siebenstufige Zikkurat, die gemeinhin als Turm zu Babel bezeichnet wird, und Nebukadnezars Palast mit den Hängenden Gärten, einem der sieben Weltwunder der Antike. Bei den Ausgrabungen zeigte sich, dass der Palast wesentlich kleiner war als angenommen.

Durch das Ischtar-Tor gelangte man in die Stadt und anschließend auf die Prozessionsstraße, die Hauptstraße der Stadt, die diese zweiteilte. Diese Straße, der Palast und auch das Ischtar-Tor waren mit glasiertem Mauerwerk bedeckt, welches kunstvoll mit Wappentieren verziert war. Die Tiere, unter ihnen nicht nur Löwen und Stiere, sondern auch mythische Wesen, wurden auf großen Tafeln aus weichem Lehm geformt. Diese Tafeln wurden in Ziegel geschnitten, gebrannt und an der Wand wieder zusammengesetzt. Die Farben variieren, sind jedoch immer hell auf dunkelblauem Grund. Diese Technik war zwar nicht neu, aber sie war noch nie so großflächig angewandt worden. Die Perser, die unter Kyros dem Großen im Jahre 539 v. Chr. die Stadt eroberten, waren derart beeindruckt, dass sie babylonische Kunsthandwerker mit in ihre Hauptstadt Susa nahmen.

Das Ischtar-Tor befindet sich heute vollständig restauriert im Nationalmuseum in Berlin.

DIE ANTIKE

Knossos

Eine der aufregendsten Entdeckungen des 20. Jahrhunderts war die minoische Kultur in der Ägäis. 1900 begannen die Ausgrabungen in Kreta unter der Leitung Sir Arthur Evans. Obwohl der Palast des legendären Königs Minos praktisch nicht mehr existierte, wurde mutig versucht, einiges, insbesondere die vermeintlich königlichen Gemächer, originalgetreu wiederherzustellen. Einigen Stimmen zufolge allerdings ohne großes Einfühlungsvermögen, da beispielsweise die typischen, kurzen, rot bemalten Säulen anstatt aus Holz aus Beton gefertigt wurden.

Der erste Palast wurde ca. 2000 v. Chr. erbaut und bestand aus Einzelgebäuden, die sich um einen großen Zentralhof gruppierten. Die heute noch sichtbaren Überreste stammen aus dem nach einem Erdbeben erneut erbauten Palast (1720 v. Chr.). Die Gebäude sind zwischen zwei und fünf Stockwerken hoch, wurden durch schattige Säulengänge und Treppen miteinander verbunden und von einem überdimensionalen Kulthorn überragt. Dass der Stier in Kreta ein heiliges Tier war, zeigen auch die berühmten Abbildungen des faszinierenden Stiertanzritus. Diese Abbildungen waren in Stein gehauen und vergoldet, am äußeren Rand der flachen Dächer angebracht und erzeugten im Sonnenlicht sicherlich einen großartigen Effekt.

Der Palast war eigentlich eine kleine Stadt mit Tausenden von Räumen und einer Fläche, in der zwei Fußballfelder Platz gefunden hätten. Die Restaurierungsarbeiten sind im Thronsaal am weitesten vorangeschritten, wo der Fries, der mythische Untiere zeigt, anhand von Fragmenten, die bei den Ausgrabungen entdeckt wurden, fertig gestellt ist. Der Alabasterthron ist jedoch original.

OBEN
Eine der Säulenhallen, die vermutlich Privatgemächer waren

LINKS
Ein restaurierter Bereich im östlichen Trakt des Palastes mit den roten Betonsäulen

GANZ LINKS
Einige der Vorratsgefäße oder Pithoi mit kunstvoller Verzierung aus Knossos

DIE ANTIKE

DIE ANTIKE

Persepolis

Persepolis (griechisch für „Stadt der Perser") wurde gegen Ende des 6. Jahrhunderts v. Chr. von Darius I. gegründet und von Xerxes und dessen Nachfolgern fertig gestellt. Obwohl die abgelegene Stadt als Regierungssitz ungeeignet war, diente sie doch fast zweihundert Jahre lang als Hauptresidenz der Königsfamilie.

Die Griechen wussten zwar nichts von Persepolis, bis Alexander der Große die Anlage 331 v. Chr. eroberte; trotzdem sind z. B. in einem Wandfries Figuren abgebildet, deren Gewänder griechischen Einfluss zeigen. Die Achämeniden, die Gründer der persischen Königsfamilie, zeigten wenig künstlerischen Einfallsreichtum, ahmten dafür aber umso besser schon Dagewesenes nach.

Der gesamte Komplex erhebt sich auf einer riesigen Kalksteinplattform, die auf abschüssigem Boden einen ebenen Untergrund bildet. Im Osten wurde Persepolis vom Berg Kuh-e Rahmat abgeschirmt, an den anderen drei Seiten umgab eine bis zu 12,5 m hohe Mauer die Anlage. Eine prunkvolle Treppe führte im Westen an die Spitze des Palastes. Auch bei diesen kolossalen königlichen Palästen wurde mit Säulen und Stürzen gearbeitet. Neben den Palästen von Darius I., Xerxes und Artaxerxes III. schloss die Anlage eine Schatzkammer, einen Harem und den Hundertsäulensaal, Xerxes' Thronraum, mit ein. Überreste extrem großer Steinblöcke, die akribisch behauen worden waren, stehen noch heute. Zwar wurde die Anlage zu großen Teilen von dem rachedurstigen Alexander zerstört, doch ist Persepolis eines der imposantesten Bauwerke der Welt. In der südlichen Mauer ist noch immer Darius' Inschrift zu lesen: „Gott schütze dieses Land vor Feinden, Hunger und Lüge."

GEGENÜBER
Diese Gesamtdarstellung enthüllt die enorme Fläche der Zitadelle.

UNTEN
Teil der zeremoniellen Prunktreppe

DIE ANTIKE

Sonnenpyramide, Teotihuacán

Vor ca. 2400 Jahren ließ sich ein wenig erforschtes Volk in einem fruchtbaren Ausläufer des Tals von Mexiko nieder. 400 Jahre später begannen diese Menschen, nordöstlich vom heutigen Mexiko-City, eine gewaltige Anlage zu errichten, die sich zur größten Stadt Mesoamerikas entwickeln sollte. Während ihrer Blütezeit im 6. Jahrhundert n. Chr. erstreckte sich diese über 20 Quadratkilometer und bot mehr als 100000 Menschen Platz. Außenposten des Reiches waren von der Golfküste bis nach Guatemala zu finden. Die Stadt selbst wurde nach einem strengen Gittermuster geplant, wobei sogar Flüsse kanalisiert wurden, um der geradlinigen Bauform gerecht zu werden. Die spezielle Ausrichtung von Straßen und Bauwerken lässt auf astronomische Überlegungen schließen. Die Bauten, die früher entlang der Hauptdurchgangsstraße standen, sollen Gräber gewesen sein, weswegen die Allee die Straße der Toten genannt wird. Sie verläuft südlich der Mondpyramide und östlich der etwas größeren Sonnenpyramide, welche beide in den frühesten Bauphasen entstanden.

Wie alle Tempel in Teotihuacán ist auch der Sonnentempel verschwunden. Die gewaltige Zikkurat, auf der er sich erhob, ist samt dem Zeremonienplatz noch erhalten. Sie ist 225 m lang, 73 m hoch und besteht aus fünf großen Stufen mit abfallenden Seiten, wobei die vierte auffallend klein ist. Im Westen, mit Blick auf die Straße der Toten, führt eine mächtige Treppe nach oben. Den Kern der Pyramide bilden fast 1 Million m³ Erde; die Außenseite wurde mit rotem Vulkangestein und Kalk beschichtet.

Bereits im Verfall begriffen, wurde Teotihuacán ca. 650 n. Chr. von den Tolteken geplündert.

OBEN
Kopf des Gottes Quetzalcoatl

RECHTS
Ansicht der Sonnenpyramide mit der Straße der Toten im Vordergrund

DIE ANTIKE

Machu Picchu

Als die Spanier nach Südamerika kamen, umfasste das junge Inkareich den Großteil der Länder westlich der Anden, von Ecuador bis nach Chile. Erst seit 1200 gibt es Zeugnisse der Inka, und in Peru etablierte sich die Macht der „Kinder der Sonne" gerade einmal Mitte des 15. Jahrhunderts. In den darauf folgenden Jahren wurde das Reich bis zu seiner Auslöschung um 1532 nach Ankunft der Spanier unter Führung von Pizzaro noch weiter ausgedehnt. Die Inkas trotzten den topographischen Gegebenheiten und errichteten die meisten ihrer Städte, einschließlich der Hauptstadt Cusco, hoch oben in den Bergtälern. Gute Straßen, die allerdings nie von Gefährten mit Rädern befahren wurden, verbanden Dörfer und Außenposten. Ein Rätsel bleibt, wie die Inkas das Kommunikationsproblem überwanden, das mangels einer gebräuchlichen Schriftsprache herrschte.

Auch die genaue Funktion Machu Picchus (Quechua für „Alter Gipfel") umgibt ein Mysterium. Von der spektakulären Inkastätte auf einer hohen Klippe, umgeben von Berggipfeln, sollten die Spanier erst 1911 erfahren, als der amerikanische Archäologe Hiram Bingham nach Jahrhunderten der Vergessenheit Machu Picchu wieder entdeckte. Wahrscheinlich hatte die Wahl des Standorts religiöse Motive. Auch die Architektur lässt darauf schließen, dass Machu Picchu mehr gewesen ist als eine reine Grenzschutzanlage. Eine bemerkenswerte Besonderheit ist die in Stein gehauene Intihuatana (Sonnenuhr) die zweifelsohne mit dem Sonnengott Inti in Verbindung zu bringen ist.

Die sorgfältige Planung und die exakte Bauweise legen nahe, dass Machu Picchu wahrscheinlich von höchster Stelle aus, nämlich vom 80 km entfernten Cusco, organisiert wurde.

Der Blick über Machu Picchu. Die Inkastätte schwebt aufgrund von Erosion in ernsthafter Gefahr. 2001 zeigte ein Gutachten, dass ein großer Teil der Anlage kurz davor steht, zerstört zu werden.

DIE ANTIKE

Der Cliff Palace, der Felsenpalast in Mesa Verde. Die ringförmige Struktur im Vordergrund ist eine bei Ausgrabungen freigelegte Kiva.

Mesa Verde

Der Mesa-Verde-Nationalpark in Colorado, im Südwesten der USA, wurde 1906 gegründet, um die antiken Felswohnungen der Anasazi-Indianer zu erhalten. Lange vergessen, wurden sie ca. 1890 von Cowboys wieder entdeckt. Vor fast 2000 Jahren lebten dort Korbmacher, die Getreide wie Mais und Bohnen auf den grünen (verde) Felsplateaus (mesa) anbauen konnten. Sie hoben kreisförmige Gruben als Vorratskammern aus, die – nachträglich mit Stein umgeben und mit einem Dach versehen – zu Wohnstätten umfunktioniert wurden. Später bauten sie Steinhäuser, die manchmal zwei oder mehr Stockwerke hoch waren.

Ihre Nachfahren bauten zwischen dem 12. und dem 14. Jahrhundert die berühmten Felsenwohnungen, wahrscheinlich um sich gegen plündernde Navaho- und Apachen-Indianer zu verteidigen. Im Erdgeschoss gab es weder Fenster noch Türen, und die oberen Stockwerke waren nur mithilfe von Leitern erreichbar, welche bei drohender Gefahr leicht entfernt werden konnten. Ein Loch in der Decke diente als Verbindung zwischen den Etagen. Die Räume maßen durchschnittlich 18 m². Es gab auch heilige Kammern, die so genannten Kivas, die sich unter dem Erdgeschoss befanden.

Mit großem Können bearbeitete Steine sowie Lehmmörtel dienten als Baumaterialien. Die Decken bestanden aus überkreuzten Balken, auf denen kleine Äste lagen, die mit Lehm verputzt wurden. Durch das Zurücksetzen der oberen Stockwerke wurde ein Terrasseneffekt ähnlich dem einer Zikkurat erzeugt. Der spektakuläre Cliff Palace, ein Felsenpalast, wurde zwischen 1100 und 1300 bewohnt und umfasst 200 Räume und 23 Kivas.

Im frühen 14. Jahrhundert verließen die Menschen die Mesa Verde, um auf der Suche nach besseren Wasserstellen gen Süden zu ziehen. Überfälle von Nomaden und Meinungsverschiedenheiten zwischen den Stämmen könnten jedoch auch Anlass zur Aufgabe der Mesa Verde gewesen sein.

DIE ANTIKE

Eine Ansicht der in die Felsen gebauten Mesa Verde. Weit mehr als 400 Menschen sollen sie bevölkert haben.

Kapitel 2

Die klassische Welt

Paestum

Der Apollontempel bei Bassae

Der Parthenon in Athen

Das Erechtheion in Athen

Das Theater von Epidaurus

Das Stadion in Olympia

Der Pont du Gard in Nîmes

Die Maison Carrée in Nîmes

Das Kolosseum in Rom

Das Pantheon in Rom

Die Caracalla-Thermen in Rom

Der Diokletianspalast von Spalato

DIE KLASSISCHE WELT

Die treibende Kraft der Architektur im alten Griechenland war die Religion. Die Suche nach dem perfekten Tempel wurde am perfekten Größenverhältnis festgemacht, was fast schon ein mathematisches Unterfangen war. Die Griechen waren außerordentlich traditionsbewusst, jedoch nicht immun gegen fremde Einflüsse, wie die aus dem Osten stammende Ionische Ordnung beweist. Dekorative Details wie Metopen und Triglyphen wurden, wie ihre Vorgänger aus Holz, in die typische Säulenstruktur eingefügt. Diese Architektur basiert auf geraden Linien, wenn auch absolut gerade Linien rar sind, zum Beispiel im Parthenon. Die Griechen wandten die so genannte Entasis an, eine leichte Wölbung der Säulen nach außen. Oft bezieht man sich auf den Parthenon in Athen, wenn man beschreiben möchte, was dem perfekten Bauwerk am nächsten kommt. Der Tempel vereinigt 150 Jahre Evolution der klassischen dorischen Ordnung in sich. Andere schöne Bauwerke, beispielsweise Theater, wurden im klassischen Griechenland erbaut und zu Zeiten des Hellenismus, Ende des 4. Jahrhunderts v. Chr., verbreiteten sich die unterschiedlichsten Typen. Begabte Künstler wurden sogar für die Gestaltung von Privathäusern engagiert, und die Verzierungen wurden noch kunstvoller, als die korinthische Ordnung die Schlichtheit der dorischen Ordnung ersetzte. Die Griechen waren sich der Existenz des Bogens durchaus bewusst, sie interessierten sich schlichtweg nicht für ihn. Der Bogen ermöglicht den Bau von Gewölben und Kuppeln, und im Gegensatz zur griechischen Bauweise dominieren eben diese runden Formen die römische Architektur. Die Antwort der Römer auf das Parthenon ist das Pantheon. Die römische Architektur ist zwar stark von den Griechen beeinflusst, nichtsdestotrotz sind Geist und Technik grundverschieden. Ironischerweise waren die Architekten römischer Bauwerke oftmals Griechen. Das Hauptelement in der griechischen Architektur, die Säule, wurde in Rom zu einer reinen Verzierung. In einer Basilika, dem charakteristischsten römischen Bauwerk, befinden sich die Säulen, deren praktische Funktion von Wänden übernommen wird, im Inneren (siehe Maison Carrée in Nîmes, S. 39). Römische Architektur variiert von Palästen über Bäder bis hin zu Amphitheatern und anderen Bauwerken, oft mit kolossalen Ausmaßen, raffinierter Gestaltung, die später gekonnt verziert wurde, wie z. B. in Split in Kroatien (S. 44–45). Der Bau von Kuppeln und Gewölben und somit riesiger Innenräume, wie in den Caracalla-Thermen (S. 43), wurde durch die Entwicklung des Mörtels ermöglicht. Die Römer waren hervorragende Baumeister, die bereitwillig experimentierten, was viele Nutzgebäude hervorbrachte, von Wohnblöcken bis zu zeitlosen Monumenten wie dem Pont du Gard (S. 38).

DIE KLASSISCHE WELT

Paestum

Die von den Griechen als Kolonie Poseidonia gegründete Stadt im Süden Italiens erlebte ca. 600–400 v. Chr. ihre Blütezeit. Oft sind Überreste der griechischen Kultur in Italien und Sizilien besser erhalten als in Griechenland. In Paestum findet man zwei sehr alte dorische Tempel aus dem Jahr 460 v. Chr., die nach dem Vorbild des Zeus-Tempels in Olympia erbaut wurden: den Hera-Tempel (die so genannte Basilika) und den Poseidon-Tempel. Bei beiden sind die Außensäulen gut erhalten. Neben diesen Tempeln existiert noch der ca. 50 Jahre später erbaute Ceres-Tempel.

In den Kolonien hielten sich die Erbauer der Tempel im Allgemeinen weniger strikt an die in Griechenland üblichen Ausführungen. Die Tempel in Paestum sind z. B. mit dem in Italien typischen Travertin erbaut, der allerdings noch mit Marmorstuck ummantelt wurde. Der Poseidon-Tempel hat 14, der Hera-Tempel 18 Säulen. In der Cella ist eine enorme Verjüngung der Säulen nach oben vorhanden, was sie höher wirken lässt. Nichtsdestotrotz vermitteln diese Tempel einen massiveren Eindruck als z. B. das Parthenon. Auch bei der Kannelierung der Säulen zeigt sich die Abweichung von der dorischen hin zur ionischen Form. Die für gewöhnlich schmucklosen Kapitelle ruhen auf einem Sockel und sind mit variierenden kunstvollen Mustern verziert. Diese Technik ist sonst nur noch im kleineren Ceres-Tempel zu finden.

Die ehemalige griechische Kolonie wurde 273 von den Römern übernommen.

DIE KLASSISCHE WELT

Die Ausgrabungsstätte bei Bassae

Der Apollontempel bei Bassae

Der Apollontempel bei Bassae vereint auf bemerkenswerte Weise alle drei klassischen griechischen Ordnungen. 430 v. Chr. wurde er von den Bewohnern der Stadt Phigaleia zu Ehren Apollons erbaut, der sie vor der Pest bewahrt hatte. Der Architekt des Parthenon, Iktinos, bekam den Auftrag für den Bau. Er ließ zwar durchaus den Parthenon Modell für den Apollontempel in Bassae stehen, griff jedoch auch auf ältere Bauweisen zurück. So scheint der Tempel dem älteren Tempel des Apollon in Delphi zu ähneln, was auch die Ausrichtung des Tempels gen Norden, also Richtung Delphi, erklären könnte. Außen dominiert der dorische, innen hingegen der ionische Stil.

Doch es war auch wenigstens ein korinthisches Kapitell vorhanden, das eine einzelne freistehende Säule zierte. Diese stützte in Form einer Wand den Fries zwischen der Cella und dem inneren Heiligtum. Leider war dieses Kapitell nicht unter den Stücken, die ins Britische Museum gebracht wurden.

Hoch in den Bergen der griechischen Region Arkadien entdeckte ein französischer Architekt 1765 den Tempel, von dem bis dato nur Einheimische wussten. Seine Untersuchungen wurden allerdings von Banditen unterbrochen. Sein Bericht löste jedoch großes Interesse und die erste internationale archäologische Expedition in den Jahren 1811–1812 aus. Für damalige Verhältnisse leistete die aus Briten, Deutschen, Skandinaviern und anderen bestehende Gruppe großartige wissenschaftliche Arbeit und erzielte enormen Erfolg.

Die Archäologen scheinen sich beim Verzehr gerösteter Zicklein, bei starkem Wein, den sie aus Ziegenlederflaschen tranken, und beim Bewundern rustikaler Tänze gut integriert zu haben.

DIE KLASSISCHE WELT

Der Parthenon in Athen

Der Parthenon, der von den Athenern für deren Stadtpatronin Athene gebaut wurde, ist wohl das bekannteste Bauwerk des antiken Griechenland und wird als die vollkommenste architektonische Schöpfung der klassischen Antike angesehen. Die dorische Ordnung, die erste und am intensivsten von den Griechen angewandte der drei Ordnungen, ist dort meisterhaft umgesetzt. Obwohl die dorische Form oft als zu massiv erachtet wird, beweist der Parthenon – obwohl er der mit Abstand größte Tempel Griechenlands ist – durch die Schönheit seiner Bauweise, dass dieser Effekt vermeidbar ist. Ungewöhnlicherweise weist er acht statt sechs Säulen an der Stirnseite und 17 entlang der Seiten auf. Der Tempel steht am höchsten Punkt der Akropolis und muss von jedem Punkt des griechischen Reiches unter Perikles zu sehen gewesen sein. Zwischen 447 und 436 v. Chr. wurde er von Iktinos und Kallikrates aus pentelischem Marmor erbaut. Den Grundriss, ebenso wie ein 12 m hohes Standbild der Athene aus Gold und Elfenbein, entwarf Phidias.

Die Perfektion der Proportionen, die u. a. durch die Entasis erreicht wird, welche die perspektivische Verzerrung beim Anblick des Tempels von unten korrigiert, verschleiert die Größe des Tempels, die den Betrachter dann aus nächster Nähe überrascht. Derlei Kunstgriffe erforderten außergewöhnliche mathematische und bautechnische Befähigungen. Die Säulen sind über 10 m hoch und haben einen Basisdurchmesser von 188 cm. Der Parthenon wurde im Jahre 1687 von einer Explosion teilweise zerstört. Die Osmanen hatten ihn zuerst als Moschee und dann vorübergehend als Pulverkammer verwendet. Seitdem verfiel der Parthenon zusehends.

Der Parthenon ist eine größere und kunstvollere Ausführung der Tempel in Paestum und ist der Inbegriff der klassischen dorischen Ordnung.

*UNTEN
Details des Frieses*

DIE KLASSISCHE WELT

Das Erechtheion, mit der mit Karyatiden versehenen Vorhalle rechts. Dieser bemerkenswerte Tempel verkörpert stolz die ionische Ordnung.

Das Erechtheion in Athen

Das Erechtheion befindet sich nördlich des Parthenons und entstand während der großen Umbauphase der Akropolis in Athen, die nach den Persischen Kriegen von Perikles angeregt wurde. Es wurde zwischen 421 und 406 v. Chr. aus Marmor erbaut und die Außergewöhnlichkeit der Bauweise, die sich u. a. in den drei nach Osten, Norden und Süden ausgerichteten Vorhallen widerspiegelt, macht es zum kunstvollsten der Bauwerke ionischen Stils. Die Anordnung der Vorhallen berücksichtigt einerseits die Abschüssigkeit des Untergrunds und andererseits die Tatsache, dass der Tempel nicht nur einem Gott, sondern gleich dreien gewidmet war: Athene, Poseidon und Hephaistos. Zudem wurde er dem athenischen Helden Erechtheus gewidmet, der auch für den Namen des Tempels Pate stand. Der Legende nach stieß Poseidon, Gott des Meeres und Bruder des Zeus, dort seinen Dreizack in die Erde und forderte als Erster die Vorherrschaft über die Stadt. An jener Stelle, an der dann das Erechtheion erbaut wurde, tat sich eine Salzquelle auf. (Zeus sollte später Athene den Vorrang lassen, da sie schon vor Poseidons Salzquelle einen Ölbaum an dieser Stelle der Akropolis gepflanzt hatte.) Die dekorativen Skulpturen des Erechtheions sind von der gleichen hervorragenden Qualität wie die des Parthenons. Das bekannteste Merkmal des Bauwerks ist die südliche Vorhalle, mit der der Athene-Kult assoziiert wird. Dort wurden die Säulen durch die Karyatiden, Skulpturen weiblicher Figuren, ersetzt, welche wenig mehr als überlebensgroß sind und die klassischen Attribute der Strenge mit denen der Schönheit verbinden. Die zweite Karyatide von rechts ist eine Nachbildung aus Portlandzement. Das Original wurde von Lord Elgin entfernt.

DIE KLASSISCHE WELT

Das Theater von Epidaurus

Das große Theater in Epidaurus wurde vor kurzem aufwändig restauriert, doch die ursprüngliche Form des griechischen Theaters wurde beispielhaft beibehalten. Man nimmt an, dass es ca. 300 v. Chr. von Polyklet erbaut wurde, der auch die Tholos, einen Rundbau mit kegelförmigem Dach, kreierte.

Griechische Theater wurden unter freiem Himmel an Hängen erbaut, deren natürliche Neigung genutzt wurde, um auch einem großen Publikum gute Sicht zu bieten. Die Zuschauer saßen zuerst auf Holz-, dann auf Steinbänken, die in einem Halbkreis angeordnet waren. Spezielle, zentrale Sitzplätze – ursprünglich den Dionysus-Priestern vorbehalten, deren Riten der Ausgangspunkt der Entwicklung des griechischen Dramas waren – wurden für hochrangige Persönlichkeiten reserviert. Ansonsten scheinen Sitzverteilung und Einlassregelung demokratisch gehandhabt worden zu sein; die Armen mussten keinen Eintritt bezahlen. Man fand sogar „Tickets" aus Bronze. Die Vorführung fand in der runden Orchestra statt.

Hinter dieser befand sich ein Bühnenhaus (skene), das Umkleideräume und die Requisiten beinhaltete. Die Hauptrequisite war ein Kran, mit dessen Hilfe ein Schauspieler einen vom Himmel herabsteigenden Gott verkörpern konnte. Das Theater war 119 m breit und bot 14000 Zuschauern Platz.

Die berühmte Akustik kommt noch heute beim jährlichen Sommerfestival des Griechischen Nationaltheaters zur Geltung.

Das Theater in Epidaurus besitzt als eines der letzten die runde Orchestra (hier nicht zu sehen).

DIE KLASSISCHE WELT

Das Stadion befand sich ursprünglich neben dem Zeus-Tempel, wurde aber später aus dem geweihten Bereich nach Osten verlagert

Das Stadion in Olympia

Olympia war sowohl das Zentrum des größten religiös motivierten Festivals des antiken Griechenlands als auch Austragungsort der Olympischen Spiele, die nach den Überlieferungen 776 v. Chr. zum ersten Mal stattfanden. Da sich die Griechen kaum für Städteplanung interessierten, ist die olympische Anlage chaotisch aufgebaut. In der Mitte befindet sich jedoch der Zeustempel, der zwischen 470 und 456 v. Chr. erbaut wurde. Die Wettkämpfe der Männer schlossen Ringkampf, Boxkampf und Wagenrennen sowie Leichtathletikveranstaltungen, insbesondere Wettrennen, mit ein. Vermutlich gab es auch Wettrennen für Frauen.

Wo sich vormals nur eine Mulde im Erdreich befand, wurden ab 1936 durch deutsche Forscher intensive Ausgrabungen vorangetrieben, die nach einer durch den Krieg erzwungenen Pause fortgesetzt wurden. Letztendlich wurde das Stadion wieder in die Gestalt gebracht, die es im 4. Jahrhundert v. Chr. hatte. Damals wurden Wettrennen nicht auf einer ovalen Bahn ausgetragen, sondern auf einer Geraden. Das Stadion glich einem Rechteck, das 190 x 30 m maß. Die Athleten starteten an einer Startschwelle und liefen von einem Ende zum anderen. Die Kurzstrecke war die stade (der Stamm des Wortes Stadion), die einer Länge entsprach. Es gab auch Mittelstreckenläufe (2 Längen) und Langstreckenläufe (20 Längen), bei denen die Athleten an jedem Ende einen Pfosten umlaufen mussten. Normalerweise wurde nackt angetreten, es gab jedoch auch Wettkämpfe für bewaffnete Männer. Bei den Ausgrabungen stieß man zudem auf Badehäuser mit Heißluftöfen, die das Wasser erhitzten und eine Fußbodenheizung in Gang hielten, ferner auf die Schiedsrichterkabine, auf Hanteln, die Weitspringern zusätzlichen Schwung verleihen sollten, und auf eine Art Luxusunterkunft für betuchte Teilnehmer. In die Arena gelangte man durch einen Tunnel, der unter den abfallenden Zuschauerrängen hindurchführte.

DIE KLASSISCHE WELT

Der Pont du Gard in Nîmes

Die Römer betrachteten die Natur im gleichen Maße wie ihre Feinde als eine Herausforderung, die es zu meistern galt. Oft wird die Geradlinigkeit ihrer Straßen bestaunt, wenngleich die Römer nicht so töricht waren, Straßen über Berge zu bauen, wenn es einen einfacheren Weg außen herum gab. Heere durchwateten zwar Flüsse oder errichteten Übergänge aus Booten, doch lieber bauten die Römer Brücken, um ihre Überlegenheit dem Wasser gegenüber zu demonstrieren. Solche Brücken wie auch Aquädukte bestanden für gewöhnlich aus Stein, und viele existieren bis heute. Gute Wasserversorgung war in römischen Städten unentbehrlich, denn die Vorliebe für häufiges Baden trieb den Verbrauch in die Höhe. Manchmal musste das Wasser von weit her herangeschafft werden; vorzugsweise indem eine Bergquelle angezapft wurde. Aquädukte verdeutlichen eindrucksvoll das Geschick der Römer, Bauwerke zu konstruieren. Das Aquädukt in Segovia ist über 820 m lang und besteht aus zwei Bogenreihen, die aus Granitblöcken ohne Zuhilfenahme von Mörtel zusammengesetzt wurden. Der Pont du Gard im Süden Frankreichs bietet einen unglaublich beeindruckenden Anblick. Er ist nur ein kurzer Teil eines Aquädukts, das fast 24 km lang war und ca. 14 v. Chr. von Agrippa erbaut wurde, um die Versorgung der rasch wachsenden Stadt Nemausus (Nîmes) zu gewährleisten. Die Brücke, über die das Aquädukt verläuft, überspannt den Fluss Gard 275 m weit und besteht aus zwei Bogenreihen, wobei jeder Bogen ca. 20 m hoch ist, und aus einer dritten Reihe kleinerer Bögen. Der Kanal auf dieser dritten Reihe befindet sich 55 m über dem Fluss, ist ca. 1 m breit, mit zementierten Seiten versehen und mit Steinplatten abgedeckt. Man kann den Wasserkanal entlanggehen, vorausgesetzt, man ist schwindelfrei.

Der Pont du Gard ist Zeugnis der Entschlossenheit der Römer, eine dauerhafte Trinkwasserversorgung zu sichern.

DIE KLASSISCHE WELT

Die Maison Carrée in Nîmes

Bis zum 1. Jahrhundert v. Chr. wurden römische Tempel zumeist entsprechend der griechischen Bauweise errichtet. Doch es gab auch Unterschiede. Die Römer waren der strikten Schlichtheit des griechischen Stils nicht zugetan, sondern tendierten zu Verzierungen. So ist es nicht überraschend, dass sie die korinthische Ordnung bevorzugten, da diese ihnen mehr Gestaltungsmöglichkeiten eröffnete als die von ihnen gering geschätzte dorische Ordnung. Viele der Unterschiede sind jedoch italienischen, insbesondere etruskischen Ursprungs.

Der kleine, als Maison Carrée bekannte Tempel vereint einige von ihnen. Er ist in Nîmes in der Provence zu bewundern, einer Stadt, von der im 1. Jahrhundert n. Chr. zur Zeit der Erbauung des Tempels gesagt wurde, sie sei „römischer als Rom". Das lange Podium ist rund 3 m hoch und mit einer Treppenflucht versehen. Die vor die „Cella" gesetzte Vorhalle, die in der Tiefe drei Säulen umfasst, erstreckt sich über die gesamte Breite, sodass die seitlichen Säulen mit der Wand der Cella Halbsäulen bilden. Die harmonischen Proportionen und die kunstvollen Verzierungen des Säulengebälks und der korinthischen Kapitelle machen die Maison Carrée zu einem außerordentlich schönen Bauwerk. Der Tempel weist eine Inschrift auf, die den Söhnen des Kaisers Augustus gewidmet ist. Es erscheint daher wahrscheinlich, dass der Architekt vom Kaiser beauftragt wurde.

Die Maison Carrée ist ein Kleinod, das seinen Ruhm zu einem gewissen Grad der Tatsache verdankt, dass es auf wundersame und einzigartige Weise so gut erhalten ist.

Seitenansicht der Maison Carrée, die das hohe Podium und die Verschmelzung der seitlichen Säulen mit der Wand der Cella zeigt.

DIE KLASSISCHE WELT

Das Kolosseum wurde als praktischer Steinbruch genutzt, bis es der Papst im 18. Jahrhundert zur geweihten Märtyrer-Stätte erklärte.

GEGENÜBER
Statt des Bodens ist das Labyrinth aus unterirdischen Räumen zu sehen.

Das Kolosseum in Rom

Im perikleischen Athen gab es weder Amphitheater noch derartige Vergnügungen, wie sie im Kolosseum in Rom geboten wurden. Drei römische Amphitheater in Arles, Nîmes und das in Rom selbst, haben in gutem Zustand überdauert und werden auch wieder genutzt – natürlich nicht mehr für Gladiatorenkämpfe oder Massentötungen.

Das Kolosseum ist das größte und kunstvollste, denn neben seinen ästhetischen Vorzügen ist sein Aufbau sehr interessant, da sich die Erbauer mit Sicherheitsfragen und Problemen bezüglich der zahlreichen Eingänge auseinander setzen mussten.

Das Kolosseum wurde 70–80 n. Chr. erbaut, ist 49 m hoch, misst 187 m an der breitesten Stelle und bot fast 50000 Menschen Platz. Ein Großteil der vier Bogengänge existiert noch und demonstriert die Vermischung von griechischer Ordnung und Dekoration mit römischer Baukunst. Die drei griechischen Ordnungen, die dorische, die ionische und die korinthische, treten in aufsteigender Reihenfolge in den Hauptbogengängen auf. Die vierte Stufe wurde später hinzugefügt. Vormals standen Statuen in den offenen Bögen der unteren drei Stufen. Die Mauern sind aus Ziegel oder Stein, doch die Dekorationen und Sitzreihen bestehen aus Marmor. Treppen in den Mauern führten zu den Eingängen und auf jeder Stufe verliefen zwei umlaufende Korridore.

Die Überdachung stellte sich u. a. durch die Ellipsenform als problematisch heraus. Schließlich wurde ein von Seesoldaten gefertigtes, verstellbares Sonnensegel angebracht. Die Arena war 85 m lang und 55 m breit und wurde von Stützbalken getragen, unter denen sich Räume für die Gladiatoren und wilden Tiere befanden.

DIE KLASSISCHE WELT

OBEN UND UNTEN
Details der Rotunde.

UNTEN RECHTS
Fassade des Tempeleingangs

Das Pantheon in Rom

Das Pantheon ist aufgrund der Kombination von Ästhetik und hoher Bauqualität sowie brillanter Strukturen das wohl am meisten bewunderte aller römischen Bauwerke. Ca. zwischen 118–128 n. Chr. wurde der runde Tempel mit der rechteckigen Vorhalle höchstwahrscheinlich unter der Leitung des kultiviertesten aller römischen Kaiser, Hadrian, erbaut. Er ersetzte ein älteres Bauwerk, das der Schwiegersohn von Augustus, Agrippa, 25 v. Chr. erbauen ließ. Die Inschrift von damals blieb erhalten, was zunächst einige Verwirrung bezüglich des wahren Alters des Pantheon stiftete.

Dass das Pantheon trotz der Einfälle von Barbaren, des Vandalismus der ersten Christen und der Plünderungen überhaupt noch steht, gleicht einem Wunder. Kaiser Constantinus II. ließ die vergoldeten Bronzeplatten aus dem Dom und Papst Urban VII. 1625 die Bronzebalken aus der Vorhalle entfernen. Ungewöhnlicherweise ist der Innenraum des Tempels wesentlich spektakulärer als das Äußere, wo der Baufehler bei der ungeschickten Verbindung der Vorhalle mit der Cella offensichtlich ist. Die Vorhalle stützt sich auf 16 Säulen, von denen jede aus einem grauen Granitblock gehauen wurde. Die Kapitelle und die Sockel sind gemäß der korinthischen Ordnung gearbeitet und bestehen aus pentelischem Marmor. Bevor der Tempel zur christlichen Kirche geweiht wurde, befand sich im Tympanon ein Bronzerelief, das Zeus zeigte, der aufsässige Griechen zermalmte. Die unvergleichlich gearbeiteten Bronzetüren waren ursprünglich vergoldet. Die Beleuchtung und die Größenverhältnisse der Cella sind ein brillant ausgeklügeltes Meisterwerk. Der überwölbte Rundbau misst 43 m im Innendurchmesser und in der Höhe. Der Bau des Doms, der etwas größer ist als der Petersdom, war möglich, weil sich die Römer auf den Umgang mit „Beton" verstanden.

DIE KLASSISCHE WELT

Die Caracalla-Thermen in Rom

In der antiken römischen Gesellschaft hatten öffentliche Bäder eine Reihe sozialer Funktionen, die man heute kaum alle an einem Ort vereint und zu derart günstigen Preisen – oder gar umsonst – finden kann. Im kaiserlichen Rom gab es mehr als 800 solcher Einrichtungen, die sich allerdings in Größe und Qualität sehr unterschieden. Die Bürger Roms besuchten die Thermen nicht nur des Badens wegen. Allgemeiner Klatsch und Tratsch oder auch wichtige Geschäftsverhandlungen konnten Anlass für einen Besuch sein. Nach dem Bad konnten die fast ausschließlich männlichen Badegäste Massagen oder sogar eine medizinische Behandlung genießen, sie konnten essen und trinken und sich mit Spiel und Sport die Zeit vertreiben.

Die größeren Einrichtungen beherbergten Restaurants und Theater, Gärten und Springbrunnen, manchmal ein Sportstadion und auch Vorlesungs- und Diskussionssäle.

Das Baden selbst war in dieser Gesellschaft, die körperliche und geistige Gesundheit als gleich wichtig erachtete, ein komplexer Vorgang. Man konnte beispielsweise im warmen Bad, dem Kaldarium, beginnen, sich anschließend einem Peeling unterziehen, dann im Kaltwasserbecken Abkühlung suchen, um sich schließlich einer Massage mit parfümierten Ölen hinzugeben.

Viele Kaiser errichteten öffentliche Bäder, doch die Carcalla-Thermen, die 212–216 n. Chr. entstanden, sind die kunstvollsten und am besten erhaltenen. Die Ruinen erstreckten sich über ein Gebiet von 25000 m², einschließlich der riesigen Haupthalle (56 x 24 m), die von sich überschneidenden Tonnengewölben überdacht und von massiven Pfeilern gestützt wurde.

Die schiere Größe der Ruinen der Caracalla-Thermen erfüllt den Besucher mit Erfurcht, obwohl diese kleiner waren als die Thermen des Trajan.

DIE KLASSISCHE WELT

DIE KLASSISCHE WELT

Der Diokletianspalast von Spalato

Der Diokletianspalast von Spalato (Split) an der dalmatischen Küste Kroatiens ähnelte einer kleinen befestigten Stadt. Diokletian schuf mit dem Bau der mächtigen Stadt auch seinen Alterswohnsitz, auf den er sich 305 zurückzog, nachdem er sein kaiserliches Amt niedergelegt hatte.

Der im Grundriss rechteckig erbaute Palast nahm eine Fläche von ca. 213 x 177 m ein und ist auf den drei landeinwärts zeigenden Seiten von Mauern mit vorspringenden Türmen umgeben. In die Mitte jeder Mauer war ein Tor eingelassen, das von achteckigen Türmen flankiert wurde. An der Nordseite ist noch heute das Haupttor, die Porta Aurea (Goldenes Tor), in vergleichsweise gutem Zustand vorhanden.

Hinter der der Adria zugewandten Südmauer lagen die kaiserlichen Gemächer hinter einem Säulengang. Ein Tor an der Seeseite erlaubte den Zugang über eine unterirdische Passage. Das Areal wurde von einer Quer- und einer Längsstraße geteilt, wobei sich der mit einem Tonnengewölbe versehene Jupiter-Tempel und das achteckige, gewölbte Mausoleum des Kaisers in der südlichen Hälfte befanden.

Auch Spalato (später Split) war im Laufe der Jahrhunderte Angriffen durch Zeit und Mensch ausgesetzt, und vieles ging verloren. Vor nicht allzu langer Zeit exhumierten Archäologen einige Teile und restaurierten sie akribisch. Das wichtigste Bauwerk, das Mausoleum, wurde im 9. Jahrhundert zur christlichen Kirche geweiht, und seit dem 13. Jahrhundert wird es von einem romanischen Glockenturm überragt, was wohl die Gründe dafür sind, dass es bis heute erhalten blieb. Ebenso überdauerten große Teile des aus kunstvoll behauenem Kalkstein gefertigten Jupiter-Tempels wie z. B. einige wunderbare Dekorationen der korinthischen Kapitele und des Säulengebälks. Zur Blütezeit der Stadt als Handelsumschlaghafen blieb nur ein kleiner Teil des kaiserlichen Wohntraktes vor Umbauten verschont.

GEGENÜBER
Das Peristyl des Palastes

RECHTS
Der romanische Glockenturm

45

Kapitel 3

Das Mittelalter

Santa Maria Maggiore – Basilika in Rom

Die Hagia Sophia in Konstantinopel

Die San Vitale – Kirche in Ravenna

Der Aachener Dom

Mont-Saint-Michel in der Normandie

Die Grafenburg Gravensteen in Gent

Das Straßburger Münster

Schloss Chillon in der Schweiz

Die Sophienkirche in Kiew

Die Durham-Kathedrale in Nordengland

Die Kathedrale von Ely

Die Kathedrale von Canterbury

Der Tower of London

Die Abtei von Cluny

Der Mainzer Dom

Der Wormser Dom

Windsor Castle

Die Wartburg bei Eisenach

Edinburgh Castle

Krak des Chevaliers in Syrien

Die Kathedrale von Laon

Die Kathedrale von Chartres

Notre-Dame de Paris

Die Kathedrale von Bourges

Die Capella Palatina in Palermo

Die Kathedralen von Salamanca

Die Kathedrale von Amiens

Der Schiefe Turm von Pisa

Die Kathedrale von Reims

Die Kathedrale von Beauvais

Santiago de Compostela in Spanien

Die Stabkirche von Borgund in Norwegen

Château de Blois

Die Kathedrale St. Michael und St. Gudula

Die Tuchhallen in Ypern

Der Palazzo Publico in Siena

Die Kathedrale von Burgos

Das Castel del Monte in Apulien

Das Schloss von Angers

Die Ordensburg Marienburg

Rochester Castle

Der Dogenpalast in Venedig

Die Burg von Caernavon

Der Kölner Dom

Die Kathedrale von Rouen

Der St.-Paulus-Dom in Münster

Der Regensburger Dom

Die Kathedrale von Salisbury

Die Kathedrale von Toledo

Der Dom Santa Maria del Fiore von Florenz

Der Papstpalast in Avignon

Der Veitsdom in Prag

Das Ulmer Münster

Schloss Rambouillet in Frankreich

Die Kathedrale von Guarda in Portugal

Der Stephansdom in Wien

Der Mailänder Dom

Moskauer Kreml

Hôtel-Dieu in Beaune

Die Kathedrale von Sevilla

Die Frauenkirche in München

Die Paläste von Sintra in Portugal

DAS MITTELALTER

Als das Christentum im 4. Jahrhundert zur Staatsreligion im Römischen Reich erklärt wurde, wurden in großem Maßstab neue Kirchen gebaut, die sich in zwei Haupttypen unterschieden: im Westen bevorzugte man die romanische Basilika, ein rechteckiges Bauwerk, dem im Laufe der Zeit Querschiffe hinzugefügt wurden und das somit schließlich die Form eines Kreuzes annahm. Im Osten hingegen favorisierte man runde Kirchenbauten. Diese im 2. Jahrtausend nie wieder erreichte Perfektion byzantinischer Baukunst spiegelt sich in der außergewöhnlichen Hagia Sophia (S. 50–51) in Konstantinopel (dem heutigen Istanbul) wider. Sie ist auch ein frühes Beispiel für das spezielle Bauprinzip des Pendentifs, das es ermöglichte, eine Hängekuppel über einem rechteckigen Raum zu errichten. In Armenien und Russland traten interessante Ableger der byzantinischen Architektur auf. Im Westen sollte sich diese Baukunst erst zu Zeiten der Karolinger (8. bis 10. Jahrhundert) durchsetzen. Der bemerkenswerteste, bis heute erhaltene Vertreter ist der Aachener Dom (S. 53). Der romanische Stil entwickelte sich ca. ab dem 10. Jahrhundert und wird besonders mit der Abtei von Cluny (S. 64) assoziiert. Er unterlag zwar wie auch sein Nachfolger, der gotische Stil, regionalen Variationen, wurde jedoch stets von der christlichen Religion geprägt.

Die Vielfalt in England wird den Normannen zugeschrieben, die sich 1066 mit der Schlacht von Hastings erstmalig in England etablierten. Hinzu kommt, dass die Erbauer experimentierfreudiger wurden und viele Umbauten vornahmen, sodass vergleichsweise wenig rein romanische Gebäude überdauerten. Romanische Architektur bedient sich des runden Bogens und des Tonnengewölbes. Die Kirchen sind strukturiert geplant und haben manchmal Apsiden an der Ostseite oder Kapellen samt Chorumgang. Die Pfeiler sind oft mit geometrischen Mustern versehen und wuchtig, die Innenräume meist düster. Im Gegensatz dazu ist der gotische Stil, der erstmals Mitte des 12. Jahrhunderts beim Bau der Basilika Saint-Denis in der Nähe von Paris zum Tragen kam, eine Architektur des Lichts. Spitzbögen kombiniert mit Kreuzrippengewölben sowie Strebepfeiler, die die Gewölbelasten trugen, ermöglichten eine Reduzierung der Wandflächen zugunsten von hohen Buntglasfenstern. Die gotische Architektur war weiter verbreitet als die romanische und wurde sowohl bei den großartigen und unangefochtenen Meisterwerken der europäischen Kirchenbaukunst angewendet als auch in zunehmendem Maße für Profanbauten. Beispiele hierfür sind die Tuchhallen in Ypern (S. 86) und der Dogenpalast in Venedig (S. 94–95). Diese sind nicht nur zwei gänzlich verschiedene Gebäude, sondern sie weisen auch enorme stilistische Unterschiede auf, obwohl sie beide gotischen Ursprungs sind.

DAS MITTELALTER

Santa-Maria-Maggiore-Basilika in Rom

Nachdem Kaiser Konstantin I. 313 zum Christentum konvertiert war, entstanden im Römischen Reich zunehmend christliche Kirchen. Es entwickelten sich zwei Arten: die Basilika und die runde oder achteckige Kirche. Die Santa-Maria-Maggiore-Basilika (ca. 432–440) ist ein Beispiel für die erste Bauform, die im Westen üblich wurde. Der zweiten Bauart entsprechend ist die San-Vitale-Kirche in Ravenna. Diese Bauart wurde generell im Byzantinischen Reich bevorzugt.

Die Basilika hat den Vorteil, dass die Seitenschiffe mittels eines prächtigen Säulengangs vom Hauptschiff abteilbar sind, was auch in Santa Maria Maggiore der Fall ist. Ionische Säulen tragen ein klassisches Säulengebälk. Darüber befinden sich gedeckte Wandpfeiler zwischen den Lichtgaden, unter denen Mosaikplatten mit Bibelszenen angebracht sind. Auch der Bogen, der sich bis in die Apsis erstreckt, ist mit Mosaiken bedeckt.

Gelehrte nahmen aufgrund der Ähnlichkeit zu Bauwerken, die unter Trajan (53–117 n. Chr.) errichtet wurden, anfänglich an, das Bauwerk wäre im 2. Jahrhundert entstanden. Verbesserte Datierungsmethoden legen heute den Schluss nahe, dass die Kirche unter Papst Sixtus II. erbaut wurde. Die Kirche wurde seit dem 5. Jahrhundert stark verändert. Im 13. Jahrhundert wurden die Apsis umgebaut und ein Querschiff angefügt. Die Kassettendecke stammt aus der Renaissance und der Baldaccino, der Baldachin über dem Altar, ist aus dem 18. Jahrhundert.

Das ursprüngliche Erscheinungsbild der Santa-Maria-Maggiore-Basilika ist hinter der barocken Fassade, trotz großer Veränderungen, erkennbar.

DAS MITTELALTER

Die Hagia Sophia in Konstantinopel

Die Kirche der Heiligen Weisheit, die Hagia Sophia, Hauptkirche Konstantinopels und Krönungskirche des Kaisers, wurde während der Herrschaft Justinians I. infolge von Aufständen zerstört. Das beschädigte kaiserliche Ansehen erforderte nicht nur den zügigen Wiederaufbau der Kirche, sondern überdies erwartete der Kaiser eine weitaus prunkvollere Kirche, die „seit Adam nicht existierte und auch nicht mehr existieren würde". Justinian beauftragte Anthemius von Tralles und Isidorus von Milet mit dem Bau, und diese ließen in nur fünf Jahren das Meisterwerk byzantinischer Baukunst schlechthin entstehen.

Die Konstruktion der aus Ziegeln gebauten, 32 m durchmessenden Kuppel, die die Hagia Sophia krönt, war ein mathematisches Kunststück, das zwar im Jahre 568 einem Erdbeben zum Opfer fiel, bald aber wieder aufgebaut wurde. Anthemius wandte das Bauprinzip des Pendentifs an, um eine Kuppel über einem rechteckigen Grundriss errichten zu können. Durch die spezielle Struktur konnte das Gewicht der Kuppel gleichmäßig auf die in den Ecken befindlichen Gewölbepfeiler verteilt werden. Diese wurden von Seitenschiffen verdeckt, weswegen die Kuppel frei zu schweben schien – ein Eindruck, der durch den Kontrast zwischen dem gut beleuchteten Hauptschiff und den dunklen Seitenschiffen noch verstärkt wurde. Funkelnde Mosaike und in Stein gehauene Kapitelle sowie farbiger Marmor, sollen dem Kaiser den Ruf „Salomo, ich habe dich übertroffen" entlockt haben. 1453 wurde aus der Hagia Sophia eine Moschee. Heute ist sie ein Museum.

Innen- und Außenansicht der Sophienkirche. Die Kirche der Heiligen Weisheit entsprang einer genialen Eingebung und wurde oft imitiert, ohne je eine ebenbürtige Nachfolgerin zu finden. Im 15. Jahrhundert wurde die Kirche zu einer Moschee.

DAS MITTELALTER

Die San-Vitale-Kirche steht für den byzantinischen Baustil.

Die San-Vitale-Kirche in Ravenna

Die Stadt Ravenna (100 km nordöstlich von Florenz gelegen) blühte auf, als sie zum Heimathafen der Flotte des Augustus in der Adria wurde. Im frühen 5. Jahrhundert erwählte Theoderich der Große Ravenna zu seinem Hauptregierungssitz als kaiserlicher Vertreter in Italien. Später eroberte Kaiser Justinian Gebiete im Westen zurück und Ravenna wurde zur westlichen Hauptstadt des byzantinischen Reiches. Die Architektur vereint italienische und östliche Einflüsse, was besonders in der berühmten byzantinischen Mosaikkunst deutlich wird. Von einigen als die erste wahrhaftig byzantinische Kirche überhaupt bezeichnet, ist die San Vitale, die ca. 540–548 erbaut wurde, in jedem Falle das großartigste Werk Kaiser Justinians nach der Hagia Sophia in Konstantinopel. Die San Vitale hat einen achteckigen Grundriss, über dem sich ein kleineres Achteck erhebt, das von einer Kuppel überwölbt wird. Diese Kontur ist von einer Apsis an der östlichen Seite, einer Vorhalle an der Westseite und einigen angefügten Kapellen unterbrochen. Die Außenmauern aus verputzten Ziegeln werden von Wandpfeilern gestützt und weisen wenig dekorative Elemente auf. Der Innenraum hingegen ist voller Licht und wirkt durch helle Marmorsäulen und erhabene Bögen sehr groß. Der byzantinischen Liebe zu Ornamenten, die hier einen Höhepunkt fand, verdankt die Kirche reich verzierte Kapitelle und riesige Wandmosaike, die den Künstlern die Verwendung von Glasbausteinen erlaubten. Auf einigen der Mosaike sind Gerichtsszenen zu sehen, die teilweise auch den Kaiser und dessen ebenso berühmte Frau Theodora zeigen, deren Geschmeide in Perlmutt nachgeahmt wurde.

DAS MITTELALTER

Der Aachener Dom

Die kaiserliche Kapelle von Karl dem Großen ist das kunstvollste noch existierende Bauwerk aus der Zeit der Karolinger. Als Karl der Große Aachen im 8. Jahrhundert zur Hauptstadt seines Reiches erklärte, wollte er dort ein Bauwerk schaffen, das es mit den großen kaiserlichen Bauwerken in Rom und Ravenna aufnehmen konnte. Er engagierte Künstler, Handwerker und Gelehrte aus aller Herren Länder für den Bau seiner Pfalzkapelle.

Den Grundriss bildet ein Oktogon mit einer vorspringenden Apsis. Das innere Oktogon wird durch starke Pfeiler gebildet. Um es herum verläuft ein mit Kreuzgratgewölben versehener Umgang, über dem sich eine hohe Galerie befindet. Dieser Innenraum sowie der schlichte, marmorne Thron, auf dem Karl der Große saß und auf dem später römische Kaiser gekrönt wurden, sind noch weitgehend intakt. Ansonsten wurden an dem Bauwerk große Veränderungen vorgenommen. Die karolingische Apsis wurde im 14. Jahrhundert durch eine hoch aufragende, gotische Chorhalle ersetzt, das Dach des Oktogons im 17. Jahrhundert erneuert, und der Westturm entstand 1884.

Karl der Große stattete die Kirche mit vielen Reliquien und Heiligtümern aus, die sich heute mit weiteren Schätzen im Marienschrein befinden. Im 13. Jahrhundert wurden die Gebeine des Kaisers in einen Reliquienschrein aus vergoldetem Silber und Kupfer verbracht, der mit farbigen Emailleplatten und Juwelen verziert war. Die Kaiserstatue zeigt Karl den Großen seine Kirche in der Hand haltend und mit schief aufgesetzter Krone, was einen starken Kontrast zu den ernsten, ihn flankierenden Heiligen bildet.

Im 14. Jahrhundert wurde eine Büste aus Silber und Gold gearbeitet, deren Herkunft leider unbekannt ist. Sie erinnert daran, dass Karl der Große der Begründer des Deutschen und des Französischen Reiches war. Die Schultern der Büste ziert ein mit Juwelen besetztes Gewand, das den deutschen Adler zeigt. Der Sockel hingegen zeigt die französische Lilie.

Gotische Elemente an der karolingischen Kapelle

DAS MITTELALTER

Mont-Saint-Michel im Wattenmeer

Mont-Saint-Michel in der Normandie

Die historische Abtei Mont-Saint-Michel krönt die gleichnamige, felsige Insel, die einen Durchmesser von nicht einmal 1000 m hat. Bei ruhiger See im Lichte der Abendsonne ist der Anblick des Benediktinerklosters atemberaubend.

Im 8. Jahrhundert erschien der Legende nach der Erzengel Michael dem Bischof Aubert und wies ihn an, auf der Spitze des Berges eine Kapelle zu errichten. Die heute noch zu sehenden Bauwerke wurden im 11. Jahrhundert im romanischen Stil erbaut. Sie entkamen dem Feuer von 1203, doch das darunter liegende Dorf wurde zerstört. Auch während des Hundertjährigen Krieges ging viel verloren. Das Kloster wurde wegen der begrenzten Fläche mit dem gotischen Gebäude-Ensemble La Merveille dreistöckig ausgebaut. Dieses besteht aus der wunderschönen Ritterhalle – dem ursprünglichen Skriptorium –, dem Speisesaal und dem Kreuzgang. Im 15. Jahrhundert wurde der Chor der Abtei im spätgotischen Stil umgebaut. Der Turm und dessen vergoldete Spitze, die vom heiligen Michael mit dem Drachen gekrönt wird, erheben sich 174 m über den Meeresspiegel und stammen aus dem 19. Jahrhundert.

Die Abtei genoss schon im 12. Jahrhundert hohes Ansehen und unterhielt eine berühmte Bibliothek, was vielleicht erklärt, warum sie während der Französischen Revolution vor Zerstörung bewahrt wurde. Unter Napoleon wurde das Kloster zum Gefängnis, 1863 jedoch geschlossen und renoviert.

DAS MITTELALTER

Die Grafenburg Gravensteen in Gent

Die Menschen im belgischen Gent verspürten seit jeher einen starken Unabhängigkeitsdrang, oder „anmaßende Arroganz", um es mit den Worten eines mittelalterlichen Geschichtsschreibers zu beschreiben. 1539 brachten sie Karl V. gegen sich auf, der die Stadtoberhäupter exekutieren und seine Truppen über die Stadt herfallen ließ.

Die Gravensteen war das Bollwerk der flämischen Grafen. Zur Zeit seiner Erbauung im 9. Jahrhundert muss es sich außerhalb der Stadtmauern befunden haben, was die Anlegung eines mächtigen Burggrabens erforderlich machte. Dieser konnte jedoch im 14. Jahrhundert zwei Belagerungen nicht standhalten. Burgundische Grafen übernahmen ab 1539 die Herrschaft über die Burg. Von da an gestaltete sich die Geschichte Gravensteens unblutiger. Einige Teile wurden als Regierungssitz genutzt, andere zeitweise gar als Fabrik. Ungewöhnlich ist der Anblick der Burg wegen der hängenden Türmchen entlang der Ringmauer. Auch sind byzantinische Einflüsse vorhanden, doch ein einheitlicher architektonischer Stil kann nicht erkannt werden. Sehr imposant ist auch das riesige Pförtnerhaus, das fast ein kleines Nebenschloss sein könnte. Der zweistöckige Burgfried mit seinen großen Hallen ist gewaltig und dominiert das Bild. Auch die übliche Folterkammer nebst Kerker ist vorhanden. Im unteren Bereich des Burgfrieds gibt es originale Überreste der Burg.

Ansonsten verdankt sie ihren guten Zustand einer behutsamen Restaurierung im späten 19. Jahrhundert.

Trotz der intensiven Restaurierung kann die Burg Gravensteen ihre turbulente Geschichte nicht verbergen.

DAS MITTELALTER

RECHTS
Diese ungewöhnliche Aufnahme fängt das nachdrückliche Streben der Erbauer zum Himmel ein.

UNTEN
Die berühmte astronomische Uhr über dem Südtor

Das Straßburger Münster

Als der Bau des Straßburger Münsters Anfang des 11. Jahrhunderts begann, war Straßburg eine wichtige deutsche Stadt, in der sich die deutsche Architektur ihrem Höhepunkt näherte. 1176 fiel die Kathedrale einem Feuer zum Opfer, weswegen nur die Krypta und Teile des Ostteils bis heute erhalten sind. Doch im Verlauf des 13. Jahrhunderts wurde sie gänzlich wieder aufgebaut, wobei der romanische Stil durch den hochgotischen ersetzt wurde. Dessen Streben nach Höhe wurde vielleicht auch von den vergleichsweise hohen Häusern, die die Kathedrale umgaben, begünstigt. Kleine Türme, lang gestreckte Streben und Giebel verstärken diesen Eindruck noch, obgleich das Hauptschiff niedriger ist als bei vielen zeitgenössischen französischen Kathedralen. 1439 war der Kirchturm mit 146 m der höchste Europas und seine Struktur so kühn wie die des Turms zu Babel. Erwin von Steinbach war einer der Baumeister. Er plante die Westseite, die jedoch erst im späten 14. Jahrhundert fertig gestellt werden sollte. Aufgrund der langen Bauzeit ist die Struktur des Straßburger Liebfrauenmünsters zwar asymmetrisch, aber dennoch erfreulich stimmig.

Während der Reformationszeit wurde Straßburg protestantisch, und viele der Heiligenstatuen sowie Grabmäler und Altäre wurden entfernt. 1681 wandte sich die Stadt erneut der römisch-katholischen Kirche zu. Dann, während der Französischen Revolution, wurde die Außenseite der Kirche stark beschädigt, obgleich einem Gesetz, das zur Zerstörung sämtlicher Kirchtürme aufrief, nicht Folge geleistet wurde. Überraschend ist, dass ein beträchtlicher Teil mittelalterlichen Glases bis heute überdauert hat. Einige interessante Skulpturen flankieren das südliche Querschiff. Dort befindet sich auch der Ort, an dem der Bischof Recht sprach.

DAS MITTELALTER

Schloss Chillon in der Schweiz

Dass Schloss Chillon einst eine mächtige Festung der Savoyer war, lässt der Anblick der vielen hübschen Türmchen und Spitzdächer nicht vermuten. Das Schloss liegt auf einem Felsen am Ufer des Genfer Sees, und die Alpen im Hintergrund bieten eine beeindruckende Kulisse. Aus den Zeiten der Erbauung im 10. Jahrhundert sind nur noch Teile des unteren Burgfrieds erhalten. Die Arbeiten, die im 13. Jahrhundert vorgenommen wurden, schufen schließlich – bis auf kleinere Veränderungen – das heutige Schloss Chillon.

Landseitig schützen starke Ringmauern mit Pechnasen tragenden Türmen das Schloss. Die ehemalige Zugbrücke wurde mittlerweile durch eine fest installierte ersetzt. Über sie gelangt man durch ein Pförtnerhaus in den äußeren und – weiter durch ein zweites Tor – in den inneren Burghof. Dort erblickt man gegenüber zwei große Säle mit prächtigen Gewölben aus dem 13. Jahrhundert.

Der interessanteste Raum, die camera domini, das mit einer roten Decke geschmückte Privatgemach des Fürsten, und weitere fürstliche Gemächer befinden sich nahe dem Nordturm (11. Jahrhundert).

1536 wurde Schloss Chillon von den Bernern eingenommen und nur noch gelegentlich genutzt. Nachdem Lord Byron 1816 das Schloss besucht hatte, schrieb er François Bonivard (1496–1570) zu Ehren sein Gedicht „Der Gefangene von Chillon". Bonivard war als politischer Gefangener sechs Jahre in den Kellergewölben der Burg an einen Pfahl gekettet gewesen.

Das überaus gut erhaltene Schloss von Chillon profitiert von seiner Lage. Berge und der Genfer See rahmen es ein.

DAS MITTELALTER

Die 13 Türme der Kathedrale, von denen einige gerade so über den Baumwipfeln zu sehen sind, wurden in Russland vielfach kopiert.

Die Sophienkirche in Kiew

988 führte Großfürst Wladimir I. in der Kiewer Rus das Christentum ein. Heidnische Symbole wurden durch Heiligenstatuen und Kreuze ersetzt und in den Fluss geworfen, in dem der Fürst einige Tage später sein Volk taufen ließ. Dies stellte den Beginn des christlichen Mittelalters in Russland dar, ab dem die byzantinische Kultur und die orthodoxe Kirche nachhaltig die russische Kultur prägten.

Die ursprüngliche Sophienkirche, eine vierkuppelige, fünfschiffige Basilika mit einem aus Ziegeln erbauten Turm, war byzantinischer Bauart, von der heute allerdings nur noch der Innenbereich erhalten ist. Der äußere Kirchenbau wurde im Barockstil erneuert. Einst erzeugten jedoch Ziegel und blassrosa Mörtel einen großartigen Effekt. Auch die insgesamt 13 Kuppeln, die Christus und die zwölf Apostel symbolisierten, waren auffallend. Heute ist dieses Bild durch die Anfügung neuer Seitenschiffe und Kuppeln verwischt.

Als Konkurrentin der Hagia Sophia erbaut, zeugt auch die Sophienkirche in Kiew von der meisterhaft umgesetzten byzantinischen Architektur. Sowohl das Spiel mit Licht als auch die dekorativen Fresken und Mosaike bilden einen Kontrast zu den Buntgläsern und den Skulpturen der römischen Kirche. Das imposante Mosaik des „Allherrschenden Christus" (Pantokrator) wird durch darunter liegende Fenster beleuchtet. Die Liebe zum Detail wird auch in dem Mosaik, das die „Betende Gottesmutter" (Orans) darstellt, deutlich. Die zumeist gläsernen Mosaiksteine sind mit einer Dichte von vier Stück pro Quadratzentimeter verlegt.

DAS MITTELALTER

Die Durham-Kathedrale in Nordengland

Die Durham-Kathedrale, die zwischen 1093 und 1133 erbaut wurde, liegt ebenso wie der Bischofspalast spektakulär auf einem bewaldeten Felsvorsprung, der fast vollständig vom Fluss Wear umspült ist. Von Westen aus betrachtet, vermitteln die drei enormen Türme der Kathedrale einen unangreifbaren Eindruck, und die fast 1000 Jahre, in denen Kreuz und Schwert gemeinsam über Durham wachten, bestätigen dies.

Durham ist das bemerkenswerteste Beispiel frühromanischer Sakralarchitektur in England. Obwohl alle wichtigen gotischen Merkmale, wie Spitzbögen, Kreuzrippengewölbe und Strebebögen vorhanden sind, blieb doch der normannische Charakter erhalten. Da ihm die übliche Spitze fehlt, entspricht diesem z. B. der massive Zentralturm, der im späten 15. Jahrhundert erbaut wurde.

Durham wacht über eine kostbare Reliquie, den Leichnam des heiligen Cuthbert (634–687), der 995 von den Mönchen des Klosters Lindisfarne dorthin gebracht wurde, um ihn vor plündernden Wikingern in Sicherheit zu bringen. Bald danach wurde der Leichnam in einen Schrein umgebettet und die „Kapelle der neun Altäre" darüber errichtet. Aus dieser entstand die heutige Kathedrale. Ihr Interieur ist nicht weniger beeindruckend als ihre Außenansicht. Mächtige Zylinderpfeiler, die mit geometrischen Mustern verziert sind, thronen entlang des Hauptschiffs. Durham war für das Europa des Mittelalters außergewöhnlich fortschrittlich. Heute befindet es sich eher abgelegen, aber zu Zeiten des heiligen Cuthbert und auch noch später war das anglo-normannische Königreich Northumbria eine der zivilisiertesten Gegenden Europas.

Die Durham-Kathedrale weist einige sehr fortschrittliche Besonderheiten auf, die die Entwicklung der Architektur in vielen anderen Gebieten beeinflusste.

DAS MITTELALTER

RECHTS
Weithin sichtbar, dominiert die Kathedrale von Ely die Niederungen von East Anglia.

UNTEN
Details des berühmten Oktogons

Die Kathedrale von Ely

Bei der Fahrt von Cambridge aus in Richtung Norden durch die Niederungen von East Anglia, erhebt sich die Kathedrale „Der Heiligen und Ungeteilten Dreifaltigkeit" einer himmlischen Erscheinung gleich aus dem Bodennebel. Das prachtvolle Bauwerk liegt inmitten eines Marktstädtchens mit ca. 10000 Einwohnern, das sich seit seiner Erbauung im 7. Jahrhundert kaum verändert hat.

Von dem sächsischen Original ist, außer einem Fenster im Triforium und einem bei Ausgrabungen entdeckten Kreuz, wenig erhalten.

Dänische Wikinger zerstörten die Abtei, doch an gleicher Stelle wurde Ende des 10. Jahrhunderts ein Benediktinerkloster errichtet. Nach der Eroberung Englands durch die Normannen wurde unter Leitung des ersten normannischen Abts der Bau der heutigen Kathedrale ca. 1080 begonnen. Das 63 m lange Hauptschiff, der untere Teil des stattlichen Westturms, der die üblichen Zwillingstürme ersetzte, und das südliche Querschiff entstanden noch vor Ende des 12. Jahrhunderts. Nachdem der viereckige Westturm Anfang des 14. Jahrhunderts eingestürzt war, hatte der Mönch Alan of Walsingham eine ungewöhnliche Idee: Er ließ anstelle des viereckigen einen oktogonalen Grundriss beim Wiederaufbau verwenden. Die Anordnung der Bögen des Hauptschiffs und des Chors wurde dabei so verändert, dass ein größerer Innenraum geschaffen wurde. Selbst in der aus dem 14. Jahrhundert stammenden Laterne, die sich auf der Spitze des Westturms befindet, wiederholt sich die achteckige Form.

DAS MITTELALTER

Die Kathedrale von Canterbury

Seit der Benediktinermönch Augustinus im Jahre 597 auszog, um die Engländer zu missionieren, steht die Kathedrale von Canterbury für die Geschichte der christlichen Kirche in England. Das ursprüngliche Bauwerk ist zwar verschwunden, doch Dämonen, die die Kapitelle der Krypta zieren, zeugen noch von vorchristlichem Aberglauben.

Bemerkenswert sind die zwei Querschiffe sowie die enorme Länge des Chors (92 m), dessen Bau von dem französischen Architekten Guillaume de Sens begonnen und zehn Jahre später von dessen Nachfolger William „the Englishman" beendet wurde. Das Hauptschiff entstand unter Leitung des königlichen Hauptbaumeisters Henry Yevele, der dem Schiff durch schlanke Pfeiler und hohe Bögen ein für das Mittelalter ungewöhnlich geräumiges Interieur verlieh. Jedoch ist die Kathedrale in der Hauptsache im normannischen Stil und im Stil der „Englischen Frühgotik" gehalten. Für den Bau selbst wurde Naturstein aus Caen verwendet, doch für die Innenarbeiten, speziell im Chor, in den Querschiffen und in der Dreifaltigkeitskapelle, griff man auf Purbeck-Marmor zurück. Dass Canterbury seit jeher Sitz des Erzbischofs und auch eine bedeutende Pilgerstätte war, trug wohl dazu bei, dass ihre Buntglasfenster vor Bilderstürmern und Kriegsschäden bewahrt blieben, und so sind die Wunder um Thomas Becket noch heute auf ihnen zu sehen. Der Freund und ehemalige Kanzler König Heinrichs II. weigerte sich nach seiner Ernennung zum Erzbischof, die Kirche dem königlichen Willen zu unterstellen, und wurde daraufhin von vier Rittern des Königs im Jahr 1170 ermordet. Schon bald nach seiner Ermordung wurde er als Märtyrer verehrt. So ließen sich tausende Pilger von dem lange verschwundenen vergoldeten Engel auf der Spitze des Zentralturms leiten, der später durch den herrlichen Vierungsturm, der den Namen der großen Glocke „Bell Harry" trägt, ersetzt wurde.

UNTEN LINKS
Der Bell-Harry-Turm, der die berühmte Engelsspitze, die Pilgern den Weg wies, ersetzte.

UNTEN
Eine der vielen Abbildungen englischer Könige

DAS MITTELALTER

Wenig mehr als die Fenster des Weißen Turms wurden seit den Zeiten der Normannen verändert. In dem gekrümmten Überstand befindet sich die St.-John-Kapelle.

GEGENÜBER
Das Traitor's Gate (Verrätertor), von der Tower Bridge aus gesehen

Der Tower of London

Die bekannteste der strategisch platzierten Schutzburgen der normannischen Eroberer gegen die angelsächsische Bevölkerung ist wohl der Tower of London, der direkt an der Themse im südöstlichen Teil der Stadt liegt. Der Bau des im 12. Jahrhundert weiß getünchten „Weißen Turms" erfolgte unter William dem Eroberer. Seither hat sich der Tower, bis auf die merkwürdig anmutenden Zwiebeltürme und die in friedlicheren Zeiten von Sir Christopher Wren vergrößerten Fenster, wenig verändert. Der hauptsächlich im 13. Jahrhundert erbaute Tower steht für die wohl großartigste Festung des mittelalterlichen Europas und diente vielerlei Zwecken. Bis zum Bürgerkrieg des 17. Jahrhunderts war er königlicher Palast, Waffenkammer und Herberge der Königlich-Britischen Münze.

Seit dem 19. Jahrhundert werden im Tower die britischen Kronjuwelen und eine unvergleichliche Waffensammlung aufbewahrt. Gemeinhin ist der Tower als Gefängnis für Verräter bekannt, von denen 50 auf dem Tower Hill hingerichtet wurden. Deutsche Spione waren während des Zweiten Weltkriegs die letzten Inhaftierten. Während der Reformation wurden im Bell Tower (Glockenturm) viele Opfer Heinrichs VIII. eingekerkert, und auch Elizabeth I. wurde dort für kurze Zeit von ihrer katholischen Halbschwester Mary I. gefangen gehalten. Nur wenigen Gefangenen gelang die Flucht.

Bis heute werden alte Traditionen aufrechterhalten.

Auch für Besucher zugänglich sind: die Ceremony of the Keys (Schlüsselzeremonie), die von der historischen Wächtertruppe des Towers durchgeführt wird, und die tägliche Fütterung der Tower-Raben, deren Anwesenheit im Tower, der Legende nach, mit dem Wohl Englands verknüpft ist.

DAS MITTELALTER

Nur ein einzelner Turm und das südliche Querschiff sind noch von der großartigsten Abtei Europas erhalten.

Die Abtei von Cluny

Die Abtei von Cluny in Burgund war als Ausgangspunkt bedeutender Klosterreformen eines der einflussreichsten religiösen Zentren des Mittelalters. Ca. 2000 Klöster gehörten zu der Abtei, die keiner weltlichen Macht unterstand. Die Kirche selbst, die zeitweise das größte Gotteshaus des Christentums war, besteht aus einer gewaltigen Basilika, sowie vielen Türmen und Kapellen.

910 wurde die Abtei gegründet und 1088–1130, nach der Grundsteinlegung durch einen Gesandten des Papstes, endgültig fertig gestellt. Der kunstvolle romanisch-burgundische, als kluniazensisch bekannte Stil, der die Abtei so einzigartig machte, wurde vielfach imitiert, u. a. im von Cluny unterstützen Santiago de Compostela in Spanien.

Die Geschwindigkeit, mit der die Bauarbeiten vorangingen, bezeugt den Reichtum der Stadt Cluny. Die Kirche, deren Hauptschiff ca. 60 m lang war, bot Tausenden Gläubigen Platz. Die Abtei wurde, laut Abt Hugo, auf Anweisung der Apostel Peter und Paul erbaut, was der Abt als Veranlassung nahm, das Gotteshaus mit den aufwändigsten und kunstvollsten Arbeiten auszustatten. Dies brachte ihm u. a. Kritik von Bernhard von Clairvaux, einem bedeutenden Mönch des Zisterzienserordens, ein. Durch die Hugenottenkriege wurde die Abtei stark beschädigt, und schließlich wurde sie während der Revolution geschlossen und eingerissen.

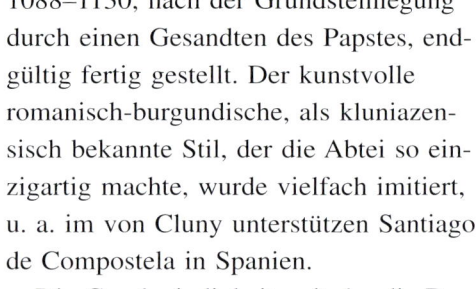

DAS MITTELALTER

Der Mainzer Dom

Die drei großartigen romanischen Kaiserdome des Rheinlands in Mainz, Speyer und Worms liegen nicht nur nahe beieinander, sie sind sich auch sehr ähnlich. Alle drei bestehen aus dem gleichen rötlichen Sandstein und alle wurden in etwa zur gleichen Zeit gebaut, wenn auch der Wormser Dom ein Nachzügler ist. Diese prächtigen Bauwerke machen es offensichtlich, warum der romanische Stil in dieser Gegend nicht so leicht verdrängt werden konnte wie andernorts.

Die Römer erkannten die strategisch günstige Lage des Zusammenflusses von Rhein und Main und gründeten dort ca. 13 v. Chr. die Stadt Mainz. Unbeeindruckt von den Wirren der Völkerwanderungen, entstand dort schon früh eine christliche Gemeinde.

Im 8. Jahrhundert betrieb Erzbischof Bonifazius von Mainz aus die aktive Christianisierung der Heiden. Im Hochmittelalter erhielt Mainz ein umfassendes Stadtprivileg von Erzbischof Siegfried III., was Mainz zur Freien Stadt machte. Diese Freiheit sollte jedoch nicht lange währen. Der Mainzer Dom entstand unter Kaiser Heinrich IV. (1056–1105). Von den drei Kaiserdomen ist der Mainzer Dom der größte und prächtigste. Dies verdankt er teils späteren Restaurationen, teils gewissen gotischen Besonderheiten, wie beispielsweise der dominanten, westwärts gerichteten Doppelchoranlage, die gemeinhin als Charakteristikum des gotischen Stils bezeichnet wird. Oder auch den steilen gotischen Turmhelmen, die den Vierungstürmen im Osten und im Westen aufgesetzt wurden. Nach Abschluss der gotischen Baumaßnahmen wurden am Bauwerk selbst keine wesentlichen Veränderungen mehr vorgenommen.

Der Dom blickt auf eine bewegte Vergangenheit zurück. Die ursprüngliche Basilika brannte am Tag der Weihe 1009 ab und wurde 1081 erneut zerstört. Naturkatastrophen, finanzielle Engpässe, Aufstände und politische Wirren behinderten den Bau des heutigen Doms. Erst Napoleon, bestürzt über dessen Baufälligkeit, ordnete 1814 eine groß angelegte Restaurierung an.

Der Mainzer Dom wurde aufwändig restauriert. Die beiden Türme stammen aus dem 19. Jahrhundert.

DAS MITTELALTER

Der Wormser Dom

Die runden Türme des Wormser Doms nehmen den achteckigen Turm in die Mitte. Im Vordergrund sind gotische Elemente zu sehen.

Schon im 7. Jahrhundert – wenn nicht noch früher – war Worms ein Bischofssitz. Karl der Große machte die Stadt im 9. Jahrhundert zu seinem Wintersitz, wo der berühmte karolingische Gelehrte Einhard angeblich des Kaisers Tochter Emma freite. 1122 wurde in Worms das Wormser Konkordat abgeschlossen. Auch fanden in Worms immer wieder Reichstage statt, unter ihnen auch jener, an dem sich Martin Luther vor Kaiser Karl V. verantworten musste.

Der heutige katholische Dom St. Peter wurde im 11. Jahrhundert von Bischof Burchard neu gebaut. Da es in Deutschland wenig Kalksteinvorkommen gibt, wurden die meisten deutschen Kirchen aus Sandstein oder ähnlich unbeständigen Materialien erbaut, was ständigen Restaurationsbedarf nach sich zog. Aus den Anfängen des Doms ist wenig erhalten. Doch bleibt der Dom – trotz vieler Veränderungen – ein stattliches Beispiel für die romanische Architektur in Deutschland.

Der Aufbau ist einfach. Der Dom ist eine doppelchörige Pfeilerbasilika, mit einer Apsis an jeder Seite, die in Ost-West-Richtung errichtet wurde. Eine prächtige Westfassade, wie sie in den gotischen Kathedralen Frankreichs üblich war, und ein westwärts gerichtetes Eingangsportal werden dadurch ausgeschlossen. Stattdessen öffnen sich die Türen in das nördliche und südliche Seitenschiff des Hauptschiffes. Ein Zentralturm befindet sich auf der Vierung, ein weiterer über dem westlichen Chor. Beide Choranlagen werden von je zwei runden Treppentürmen flankiert. Diese bemerkenswerte Besonderheit der Dopplung zieht sich durch die gesamte Struktur des Doms. Auch ist ein gewisser italienischer Einfluss unverkennbar; die offenen Emporen in den beiden Oktogonen sind ein Beispiel.

Die Inneneinrichtung des Wormser Doms ist in barockem Stil gehalten. Allerdings ist nur wenig Zierrat vorhanden.

DAS MITTELALTER

Windsor Castle

Windsor Castle, oder auch Schloss Windsor, dient seit fast 1000 Jahren britischen Monarchen als Residenz. William der Eroberer ließ das Schloss westlich von London oberhalb der Themse auf einem von den Normannen *motte* genannten Erdwall erbauen. Auf diesem wurde später der Burgfried errichtet, der die westlichen und östlichen, viereckig angelegten Schlossbereiche voneinander trennt. Der heutige Eingang führt über das Tor von Heinrich VIII. in den Westteil.

Da normannische Schlösser schnell erbaut werden mussten, bestand auch Windsor Castle zunächst aus Holz. Erst ab 1170 wurden unter Heinrich II. viele der hölzernen Anlagen durch steinerne Wälle und Gebäude sowie großflächige königliche Gemächer ersetzt. Zu Zeiten von König Johann ohne Land wurde das Schloss zweimal erfolglos von rebellischen Baronen belagert. Spätere Könige restaurierten und erweiterten das Schloss im Laufe der Jahrhunderte. Die heutige St.-Georg-Kapelle wurde 1528 unter Eduard III. zu Ehren eines der Ritter des Hosenbandordens errichtet.

Unter der Herrschaft Georgs IV. (1820–1830) begannen umfangreiche Renovierungsarbeiten. Der leitende Architekt war Sir Jeffrey Wyatville, der dem Schloss einen Großteil seines heutigen Glanzes verlieh. Auch die Waterloo Chamber (Waterloo-Raum) mit Porträts der über Napoleon siegreichen Engländer entstammt seiner Planung.

Sir Wyatville interessierte sich allerdings kaum für den Komfort der Schlossbewohner, und so kam es, dass sich Königin Victoria einmal über den Geruch aus den Sickergruben beschwerte. Auch für Bäder hatte der Architekt wenig Raum eingeplant. Für die Touristen von heute bietet das Schloss neben seiner Architektur eine Reihe von Attraktionen. So sind hier die von der Königin gesammelten Werke Leonardo da Vincis ausgestellt. Ein Feuer zerstörte 1992 große Teile des Schlosses, doch es wurde wieder restauriert – und bemerkenswerterweise sogar im Rahmen des Budgets.

LINKS
Das so genannte normannische Tor aus dem 14. Jahrhundert

UNTEN
Der obere Teil des Turms wurde im 19. Jahrhundert ergänzt

DAS MITTELALTER

Die Wartburg bei Eisenach

Die Wartburg erhebt sich auf einem schroffen Berggrat über der Stadt Eisenach in Thüringen und war die Hausburg des Adelsgeschlechtes der Ludowinger. Auf den ersten Blick erscheint die Burg ungeschützt, gleicht sie doch mit ihren Fachwerkhäusern mit den roten Dächern eher einem reichen mittelalterlichen Dorf oder Herrensitz.

Der ursprüngliche Gründer ist nicht bekannt. Doch schon im 12. Jahrhundert wurde die Burg durch den Landgrafen, der ein Cousin des Kaisers Friedrich Barbarossa war, erheblich vergrößert. Dieser verfügte damals über großen Reichtum, herrschte er doch über Hessen, die Pfalz und auch Thüringen. Im 13. Jahrhundert war die Wartburg Zentrum der deutschen Dichtung und zog viele Minnesänger an. So soll sie auch Schauplatz des sagenhaften Sängerkrieges gewesen sein. Elisabeth von Thüringen lebte hier, die ihr Leben nach dem Tod ihres Mannes, des Landgrafs, den Armen verschrieb und später heilig gesprochen wurde. Martin Luther hielt sich als „Junker Jörg" kurze Zeit auf der Burg versteckt.

All dies trug zum geradezu mythischen Ruf der Burg bei. Im 19. Jahrhundert befand sich diese in baufälligem Zustand, doch dann wurde ein gewaltiges, von der Romantik des Gebäudes inspiriertes Restaurierungsvorhaben in Gang gebracht. Eine zweite umfassende Restaurierung erfolgte in den 50er-Jahren unter der Schirmherrschaft der DDR-Regierung.

Das „Landgrafenhaus", eines der kunstvollsten Profanbauten romanischen Stils in Europa, wurde aufwändig restauriert. Weitere Räume sind der Rittersaal sowie der Sängersaal, in dem vermutlich der Sängerwettstreit stattfand.

Das Fachwerkhaus erstreckt sich entlang des gesamten Wehrgangs der romantischen Wartburg. Im Hintergrund ist der restaurierte Glockenturm zu sehen. Das Haus des Landgrafen befindet sich ganz links im Bild.

DAS MITTELALTER

Edinburgh Castle

Die Burg Edinburgh Castle scheint direkt aus den Felsen gewachsen zu sein. Im 6. Jahrhundert wurde die 90 m über der Stadt thronende Burg wahrscheinlich von Edwin, König Northumbrias, befestigt. Da sie über die Jahrhunderte hinweg immer wieder belagert und geschleift wurde, sind keine Überreste aus dieser Zeit vorhanden. Das älteste noch erhaltene Gebäude ist die kleine St.-Margaret-Kapelle, deren Namensgeberin, die Schwester des englischen Königs, Margareta, 1093 kurz nach ihrem Mann Malcolm III., dem König von Schottland, verstarb. Die heutige Kapelle entstand erst im 12. Jahrhundert, könnte allerdings auf den Überresten einer zu Lebzeiten Margaretas erbauten Kapelle errichtet worden sein.

Edinburgh Castle ist wegen seines geschichtlichen Erbes bemerkenswert und nicht ob seiner Architektur, da diese immer den jeweiligen Bedürfnissen angepasst wurde. Robert I. (the Bruce) von Schottland eroberte es 1314 in der Schlacht von Bannockburn. Dessen Sohn und Thronfolger David II. fügte im Südosten 1367 ein typisch schottisches Turmhaus an. Das Schloss selbst und die Große Halle mit der Stichbalkendecke entstanden unter dem friedliebenden König James IV. (1488–1513). Doch der Bau einer anderen britischen Königsresidenz in Schottland, dem Holyrood Palace, beendete die lange Karriere der Burg. Die Promenade wurde Mitte des 18. Jahrhunderts zum Exerzierplatz umgestaltet, wo heute die Militärparade Edinburgh Military Tattoo jährlich stattfindet.

Ein interessantes Artefakt ist die „Mons Meg", ein fünf Tonnen schweres Riesengeschütz mit einem Kaliber von 50 cm.

LINKS
Die für die Military-Tattoo-Parade erleuchtete Burg

UNTEN
Die Gebäude der Burg scheinen direkt aus den Felsen gewachsen zu sein.

DAS MITTELALTER

Krak des Chevaliers in Syrien

Die Burg Krak des Chevaliers ist schlechthin das Symbol der Kreuzritterzeit. Die Burg ist auf einem Ausläufer des Alawitengebirges erbaut und beherrscht die Handelsstraße nach Tripolis. Die Lage auf einem Felsen zwischen zwei zusammenführenden Trockentälern ist sehr günstig, weswegen dort auch schon vor der Ankunft der Kreuzritter 1096 eine Burg existierte. 1142 trat Graf Raimond von Tripolis die Burg an den Johanniterorden ab, der zusammen mit den Templern die treibende Kraft der Kreuzzüge war. Über die nächsten 140 Jahre hinweg schufen die Johanniter die heutige Burg, trotz verschiedener Rückschläge wie z. B. einem Erdbeben.

Diese ist von zwei Befestigungsringen umgeben, von denen der erste schon im 12. Jahrhundert existierte, der zweite jedoch erst nach 1202 entstand. Das Haupttor im Osten ist über einen steilen Felshang zu erreichen und gut gesichert. Im Westen wurde der Talus, eine schräge Hangmauer, als Erdbebenschutz errichtet, und im Süden wurde ein großer Wassergraben angelegt. Dieser wurde mit Steinen begrenzt und diente auch der Wasserversorgung der Burg. Die Gebäude im Inneren, wie die Große Halle und das angrenzende Kloster sowie die geräumige Kapelle, wurden palastähnlich im Stil der Hochgotik gestaltet.

Die Burg Krak schien unbezwingbar zu sein – jede Belagerung scheiterte. Doch in der letzten Zeit des Johanniterordens auf der Burg war diese unterbesetzt. Nach dem Scheitern des Siebten Kreuzzuges (1270) schwand die Macht des Ordens zusehends und endete 1271 mit der endgültigen Eroberung der Burg durch Sultan Baibars.

RECHTS
Die Kapelle der Burg Krak mit einer muslimischen Kanzel (minbar)

GANZ RECHTS
Gesamtansicht der wichtigsten Kreuzritterburg

DAS MITTELALTER

Die Kathedrale von Laon

Die Kathedrale von Laon ist eines der Hauptwerke der Gotik in Frankreich. Sie wurde in den Jahren 1155–1235 gebaut und zählt zu den ersten Kirchenbauten, die in diesem Stil errichtet wurden. Heute thront sie – den Unruhen ihrer Vergangenheit entkommen – ruhig über der Stadt.

Die Kirche ersetzte eine ältere Kathedrale aus dem 5. Jahrhundert, die 1112 abbrannte. Für den Wiederaufbau ließen Bischöfe sogar im fernen England Spenden sammeln. 1160–1230 erfolgte die endgültige Restaurierung der Kathedrale.

Das Ergebnis weist innovative Strukturen auf, die dem Betrachter der imposanten Westfassade sofort auffallen. Diese galt im 13. Jahrhundert mit ihren stark vertieften Bögen, den mit Giebeln versehenen Portalen und den aufwändig konstruierten Türmen als vorbildlich. Ebenso berühmte wie einzigartige Elemente der Fassade sind Ochsen aus Stein, die zu Ehren ihrer lebenden Artgenossen, die die Steine den Berg hinauf beförderten, seelenruhig über die friedliche Landschaft blicken dürfen.

Die Kirche wies ursprünglich den üblichen runden Chorraum auf, der jedoch schon bald durch eine gerade Wand ersetzt wurde. Durch diese Form konnten Buntglasfenster leichter verbaut werden, von denen es zeitweise bis zu 2000 in Laon gab – doch nur wenige sind erhalten. Der Innenraum ist außerordentlich hell und lang. Schlanke Säulen zieren ihn. Auffallend kunstvoll ist der gotische Stil in den Apsiden der Querschiffe umgesetzt. Mehreckige, vorspringende Pfeiler zwischen den Fenstern verdecken nahezu die gesamte Wand.

LINKS UNTEN
Details der Figuren in einem der Portale

UNTEN
Die Westfassade mit ihren vertieften Portalen, ihrem kühnen Relief und den durchbrochenen Türmen strahlt enorme Energie aus.

DAS MITTELALTER

Südansicht der Kathedrale von Chartres

Die Kathedrale von Chartres

Die Kathedrale von Chartres ist das Symbol der gotischen Architektur im Mittelalter schlechthin, da sie die erste unbestreitbar gotische Kathedrale ist. Der Bau begann 1194 und wurde innerhalb von nur einer Generation im Jahre 1220 fertig gestellt. Die Einweihung erfolgte aus ungeklärten Gründen erst vierzig Jahre später. Die stämmigen Strebebögen, die charakteristisch für die Geometrie der Kathedrale sind, deuten nicht nur auf romanische Einflüsse hin, sie machen hier erstmalig einen wesentlichen Bestandteil der Struktur aus. Der verantwortliche Baumeister legte seinen Berechnungen den Goldenen Schnitt zugrunde. Auch entspricht die Höhe der Pfeiler exakt dem Abstand zwischen den Säulen des Hauptschiffes, was den Eindruck eines göttlichen Gleichgewichts hervorrufen soll. Im Mittelalter war Chartres neben Paris eines der größten kulturellen Zentren. Außerdem pilgerten viele dorthin, um die heilige Reliquie zu sehen, eine Tunika, die die Jungfrau Maria getragen haben soll. Heute ist in der Kathedrale ein ungefähr 30 x 30 cm großes Stück dieser Tunika zu sehen. Chartres ist ein Zeugnis des humanistischen Geistes von damals, der sich in den wunderschönen Skulpturen und vor allem in den oft als Preziosen bezeichneten Buntglasfenstern widerspiegelt. Der Großteil der hoch künstlerischen Fenster entstammt dem 12. und 13. Jahrhundert, und die ältesten wurden sogar vor dem verheerenden Feuer von 1194 geschaffen. Die dominierende Farbe ist ein geheimnisvolles, tiefes Blau, das mit moderner Technologie nicht reproduzierbar war. Die Kathedrale von Chartres ist ein Bauwerk, das einen Besuch lohnt.

DAS MITTELALTER

Notre-Dame de Paris

Die Kathedrale Notre-Dame de Paris ist eines der bekanntesten französischen Bauwerke der Welt, dem nur der Eiffelturm als Symbol der Hauptstadt Frankreichs den Rang abläuft. Die Kathedrale ist Zeugin vieler bedeutsamer Momente in der Geschichte; so krönte sich hier Napoleon Bonaparte selbst zum Kaiser der Franzosen. Jahrhundertelang war die Kathedrale Mittelpunkt des Pariser Lebens. Sie beherbergte Marktstände, Musikanten und gar eine Unterkunft für Obdachlose. Doch sie musste auch so manche grässliche Veränderung über sich ergehen lassen. Säulen wurden mit Marmorplatten verkleidet und die Buntglasfenster ausgeschlagen, um mehr Licht einzulassen. Während der Revolution sollten gar Steine versteigert werden, was aber durch die Machtergreifung Napoleons verhindert wurde. Der großartige Architekt Viollet-le-Duc restaurierte Notre-Dame im 19. Jahrhundert umfassend – selbst die Wasserspeier sind seine Kreation.

Der Bau wurde im Jahr 1163 unter Bischof Maurice de Sully begonnen und erst 1345 fertig gestellt. Die beiden mächtigen Türme sind 69 Meter hoch und strahlen vornehme Gelassenheit aus. Zwei Seitenschiffe des 130 m langen Hauptschiffs machten eine Reihe prachtvoller Strebebögen erforderlich, was der Kathedrale den Anblick eines mit Rudern versehenen Schiffs verleiht, das die Seine in Richtung eines himmlischen Hafens hinauffährt.

LINKS
Blick auf Notre-Dame vom Seineufer

RECHTS
Die mächtigen Türme der Kathedrale

DAS MITTELALTER

Die Kathedrale von Bourges

Bourges liegt fast genau im Zentrum des modernen Frankreichs, ca. 200 km südlich von Paris. Die auffallende Kathedrale Saint-Etienne von Bourges ist eine der bemerkenswertesten gotischen Kathedralen. Der Bruder des Begründers von Notre-Dame de Paris war die treibende Kraft hinter dem Bau des heutigen Bauwerks. So kann man einige Ähnlichkeiten erkennen, wenn die Resultate auch sehr verschieden ausfielen. Der Hauptteil der Kathedrale entstand bis ca. 1250. In den darauf folgenden Jahrhunderten wurden allerdings wichtige Ergänzungen vorgenommen.

Die Westseite wirkt mit ihren asymmetrischen Türmen unruhig und doch majestätisch. Der Südturm entstammt dem 13., der Nordturm aus dem 15. Jahrhundert. Die Breite des Bauwerks ist überwältigend. Am Ende breiter Stufen ziehen sich fünf enorme und prachtvolle Portale entlang der Stirnseite. Das völlige Fehlen von Querschiffen lässt eine lange, gerade Linie von Strebebögen entstehen.

Der Innenbereich macht die Kathedrale von Bourges so einzigartig. Komplett in einer Stilrichtung gehalten, herrscht in dem Bauwerk eine Atmosphäre des Lichts und des Raums, zu der die Breite der fünfschiffigen Kathedrale noch beiträgt. Jedoch ist es vor allem die Höhe der Gewölbe (bis zu 38 m), die das Licht, das etwa in der Notre-Dame durch Emporen ausgesperrt wurde, so bereitwillig einlässt.

Es gibt nicht viel Zierrat, aber auch wenig freie Wandfläche. Allerdings werden die Buntglasfenster der Kathedrale von Bourges höchstens von denen der Kathedrale in Chartres übertroffen. Wie damals üblich, waren die Fenster Geschenke der verschiedenen Gilden. Das wunderschöne Fenster mit dem Gleichnis vom barmherzigen Samariter wurde von der Webergilde gespendet.

GANZ RECHTS
Das Fehlen der Querschiffe verleiht dem Hauptschiff das Flair eines Paradeplatzes. Tatsächlich erweitert sich das Hauptschiff in Richtung des Chors unmerklich. Die Seitenschiffe verjüngen sich entsprechend, was die optische Illusion zweier aufeinander zulaufenden Parallelen korrigiert.

RECHTS
Details der außergewöhnlichen Buntglasfenster

DAS MITTELALTER

Die Capella Palatina in Palermo

Das Italien des Mittelalters erlebte in regelmäßigen Abständen Aufstände, die den unterschiedlichsten Quellen entstammten. Im 11. Jahrhundert hatte sich das Land auf Wunsch des Kaisers Herzogtümer des byzantinischen Reiches in der Lombardei einverleibt.

Im Süden arbeiteten die normannischen Söldner an der Entstehung ihres eigenen Reiches und die Muslime beherrschten Sizilien. Schon im 9. Jahrhundert hatten Muslime aus Nordafrika eine Reihe von Angriffen auf die Halbinsel unternommen und so nach und nach die byzantinischen Verteidiger vertrieben. 1016 lud der Herrscher der Lombardei Normannen nach Italien ein, um sich dort als Söldner zu verdingen. Schon bald begannen diese jedoch das Land für sich selbst zu erobern. Ende des 11. Jahrhunderts vertrieben die Söldner wiederum die Muslime aus Sizilien und 1139 wurde Roger II. vom Papst als König Siziliens anerkannt.

Die verschiedenen kulturellen Einflüsse spiegeln sich auch in der Architektur wider. Das beste Beispiel ist die Capella Palatina (Palastkapelle), das Juwel des Normannenpalastes Rogers II. in Palermo.

Neben dem beeindruckenden Marmor des Bodens und der Wände und den wunderbaren Mosaiken ist es die 1140 entstandene Decke, die der Kapelle ihren Glanz verleiht. Das Kunstwerk besteht aus geschnitztem Holz und aus Malereien, welche die einzigen verbliebenen Zeugnisse der Malkunst der Fatimiden (islamische Dynastie in Ägypten) darstellen, die nicht auf Ton gebannt sind.

Details des byzantinischen Mosaiks in der Cappella Palatina

DAS MITTELALTER

Die Kathedralen von Salamanca

Es gibt zwei Kathedralen in der „goldenen Stadt" Salamanca, die einen Gebäudekomplex bilden. Die alte Kathedrale aus dem Jahre 1102 drängt sich an die Südseite der neuen Kathedrale, die erst im 16. Jahrhundert entstand. Letztere ist größer, höher und kunstvoller und dominiert das Bild. Der alte, mit Türmchen versehene Kuppeldom Torre del Gallo geht neben der Renaissance-Kathedrale etwas unter.

Um dafür Platz zu schaffen, wurde das nördliche Querschiff der alten Kathedrale abgerissen. So ist der Zugang zu dem alten, romanischen Bauwerk nur noch durch die neue Kathedrale möglich. Im Inneren symbolisiert das altehrwürdige Bauwerk den Übergang vom romanischen zum gotischen Stil. Das Hauptschiff sollte eigentlich ein romanisches Tonnengewölbe erhalten, doch als es so weit war, entschieden sich die Erbauer für ein vierteiliges Gewölbe. Der Kern des neuen Turms stammt von der alten Kathedrale, was die alten, restaurierten Fresken im Inneren beweisen. Doch als der Bau der neuen Kathedrale 1512 begann, wurde der Turm selbst im zeitgenössischen Stil weitergebaut. Der ursprüngliche, hölzerne Glockenturm wurde erst im 18. Jahrhundert durch einen Blitzeinschlag zerstört. Der neu aufgebaute Turm wurde 1755 durch ein Erdbeben beschädigt. Er wurde jedoch nicht abgerissen, sondern mit Stein umfasst.

Der Grundriss der gotischen Kathedrale einschließlich der Querschiffe und der Kapellen ist rechteckig. Die dekorativen Menschen- und Tierköpfe über den Kapitellen haben auch stützende Funktion.

Der gewaltige gotische Turm aus dem 16. Jahrhundert überragt den Turm der alten Kathedrale.

DAS MITTELALTER

Die Kathedrale von Amiens

In der Kathedrale von Amiens hätte die gesamte mittelalterliche Bevölkerung – etwa 10000 Menschen – Platz gefunden. Sie stellt den Gipfel der Hochgotik des 13. Jahrhunderts dar. Suchte man das Bauwerk, das den hochgotischen Stil am besten repräsentieren kann, so wäre die Kathedrale von Amiens unter den Anwärtern.

Die Umgebung der Kathedrale hat sich seit dem Mittelalter stark verändert. Auch die Kathedrale selbst ist nicht mehr ganz im ursprünglichen Zustand, doch das perfekt gestaltete Bauwerk springt dem von Südosten kommenden Besucher geradezu ins Auge. Der Anblick der grazilen, hoch hinauf strebenden Kathedrale, die durch Präzisionsarbeit und Lichteffekte besticht, ist sehr beeindruckend. Dünne Mauern, schlanke Pfeiler und das höchste Mittelschiffgewölbe aller französischen Kathedralen (abgesehen von der in Beauvais) erzeugen einen schwerelosen Eindruck.

Der Grundstein wurde 1220 von Bischof Evrard de Fouilloy gelegt, der sich während der 30-jährigen Bauzeit sicherlich an der Kathedrale in Reims orientierte. Sein Bronzegrabmal befindet sich im Hauptschiff. Um eine bereits bestehende Kirche bis zuletzt nutzen zu können, wurde zuerst das Langhaus mit dem Westportal erbaut. Trotz eines verheerenden Feuers im Jahr 1258 wurde die Kathedrale nach nur 11 Jahren fertig gestellt. Vermutlich befand sich die unübertroffene Figur der Vierge Dorée (Goldene Jungfrau) schon damals im südlichen Querschiff. Am Westportal thront die Christusfigur Le Beau Dieu (der Schöne Gott).

Für viele stellt die Kathedrale von Amiens den Höhepunkt der französischen Hochgotik dar.

DAS MITTELALTER

Der Schiefe Turm von Pisa

Der Dom Santa Maria Assunta in Pisa und die dazugehörigen Bauwerke verdanken ihre Erbauung angeblich der Großzügigkeit der Stadtbewohner, die nach einer gewonnenen Seeschlacht 1063 Geld für den Bau zur Verfügung stellten. Als dieser 15 Jahre später begann, entstand über 200 Jahre hinweg ein romanischer Gebäudekomplex, der selbst im mit prachtvollen Bauwerken gut ausgestatteten Italien aus der Masse hervorsticht. Der Campanile, der frei stehende Glockenturm, der als der Schiefe Turm von Pisa weltweit bekannt ist, fällt nicht nur aufgrund seiner Neigung auf. Der achtgeschossige Turm mit den perfekten Bogengängen ist der schönste romanische Turm in Südeuropa. Die kleinere Glockenstube ganz oben auf dem Turm wurde erst 1350 angefügt.

Noch während der Bauarbeiten konnten die Bewohner Pisas beobachten, dass sich der Turm aufgrund des sumpfigen Untergrunds und schlechter Fundamente zur Seite neigte. Alle Versuche, den Turm zu stabilisieren, scheiterten. Der Turm stürzte zwar nicht ein, doch er neigte sich zunehmend. Erst in den 90er-Jahren des letzten Jahrhunderts konnte er durch modernste Technik um ein Stück aufgerichtet werden. Natürlich nicht vollständig, denn heute soll der Schiefe Turm von Pisa auf jeden Fall schief bleiben.

RECHTS
Der Campanile in Pisa ist nicht wegen seiner Bauart, sondern wegen seiner Neigung weltbekannt.

GEGENÜBER
Der Turm mit der Domanlage

DAS MITTELALTER

DAS MITTELALTER

Die Kathedrale von Reims

Der dem Herrschergeschlecht der Merowinger entstammende Chlodwig I. führte vor über 1500 Jahren das Christentum im Frankenreich ein. Er ließ sich in Reims taufen, und so wurde die Kathedrale Notre-Dame von Reims die Krönungskirche späterer französischer Könige. Dementsprechend ist das majestätische Bauwerk wohl das großartigste seiner Art in Frankreich.

1211 ging die vormalige Kirche in Flammen auf. Anschließend begann der Neubau, der jedoch durch den Hundertjährigen Krieg verzögert wurde. Trotz der über 200 Jahre Bauzeit sind Struktur und Skulpturen der Kathedrale stilistisch einheitlich. Die oberen Bereiche der Türme kamen 1427 hinzu. Zwei Jahre später fand in Reims in Anwesenheit von Jeanne d'Arc die Salbung König Karls VII. statt. Im Ersten Weltkrieg entstanden Schäden an der Außenfassade, die jedoch größtenteils repariert werden konnten.

Die symmetrische Skulpturenpracht an der Westfassade weist Ähnlichkeiten zu klassischer Bildhauerkunst auf. Der Fries zeigt Gestalten, die am jüngsten Tag ihren Gräbern entsteigen, was beweist, dass gotische Künstler durchaus gelungene Aktdarstellungen fertigen konnten. Le Sourire de Reims, der schelmisch grinsende Engel von Reims, verkörpert den ersten überzeugenden Versuch, menschliche Regungen in Stein zu hauen. In Reims wurden heidnische Naturverbundenheit (über 30 Pflanzen wurden im steinernen Blattwerk entdeckt) und christliche Barmherzigkeit vereinigt.

Die Westseite der königlichen Kathedrale in Reims

DAS MITTELALTER

Die Kathedrale von Beauvais

Die streng gläubigen Erbauer der mittelalterlichen Kathedralen strebten gen Himmel. So war auch das Kennzeichen der gotisch-sakralen Baukunst die Vertikalität. Die Bewohner des noch kleinen französischen Reiches strebten jedoch nicht nur nach göttlicher Anerkennung. Sie wollten ihre Nachbarn übertrumpfen. So trugen immer höhere Säulen immer gewaltigere Gewölbe gen Himmel. Laon, Paris, Chartres und schließlich Amiens übertrafen alles bisher Dagewesene.

Die Bewohner des 30 km von Amiens gelegenen Beauvais stellten einen bis heute ungebrochenen Rekord auf. 1220 begann der Bau, und es wurde der Chor der Kathedrale von Saint Pierre bis in eine Höhe von 48 m getrieben. Ein 25-stöckiges Gebäude hätte darin ohne weiteres Platz gefunden.

Doch 1284 gaben die Außenmauern des Chors nach, woraufhin das Dach einstürzte. Die Bewohner bauten eifrig weiter, und 300 Jahre später wurde ein mächtiger Turm an das Hauptschiff angebaut. Bald darauf stürzte auch dieser ein und der Chor musste ein zweites Mal neu aufgebaut werden. Die Kathedrale wurde nie vollendet, und so muss der wunderschöne, aber beschädigte Gigant heute von Eisenstreben gestützt werden.

Streben zum Himmel in Beauvais

DAS MITTELALTER

Santiago de Compostela in Spanien

Die Pilgerreisen der Menschen im Mittelalter dienten einerseits einem ernsten Zweck, waren aber auch ein vergnügliches Abenteuer für Menschen aller Klassen, wie es in Geoffrey Chaucer's Canterbury Tales beschrieben wird.

Wenngleich Gläubige in jedem Gotteshaus nahe bei Gott sein konnten, verlangte es viele von ihnen nach der spirituellen Begegnung mit ihrem Schutzpatron. Kirchen, die Reliquien besaßen, wurden zu den beliebtesten Zielen. Viele Pilger brachten kleine Abzeichen aus Metall mit nach Hause, von denen einige noch heute existieren. Das am weitesten verbreitete ist die Jakobsmuschel. Der Apostel Jakobus der Große soll das Christentum in Spanien eingeführt haben. Nach seinem Tod wurde sein Leichnam zur Bestattung nach Compostela gebracht. Bis zum 10. Jahrhundert hatte dieser Schrein die Kathedrale zu einem der größten Wallfahrtszentren Europas gemacht und zieht noch heute Tausende Pilger an.

Die Santiago de Compostela ist eine typische romanische Wallfahrtskirche mit ihrem langen, mit einem Tonnengewölbe versehenen Hauptschiff, den hohen Bogengängen mit den großen Galerien und den kreisförmig um die Apsis angeordneten Chorumgängen. Doch spätere Anfügungen, wie die mit zwei Türmen versehene Barockfassade aus dem 17. Jahrhundert, veränderten den Eindruck. Diese Fassade ist im Churrigueresque-Stil des Architekten Churriguera erbaut. Der Pórtico de La Gloria, der Säulenhof der Glorie aus dem 12. Jahrhundert, wird als „eines der prächtigsten Werke der christlichen Kunst" angesehen.

GANZ LINKS
Die großartige Barockfassade

LINKS
Details

DAS MITTELALTER

Die Stabkirche von Borgund in Norwegen

Früher war in vielen Teilen der Erde Holz das Hauptbaumaterial. Deshalb sind wenige Bauwerke älter als 200 Jahre geworden, da das Holz mit der Zeit verrottete oder Bränden zum Opfer fiel. Auch viele steinerne Bauwerke, wie die alte Pauls-Kathedrale in London, brannten aufgrund des Holzes nieder, das in den Innenräumen verarbeitet worden war. In Skandinavien und Rumänien wurden Kirchen nur in den Waldgebieten aus Holz erbaut. Glücklicherweise sind vor allem in Norwegen einige dieser Kirchen, die nur wenige Jahrhunderte nach Christus erbaut wurden, erhalten. Aus dem 12. Jahrhundert stammt die Stabkirche von Borgund im Westen Norwegens, deren Holz allerdings fast vollständig durch neues ersetzt wurde. Der Anblick der Kirche ist für das an romanische Basiliken gewöhnte Auge ein Schock. Sie scheint wenig mit den zeitgenössischen Kirchen im restlichen Europa gemein zu haben, und nicht nur die Drachenköpfe (ca. 13. Jahrhundert), die sich von den Giebeln aus nach oben recken, rufen beunruhigende Erinnerungen an Wikingerschiffe wach.

Diese Art von Kirche nennt man Stabkirche. Die ein- oder dreischiffigen Bauwerke haben ein mehrfach gestuftes, steiles Dach, das über und über mit Schindeln bedeckt ist. Dieses wird im Inneren von frei stehenden Masten getragen. Die Wände bestehen aus leicht gebogenen, senkrecht stehenden Stabplanken und werden unten von Wandschwellen und oben von Schwellenrahmen gehalten. Dieser Stabbau hatte den Vorteil, dass die hölzernen Wandplatten den Boden nicht berührten und so weniger verrotteten. Manchmal gibt es, wie in Borgund, einen kleinen viereckigen Altarraum. Auch wurden manche Hauptschiffe um Seitenschiffe ergänzt. Der Bau von Stabkirchen wurde bis ins 13. Jahrhundert praktiziert. Des Weiteren gab es aufwändige Dekorationen. Die berühmtesten davon befinden sich im ältesten erhaltenen Stabhaus in Urnes.

Die norwegischen Stabkirchen sind einzigartig, doch es sind nur wenige erhalten. Glücklicherweise gehört die Stabkirche von Borgund dazu.

DAS MITTELALTER

Château de Blois

Unter den Nachfahren der mächtigen Herzöge von Blois im Frankreich des Mittelalters fanden sich einige Könige. Von Blois zog Jeanne d'Arc im Jahre 1429 aus, um die englischen Belagerer von Orléans zu vertreiben. Im 16. Jahrhundert stieg die „Stadt der Könige" zur zweiten Hauptstadt auf, in der sich im alten Königsschloss so manches ereignete: die Flucht der Königsmutter Marie de Medici, die dort von ihrem Sohn gefangen gehalten wurde, sowie die Ermordung des Herzogs Heinrich von Guise auf Befehl von König Heinrich III. im Jahr 1588.

Die Große Halle des Schlosses stammt noch aus dem Mittelalter. Dann wurden im 15. Jahrhundert Teile des alten Schlosses zugunsten von bequemeren Räumlichkeiten abgerissen. Der neue Renaissanceflügel zeigt auf der Hofseite einen großen offenen Wendelstein, eines der letzten bedeutenden Exemplare eines außerhalb des eigentlichen Bauwerks befindlichen, oktogonalen Treppenhauses. Dieses ist aufwändig verziert und befand sich ursprünglich in der Mitte des Schlosses, wurde aber wegen des Baus des Flügels „Gaston d'Orléans" versetzt. Dieser wurde zu Beginn des 17. Jahrhunderts von François Mansart für den Herzog von Orléans errichtet. Wären Mansarts Pläne verwirklicht worden, hätte Blois selbst den Glanz des Palais du Luxembourg überstrahlt. Aber auch so ist Mansarts Umbau ein kleines Meisterwerk. Auf der Gartenseite besticht die Fassade des Flügels Franz I. durch seine stark italienisch inspirierte Loggienfassade.

OBEN
Reiterstatue von König Ludwig XII. über dem Eingangstor des Schlosses

LINKS
Der Wendelstein von Franz I.

DAS MITTELALTER

Die Kathedrale St. Michael und St. Gudula

Die Kathedrale St. Michael und St. Gudula, die gemeinhin als Kathedrale von Brüssel bekannt ist, ist der Schutzpatronin von Brüssel, der heiligen Gudula, gewidmet. Auf der Turmspitze des Rathauses auf dem Grote Markt (Großer Markt) befindet sich eine übermannsgroße, vergoldete Statue des Erzengels Michael, dem zweiten Schutzpatron der Stadt. Die Kirche wurde 1220 erbaut, nachdem ihre Vorgängerin abgebrannt war. Der Großteil des Ostteils wurde vermutlich bis 1273 erbaut. Das Hauptschiff, die Türme und die Westfassade wurden erst im 15. Jahrhundert fertig gestellt.

Das Bauwerk ist das erste bedeutende gotische Bauwerk in den Benelux-Staaten, wo sich der gotische Stil etwas später als in Frankreich etablierte. Speziell in der Apsis sind auch noch romanische Einflüsse zu erkennen. Der gotische Stil in Belgien unterscheidet sich nicht stark vom französischen Vorbild, wenn auch die Kirchen meist kürzer und breiter sind. Durch die Eingliederung Südhollands in die Kölner Diözese war der deutsche Einfluss, speziell zu Zeiten der romanischen Architektur, erheblich. Die Kathedrale scheint auch gewisse Ähnlichkeiten mit der englischen Frühgotik aufzuweisen, wenngleich dieser Umstand wahrscheinlich eher einem Zufall zuzuschreiben ist.

Die Vermischung der verschiedenen Stilrichtungen aufgrund der langen Bauzeit und die vielen Restaurierungsarbeiten verkomplizierten die Struktur des Bauwerks. Die Planung der Kathedrale, mit verkürzten Querschiffen ohne Apsiden und breiten Kapellen zu beiden Seiten des Chors, ist typisch für die Benelux-Staaten. Auch die in Stein gehauenen Blattwerke auf den Kapitellen der Rundsäulen sind ein Charakteristikum des brabantinischen Stils. Im Inneren fallen die Kanzel aus Eichenholz aus dem 16. Jahrhundert und einige überaus kunstvoll gefertigte Buntglasfenster aus dem Mittelalter auf.

Die Kathedrale von Brüssel steht für die Vermischung verschiedener Stilrichtungen in Südholland.

DAS MITTELALTER

Im mittelalterlichen Flandern, wie auch in Norditalien, schwächten Profanbauten die architektonische Dominanz der Kirche.

Die Tuchhallen in Ypern

Im Mittelalter florierten der Wollhandel und die Tuchherstellung. Flämische Städte, wie Gent und Ypern, waren schon im 12. Jahrhundert bedeutende Zentren. Händler aus aller Welt besuchten die großen, konkurrenzlosen Messen. Bald wurde die rasant wachsende Branche von der qualitativ sehr hochwertigen englischen Wolle abhängig, und als die Engländer im 14. Jahrhundert mit ihrer eigenen Tuchherstellung begannen, läutete dies den Anfang vom Ende ein.

Während der Zeit des Aufschwungs entstanden in Flandern großartige Profanbauten. Prächtige Gildehäuser der Weber, Rathäuser und hoch aufragende Glockentürme übertrafen in Holland für gewöhnlich jede Kirche. Die Erbauer hatten das rein praktische Baumotiv längst durch ein Streben nach Größe und Schönheit ersetzt. Die bekannten Gildehäuser in Gent, der 90 m hohe Glockenturm von Burgos, sowie die Tuchhallen in Ypern sind Beispiele hierfür. Letztere wurden gar als „der großartigste Profanbau des mittelalterlichen Europa" bezeichnet. Die dezente, perfekt bemessene, rechteckige Markthalle mit den vier Ecktürmen wurde zwischen 1201 und 1304 erbaut. Die 134 m lange Fassade ist nur mittig von einem erhabenen Turm durchbrochen. Während des Ersten Weltkriegs wurden die Tuchhallen stark beschädigt, später jedoch sorgfältig restauriert.

DAS MITTELALTER

Der Palazzo Publico in Siena

Schon im 13. Jahrhundert wurde Siena zu einem wichtigen Bankenzentrum. Die zuerst nur vom Adel beherrschte Gemeinde sah sich zunehmend dem Streit um die Vorherrschaft zwischen Adel und Bürgerschaft ausgesetzt. Letztere setzte sich immer lautstärker gegen die ungerechte Verteilung der Steuerlast zur Wehr.

Zudem wurde die Stadt durch Pestepidemien und Kriege, vor allem mit der Nachbarstadt Florenz, geschwächt. Doch ein grandioser Sieg über die Florentiner im Jahre 1260 verschaffte Siena und deren Verbündeten eine Verschnaufpause. Dieser Sieg fiel mit dem Beginn der Regierungszeit der Bürger zusammen, die sich letztlich gegen den Adel durchsetzen konnten.

Der Einfluss der französischen Gotik war in Siena spürbarer als z. B. in Florenz. So hätte die gotische Kathedrale aus schwarzem und weißem Marmor zu den größten Kathedralen Europas gehört, wäre sie je vollendet worden. Ein weiteres Beispiel ist der Palazzo Publico, der Regierungssitz. Er wurde zwischen 1290 und 1310 erbaut. Am auffälligsten ist der Glockenturm, der Torre del Mangia, der mit 102 m der höchste Italiens ist und von den stolzen Händlern Sienas erbaut wurde.

Der Palazzo selbst wirkt trotz seiner Mächtigkeit, der mit Bögen versehenen Fassade und der seltsamen Zinnen, alles andere als überheblich. Nur für den Bau des unteren Teils wurden Ziegel statt Stein verwendet. Die für Siena so charakteristischen Bögen, bei denen ein Rundbogen in einen Spitzbogen eingepasst ist, zieren diesen Teil des Rathauses.

Viele Kunstschätze aus Siena befinden sich im Inneren des Palastes, unter ihnen auch der Springbrunnen des Bildhauers Jacopo della Quercia. Die mächtigen Fresken im Sala della Pace (Saal des Friedens) behandeln als Thema die Auswirkungen gerechter und ungerechter Regierung und wurden von Ambrogio Lorenzetti ca. 1330 angefertigt. Im Sala del Mappamondo fertigte Simone Martini nach dem Vorbild von Duccio, dem Meister der sienesischen Kunst, 1315 seine Maestà an.

Der Campanile des Palazzo Publico konkurrierte mit den Türmen der Kirchen und Kathedralen.

DAS MITTELALTER

Die Kathedrale von Burgos

Westseite der Kathedrale von Burgos. Größe und reiche Verzierung sind typisch für spanische Kathedralen.

Die Kathedrale von Burgos steht auf einem steilen Hang unterhalb des Schlosses der alten Stadt und ist über gepflasterte Straßen und Steinstufen zu erreichen. Die aufwändig verzierten Türme und Turmspitzen sind über den die Kathedrale umgebenden Bauwerken gut zu sehen.

Vor nicht allzu langer Zeit war Burgos noch das Hauptquartier von General Franco.

Die ehemalige Hauptstadt Altkastiliens entstand zu einer Zeit, in der noch Christen und Muslime um die Vorherrschaft Spaniens kämpften. Als die Christen die Muslime vertrieben hatten, ließen sie 1221 als Zeichen ihres Triumphes die Kathedrale bauen. In ihr liegt der bekannte spanische Held El Cid begraben. Wie die Kathedralen von Leon und Toledo wurde auch die von Burgos nach französischem Vorbild erschaffen; anfänglich waren sogar die Steinmetze Franzosen und Engländer. Gebaut wurde bis weit ins 16. Jahrhundert hinein. Im späten 15. und Anfang des 16. Jahrhunderts wurden viele Zierelemente angefügt, wodurch die ursprüngliche Prägung im Stil der französischen Hochgotik fast gänzlich verschwand. Nicht weniger als 22 reich verzierte Turmspitzen wurden angebracht.

Über drei Generationen hinweg entstanden die vielen hübschen Türme im Westen, die wunderschöne Capilla del Condestable (Kapelle zu Ehren des Wachmeisters) im Osten sowie der mit vielen großartigen Skulpturen versehene Hauptturm. Eben diese, der islamischen Kultur entliehenen, Ornamente und Verzierungen sind es, die die Kathedrale so einzigartig machen. Als Théophile Gautier der Stadt im 19. Jahrhundert einen Besuch abstattete, war er zutiefst beeindruckt von der Kathedrale, die er als die kunstvollste der Welt ansah. Als er in der Vierung stand, sah er zu „einer verwirrenden Unendlichkeit von Skulpturen, Arabesken, Statuen, Miniatursäulen und Pendentifen auf. Zwei Jahre könnte man dies betrachten, ohne alles gesehen zu haben." Angesichts einer „großen, wunderschönen Treppe mit großartigen, gebogenen Fantasiegestalten" zeigte er sich tief beeindruckt.

DAS MITTELALTER

Das Castel del Monte in Apulien

Das Castel del Monte ist das wohl bekannteste und schönste Bauwerk aus der Zeit des Hohenstaufer-Kaisers Friedrich II. (1197–1250) in Apulien im Südosten Italiens. Friedrich wuchs dort auf und regierte seine Lieblingsgegend auch ab 1220 als Kaiser. Durch ihre Lage auf einem Hügel, der sich nahe der Adria in einer Ebene erhebt, und der achteckigen Form, ist die 1240 erbaute Burg unter dem Namen „Steinerne Krone Apuliens" bekannt. Das mittelgroße, honigfarbene Bauwerk ist gut erhalten und soll von Kaiser Friedrich II. als Freizeitaufenthalt geplant gewesen sein. Tatsächlich scheint dieser jedoch wenig Zeit dort verbracht zu haben. Das Bauwerk könnte als Burgfried einer größeren Burg gedacht gewesen sein, die allerdings nie gebaut wurde. Dennoch ist das Castel del Monte bestens befestigt. Den eleganten, klassischen Eingang schützte wahrscheinlich ein Fallgitter. Sowohl klassische und christliche als auch islamische Einflüsse sind unverkennbar. Der genaue, präzise Bauplan legt den Schluss nahe, dass der Kaiser, ein Mann von umfassendem Allgemeinwissen, den Entwurf selbst mitgestaltete.

Ein zentraler Burghof ist von zwei Achtecken umgeben. An den Ecken des oktogonalen Baus stehen Türme mit ebenfalls achteckigem Grundriss. Die Türme befinden sich heute auf gleicher Höhe mit den Mauern, wohingegen sie zu Zeiten des Kaisers 2 m höher gewesen sein dürften. Die Vermischung von Stilrichtungen wird u. a. am Eingangstor sichtbar. Dort befindet sich ein gotisches Fenster über einem klassischen Giebel. Ein Kreuzrippengewölbe und die mit Kapitellen verzierten Säulen sind weitere Merkmale gotischen Stils. Der starke islamische Einfluss käme besser zur Geltung, wären die ursprünglichen Marmorböden, die Wand- und Bodenteppiche und die Skulpturen noch an Ort und Stelle. Zisternen auf dem Dach versorgten Bäder und Latrinen über ein fortschrittliches Rohrleitungssystem mit Wasser. Später wurde das Castel del Monte ein Gefängnis.

GANZ LINKS
Die perfekte Symmetrie macht den Reiz des Castel del Monte aus.

LINKS
Der klassische Eingang

DAS MITTELALTER

RECHTS
Die Zwillingstürme an einer Ecke des Château d'Angers zeigen die bemerkenswert dekorative Wirkung des unterschiedlichen Baumaterials.

GEGENÜBER
Blick über den Fluss

Das Schloss von Angers

Die Stadt Angers, an einem Nebenfluss der Loire gelegen, wird noch immer von einem Schloss überragt, das so gar nicht in die Reihe der typischen Loire-Schlösser passen will.

Es entstand auf den Überresten einer authentischen, mittelalterlichen Festung aus dem 1. Jahrtausend, von der heute nichts mehr erhalten ist. Unter Ludwig IX. (1214–1270), genannt Ludwig der Heilige, wurde die Burganlage mit dem Zweck gebaut, die Grafschaft Anjou vor erneuter Eroberung durch die Engländer zu bewahren.

1238 war der Bau nach zehn Jahren abgeschlossen.

Die siebeneckige Burganlage, die von einer Ringmauer und 17 Türmen befestigt ist, erhebt sich eindrucksvoll auf einem Felsplateau. Die runden Türme bestehen aus Schichten weißen Tuffsteins und schwarzen Schiefers, den einzigen dekorativen Elementen der Außenanlage. Der Mühlenturm im Norden wurde als einziger der Türme nicht gestutzt. Im Osten gelangte man mithilfe einer Zugbrücke über einen tiefen Burggraben zum Pförtnerhaus. Die Kapelle aus dem 15. Jahrhundert ist alles, was noch von den originalen Strukturen geblieben ist. Die Hauptattraktion von Arges sind die Wandteppiche, die die Offenbarung des Johannes darstellen. Obwohl längst nicht alle erhalten sind, konnte das gesamte 143 m lange Werk von Nicolas Bataille de Paris aufgrund von Aufzeichnungen rekonstruiert werden.

DAS MITTELALTER

Die Marienburg war früher der Hauptsitz des Deutschen Ordens. Im 19. und im 20. Jahrhundert wurde sie aufwändig restauriert.

Die Ordensburg Marienburg

In der polnischen Stadt Malbork, die besser unter ihrem deutschen Namen Marienburg bekannt ist, erbaute der Orden der „Brüder vom Deutschen Haus St. Marien" die Marienburg, die ab dem Jahre 1308 Hauptsitz des Deutschen Ordens sein sollte.

Dieser wurde von Händlern aus Bremen und Lübeck begründet und diente während des Dritten Kreuzzuges der ärztlichen Versorgung der Ritter. Er sollte sich aber schon bald zu einem militärisch strukturierten Orden, ähnlich dem der Templer oder der Johanniter, entwickeln. Im Zuge seiner Ostexpansion sicherte der Deutsche Orden die eroberten Gebiete durch den Bau von Burgen. So ließ er in der Zeit zwischen 1270–1300 am Ufer des Nogat, eines Mündungsarms der Weichsel, die Marienburg erbauen.

Als Hauptsitz des Hochmeisters des Ordens, reihte sich die Burg bald in die Liste der größten und wichtigsten Burgen Deutschlands ein. Die Burg ist ein Backsteinbau, mit steilen rot gedeckten Dächern und Türmen. In der imposanten Großen Halle fanden zu Zeiten des Ordens herrliche Bankette statt. Nicht minder prunkvoll ist die Kapelle des alten Schlosses. Doch die guten Zeiten währten nur kurz. 1410 wurden die Ritter bei der Schlacht von Tannenburg vom polnischen König geschlagen. 1466 ging die Burg in den Besitz Polens über. Ab 1773 gehörte sie zur Provinz Westpreußen des Königreiches Preußen und wurde im 19. Jahrhundert aufwändig restauriert. Nach ihrer Zerstörung während des Zweiten Weltkrieges nahmen sich die Polen der neuerlichen Restaurierung der Marienburg an.

DAS MITTELALTER

Rochester Castle

Die zwischen London und Canterbury liegende Stadt Rochester ruft manche Erinnerung wach. Charles Dickens, der in der Nähe von Gads Hill lebte, ist ein Denkmal in der Kathedrale geweiht. Das Haus, das für Dickens' Roman „Große Erwartungen" Modell stand, existiert bis heute. Die turbulente Geschichte der Stadt ist unter anderem in ihrer Lage am tiefsten Punkt des Flusses Medway begründet. Im 7. Jahrhundert wurde eine erste Kathedrale vom heiligen Augustinus erbaut. Wikinger zerstörten diese, und erst Bischof Gundulf ließ sie Ende des 11. Jahrhunderts wieder aufbauen.

Die ältesten vorhandenen Teile sind Überreste römischer Mauern. Das Herz der Burg von Rochester war der mächtige Turm, der auch heute noch als einer der wenigen seiner Art erhalten ist. Er entstand zwischen 1127 und 1142, nachdem die Burg in den Besitz des Erzbistums Canterbury übergegangen war. Der Grundriss ist quadratisch, jede Seite misst 21 m und an der Nordseite gibt es einen befestigten Eingang. 3 m dicke Wände reichen 34 m in die Höhe bis zu einer Brustwehr, die von je zwei Ecktürmen flankiert wird.

1215 belagerte Johann ohne Land erfolgreich die Stadt. Ein eingestürzter Turm wurde durch einen Rundturm ersetzt. Nach weiteren Belagerungen und nur gelegentlichen Reparaturarbeiten wurde die Burg Ende des 19. Jahrhunderts vor dem endgültigen Zerfall bewahrt.

Rochester Castle wurde an der seichtesten Stelle des Flusses Medway erbaut.

DAS MITTELALTER

Die Westfassade (unten und gegenüber) vom Canale Grande aus. Die Außenwand der oberen Geschosse scheint von feinen Seidentapeten bedeckt zu sein. Über dem reich verzierten Fenster (unten links) wurde das Wahrzeichen Venedigs, der Löwe, angebracht.

Der Dogenpalast in Venedig

Venedig erlangte schon früh Reichtum und Macht, da sich die Stadt eine Monopolstellung bezüglich des Handels zwischen Westeuropa und Byzanz sichern konnte. Anfang des 9. Jahrhunderts wurde ein erster Dogenpalast errichtet. Das heutige Bauwerk ist wohl das spektakulärste aller Profanbauten der schönsten Stadt Europas. Der Bau begann 1340 und Anfang des 15. Jahrhunderts wurde der als Regierungsgebäude für die Venezianische Versammlung fungierende Palast vollendet. Die einzigartige Westfassade, mit Blick auf die Lagune von Venedig, ist der bekannteste Teil des Palastes. Sie ist nicht nur ein Meisterwerk italienischer Gotik, sondern auch eine gelungene Kombination byzantinischer und westlicher Einflüsse. Über der Arkadenreihe im Erdgeschoss befindet sich eine weitere Reihe kunstvoll verzierter Bögen. Die darüber befindliche Wand weist ein geometrisches Muster aus rosa und weißem Marmor auf. Besonders edel wirken die sieben breiten Fenster, von denen das mittlere mit Ornamenten aus dem 14. Jahrhundert verziert ist, die u. a. Porträts zweier byzantinischer Kaiser zeigen. Des Weiteren wird es von einem kleinen Balkon geschmückt. Zwischen dem Palast und dem Markusdom gelangt man durch die Porta della Carta (Tor der Carta) in den Dogenhof. Dort sind auf der Freitreppe Scala dei Giganti, die Zwei Giganten (auch Mars und Neptun genannt) aufgestellt, die Jacopo Sansovino 1554 schuf.

Im Sala delle Quattro Porte (Ratssaal zu Venedig) zeigen Tintorettos Fresken das Seegefecht zwischen den Venezianern und Kaiser Otto. Ein Feuer zerstörte zwar im Jahre 1577 viele der alten Werke, doch der Dogenpalast ist noch immer eine Schatzkammer venezianischer Kunst und Geschichte.

DAS MITTELALTER

Die Burg von Caernavon

Von den vier großen Burgen, die der englische König Edward I., der zwischen 1272 und 1307 regierte, bauen ließ, um die Waliser zu unterwerfen, ist Beaumaris die kunstvollste, Harlech die schönste und Conwy die erschreckendste. Die prachtvollste ist jedoch Caernavon, die auch der Sitz des Königs in Nordwales war. Die mehreckigen Türme sollten der Burg einen vornehmen Zug verleihen, der den anderen Burgen fehlte. Dieser Stil der Türme ist vielleicht der Architektur Konstantinopels nachempfunden, das der König auf einem Kreuzzug kennen gelernt hatte.

Der normannische Earl of Chester ließ 1100 die erste Befestigungsanlage errichten. Die Burg, die 200 Jahre später unter Edward I. erbaut wurde, befindet sich auf einer schmalen Landzunge, die in die Meerenge von Menai ragt. Ihr gegenüber liegt die Insel Anglesey (Insel der Angeln). Früher war die Anlage auf drei Seiten von Wasser umgeben, heute fließt der Fluss östlich der Burg unterirdisch.

Die mittelalterliche Stadt im Norden lag innerhalb der Burgmauern, die noch heute existieren.

Ein unregelmäßiges Achteck bildet den ungewöhnlichen Grundriss. Die Wohnbereiche befinden sich in den 13 mächtigen Türmen, von denen keiner dem anderen gleicht. Der größte ist der Eagle Tower (Adlerturm), der seinen Namen wegen der steinernen Adler trägt, die seine Zinnen schmücken. Der Repräsentant des Königs in Nordwales hatte hier sein 12 m langes Quartier.

Die Burg von Caernavon bei Nacht. Links ist der Eagle Tower zu sehen.

DAS MITTELALTER

Der Kölner Dom

Der Kölner Dom, eine der größten gotischen Kirchen in Nordeuropa, ist ein Erfurcht gebietendes Bauwerk, das sich über Köln erhebt, als stamme es aus einer anderen, größeren Welt. Viele prächtige Schätze, einschließlich des vergoldeten Drei-Könige-Schreins und einer Darstellung der Anbetung der Heiligen Drei Könige aus dem 15. Jahrhundert, werden darin verwahrt. Trotzdem gelangte die Hohe Domkirche St. Peter und Maria nie zu dem Ansehen, in dem andere Bauwerke standen. Dafür mag es Gründe geben, doch klar ist, dass die gewaltigen Ausmaße des Doms Probleme aufwarfen. Bei einer Länge von 142 m ist die Breite von 84 m ungewöhnlich. Das Gewölbe des Hauptschiffs ist fast so hoch wie das der Kathedrale von Beauvais. Die beiden 156 m hohen massiven Westtürme erwecken den Eindruck, sich gegenseitig stützen zu wollen. 1284 begann der Bau des Doms, doch während der nächsten beiden Jahrhunderte wurde wenig mehr als der Chor fertig gestellt. Während der napoleonischen Kriege (1800–1815) wurde der Dom als Stall und Militärgefängnis missbraucht.

Der durch die französische Besetzung hervorgerufene Nationalismus verlieh dem Bau des Doms schließlich den benötigten Schwung. Um die Arbeiten zu finanzieren, wurde eine zusätzliche Steuer erlassen. Auch große Persönlichkeiten, wie Goethe und der preußische König, unterstützten den Bau finanziell. Bemerkenswerterweise fanden sich die Originalpläne wieder, nach denen der Dom dann auch zwischen 1820 und 1880 plangenau vollendet wurde.

Während des Zweiten Weltkriegs erlitt der Kölner Dom große Schäden durch Bombenabwürfe. Er wurde bald darauf komplett restauriert und erfüllt seit 1956 wieder seine gewohnte Funktion.

UNTEN
Aus der Ferne wirkt die ungeheure Größe des Kölner Doms wie von einer anderen Welt.

UNTEN LINKS
Der Anblick der Spitzen vom Dach des Doms aus ist ungewöhnlich.

DAS MITTELALTER

Die Kathedrale von Rouen mit dem Butterturm. Ein Baum verdeckt die berühmte Turmspitze.

Die Kathedrale von Rouen

Unterschiedlichste und wunderbare Darstellungen der Kathedrale von Rouen verdanken wir Claude Monet. Er ließ sich Ende des 19. Jahrhunderts von der Kathedrale unter den verschiedensten Lichteinflüssen zu wahren impressionistischen Meisterwerken beflügeln. Der Bau der heutigen Kathedrale begann 1202, doch erst im Jahre 1509 wurde das im spätgotischen Stil gehaltene Bauwerk endgültig fertig gestellt. Die ehemalige Hauptstadt des Herzogtums Normandie war im 4. Jahrhundert Sitz eines Erzbistums und für lange Zeit nach Paris die größte Stadt Frankreichs. Die historische Bedeutung der Stadt spiegelt sich in Größe und Pracht der Kathedrale wider. Die Stadt hatte immer wieder unter Kriegen zu leiden. Nach den Bombenangriffen des Zweiten Weltkriegs wurden Überreste einer sehr alten Kirche gefunden, die vielleicht sogar aus Zeiten der Römer stammt. Der Tour Saint-Romain im Nordwesten stammt noch aus der Zeit vor 1202, wohingegen die gewaltige Westfassade sowie der im Flamboyant-Stil des späten 15. Jahrhunderts errichtete Tour de Beurre (Butterturm) spätgotischen Ursprungs sind. Der Tour de Beurre verdankt seinen Namen der Tatsache, dass der zur Fastenzeit verbotene Genuss von Milchprodukten durch den Kauf von Erlässen vorübergehend aufgehoben werden konnte. Die Einnahmen flossen in den Bau des Turms.

Der vielleicht interessanteste Teil des Innenbereichs ist die Marienkapelle aus dem 14. Jahrhundert. Obwohl Turmspitzen bei gotischen Kathedralen fast immer vorgesehen waren, überdauerten nur wenige. Die aktuelle, mit 156 m höchste Turmspitze Frankreichs in Rouen, ist aus Gusseisen gefertigt und ersetzt das 1822 durch einen Blitzschlag zerstörte Original. Die Höhe und die ausgefallene Laterne über der Vierung gaben Anlass zu Kritik.

DAS MITTELALTER

Der St.-Paulus-Dom in Münster

Auf Betreiben Karls des Großen hin wurde die ehemalige Hauptstadt der vormals preußischen Provinz Westfalen im Jahre 800 Bischofssitz. Der St.-Paulus-Dom in Münster ist romanischen Ursprungs. Im 13. und 14. Jahrhundert wurde er zu großen Teilen neu aufgebaut, weswegen heute romanische und gotische Elemente vorhanden sind. Neben den beiden romanischen Westtürmen befindet sich in der Kapelle neben dem Kreuzgang ein kunstvolles romanisches Tympanon. In der Vorhalle im Süden sind dagegen wunderbare gotische Skulpturen zu sehen, die Szenen aus dem Paradies zeigen.

Von den Münsteranern sagt man, dass sie religiöser seien als ihre Mitbürger. Tatsächlich ist der Dom fast nie verwaist. Gläubige sprechen kurze Gebete oder zollen dem Grab von Kardinal Galen Respekt, der sich während des Zweiten Weltkrieges den Nationalsozialisten entgegengestellt hatte. Der Dom grenzt mitten im Geschehen an einen Marktplatz und der Duft gebratener Würstchen hängt in der Luft. Doch die Geschichte des Doms war nicht immer so friedlich. 1534 regierten für kurze Zeit irregeleitete Wiedertäufer die Stadt. Unter Jan van Leyden proklamierten sie das „Königreich Zion" und vertrieben und töteten Andersgläubige.

Es folgten die Abschaffung privaten Eigentums, Bücherverbrennungen und die Einführung der Polygamie. Im Dom wurden viele Heiligenbilder zerstört. Doch schon ein Jahr später zerschlugen Bischof Franz von Waldecks Truppen das Reich.

Der Dom zu Münster ist romanischen Ursprungs, doch auch gotische Elemente sind vorhanden.

DAS MITTELALTER

Der Regensburger Dom

Regensburg liegt am nördlichsten Punkt der Donau. Die Römer errichteten an einer Stelle, an der sich vormals auch schon keltische Siedlungen befanden, ein Kastell. Nach der Errichtung einer ersten Kirche im 8. Jahrhundert wurde Regensburg zum Bischofssitz. Die romanische Kathedrale, die im 11. Jahrhundert an gleicher Stelle erbaut worden war, wurde zugunsten der heutigen Kathedrale 1273 weitgehend abgerissen. Einige Teile, wie die achteckige Allerheiligenkapelle, in der gut erhaltene Fresken aus der Erbauungszeit zu sehen sind, blieben jedoch erhalten.

Regensburg war im 13. Jahrhundert eine blühende Reichsstadt und besaß einen florierenden Umschlaghafen. Der Handel zwischen Venedig und dem Osten verlief zu großen Teilen über Regensburg und dessen berühmte Steinerne Brücke, die 100 Jahre früher errichtet wurde als der Dom. Die Finanzierung des Baus fiel der wohlhabenden Stadt nicht allzu schwer, und das östliche Ende des Doms kam schnell voran. Der Grundriss des Vorgängerdoms wurde übernommen, doch die Ausführung erfolgte im hochgotischen Stil. Alsbald hatte die Stadt jedoch unter der Konkurrenz ihrer bayerischen Nachbarstädte wie etwa Augsburg und Nürnberg zu leiden, was den Bau des Doms verlangsamte. Dennoch führte Regensburg die Bauarbeiten fort und 1530 wurde der Westteil plangemäß vollendet. Nur die Türme hatten ihre endgültige Höhe noch nicht erreicht. Erst 1867 wurden den Türmen Spitzen aufgesetzt, die ebenso wie die Turmspitzen des Kölner Doms die Frage aufwerfen, inwiefern sie das Bauwerk bereichern.

Im späten 17. Jahrhundert wurde das Interieur des Doms im zeitgenössischen bayerischen Barockstil umgestaltet. Als Ludwig I. ca. 1830 barocke Ausschmückungen entfernen ließ, blieb der silberne Hochaltar verschont.

RECHTS
Blick auf den Regensburger Dom von der Donau aus

GANZ RECHTS
Regensburg ist berühmt für seine kunstvollen Skulpturen. Diese sind jedoch nicht aus der Hand des so genannten Erminoldmeisters.

DAS MITTELALTER

Die Kathedrale von Salisbury

Aus vielerlei Gründen zog sich der Bau mittelalterlicher Kathedralen oft lange hin. Die Kathedrale von Salisbury stellt eine Ausnahme dar. Der Großteil des Chors, die zwei Querschiffe und das Hauptschiff wurden zwischen 1220 und 1258 im Stil der englischen Frühgotik vollendet, was die Kathedrale zur einheitlichsten Repräsentantin dieses Stils macht.

Die alte, auf einem Hügel gelegene Siedlung Old Sarum wurde im 11. Jahrhundert von den Normannen als Bischofssitz genutzt. Dieser wurde im 13. Jahrhundert an die Stelle der heutigen Stadt Salisbury am Ufer des Flusses Avon verlegt. Dort war die Wasserversorgung gesichert – leider kam es aber auch zu gelegentlichen Überflutungen. Viele der Steine für den Neubau wurden der alten Kathedrale entnommen.

Die Kathedrale von Salisbury ist etwas größer als die von Canterbury und ist damit die größte Englands. Die Westfassade wurde 1266 vollendet. 1334 wurde der makellose, mit 123 m höchste Turm Englands samt Turmspitze angefügt. Das Innere der Kathedrale wirkt kühl und etwas unnahbar. Viele der Königsstatuen aus dem Chor verschwanden im Laufe der Jahre, und im 18. Jahrhundert wurden die Buntglasfenster und ein frei stehender Campanile bei einer unseligen „Restaurierung" entfernt. Doch die Säulen aus Purbeck-Marmor fesseln den Betrachter bis heute. Die hoch gewölbte Marienkapelle beherbergte einst einen Heiligenschrein.

OBEN
Detail einer Tür an der Westfassade

RECHTS
Blick auf den Turm vom Kreuzgang

DAS MITTELALTER

Die Kathedrale von Toledo

Der Legende nach wurde Toledo von Herkules gegründet. In jedem Fall ist die Stadt uralt. 589 wurde dort eine westgotische Kirche geweiht. Schon früh verknüpfte sich die Geschichte der Stadt mit der der spanischen Kirche. Viele Konzile fanden dort statt, und auch der lang währende Streit zwischen dem spanischen Katholizismus und dem Arianismus wurde dort ausgetragen. Zwar ist der Erzbischof von Toledo bis heute Primas der katholischen Kirche Spaniens, doch die Bedeutung der Stadt schwand, nachdem Philipp II. im 16. Jahrhundert Madrid zu seiner Hauptstadt auserkor. Dies mag dazu beigetragen haben, dass die Stadt ihr mittelalterliches Erscheinungsbild zu großen Teilen bewahren konnte.

Die einstige Kirche, die unter den Muslimen als Moschee genutzt wurde, ließ König Ferdinand III. von Kastilien, genannt der Heilige, einreißen, um dort 1227 den Bau der heutigen Kathedrale zu beginnen. Auch diese wurde in den damals häufigen Irrungen und Wirrungen beschädigt, doch sie ist als eine der kunstvollsten Kathedralen Spaniens erhalten geblieben. Wie selbstverständlich nimmt das robuste „in gelbliches Rotbraun gehüllte" Bauwerk seinen Platz in der Stadt ein. Der Aufbau mit zwei Seitenschiffen ähnelt dem der Kathedrale von Bourges. Bis ins 16. Jahrhundert zog sich der Bau des gotischen Bauwerks, dessen Erscheinungsbild durch barocke und aus der Renaissance stammende Merkmale verändert wurde. Allerdings weist das Äußere nicht die extravaganten Züge der Kathedrale von Burgos auf. Neben dem Turm sind nur wenige dekorative Elemente vorhanden. Der Innenbereich weist wesentlich mehr Zierrat auf. Aufgrund der Größe wirkt das Hauptschiff trotz der mächtigen Pfeiler, die aus je 16 aneinander gebauten Säulen bestehen, nicht überladen.

RECHTS
Das Südportal der Kathedrale

GANZ RECHTS
Blick über die Stadt Toledo. Links im Bild der Turm der Kathedrale.

DAS MITTELALTER

Der Dom Santa Maria del Fiore von Florenz

Die meisten Architekten der großartigen gotischen Kathedralen Nordeuropas sind unbekannt. Doch im Florenz des 13. Jahrhunderts ließ man Künstlern gerne Anerkennung zukommen. Unter denen, die zum Bau des Doms Santa Maria del Fiore beitrugen, sind viele der berühmtesten Namen der Renaissance, wie Giotto und Michelangelo.

Der Duomo (Dom) besteht aus verschiedenen Einheiten: dem Campanile, dem Hauptschiff, einem überwölbten Oktogon und einem Baptisterium. Ein Großteil davon wurde zwischen 1296 und 1462 erbaut. Der Innenraum bietet nicht sehr viele Meisterwerke, sondern ist überraschend schlicht gestaltet. Auch die wunderschönen Effekte der marmornen Außenfassade sind rar.

Nach dem Tod des ersten Baumeisters, Arnolfo di Cambio, führten Giotto di Bondone und andere Architekten den Bau weiter. Giotto entwarf den Campanile, der allerdings erst nach seinem Tode vollendet wurde. Das Baptisterium im Westteil ist das älteste Bauwerk. Berühmt ist die so genannte „Paradiespforte", die aus Bronzetüren besteht, die teils von Pisani im 14. Jahrhundert, teils von Ghiberti im 15. Jahrhundert gefertigt wurden. Die viel beachtete Kuppel von Brunelleschi wird noch heute als eine der einflussreichsten Strukturen der Renaissance bezeichnet. Brunelleschi war weniger an der Nachahmung der Klassik gelegen als an der Überwindung bautechnischer Probleme mithilfe gotischer Baugrundsätze. Die spitze Rippenkuppel sollte eine Entfernung von 43 m überspannen. Dieses für unmöglich befundene Unterfangen gelang, indem Brunelleschi eine innere und eine äußere Kuppel mit unterschiedlichen Krümmungen schuf. Die Arbeiten dauerten von 1420–1434.

Die Kathedrale von Florenz mit dem frei stehenden Glockenturm und der Kuppel von Brunelleschi ist eines der europäischen Bauwerke, das Emotionen hervorruft.

DAS MITTELALTER

UNTEN
Die Brücke von Avignon weist mit ihrer kleinen Kapelle ein Merkmal vieler mittelalterlicher Brücken auf.

UNTEN RECHTS
Zusätzliche Türme über dem Haupteingang des Palastes

GEGENÜBER
Der Pechnasen tragende Turm diente dem Schutz der Päpste.

Der Papstpalast in Avignon

1305 wurde der Bischof von Bordeaux zum neuen Papst Clemens V. gewählt, obwohl er weder Kardinal noch Italiener war. Er ernannte umgehend einige Franzosen zu Bischöfen und zeigte kein Interesse daran, nach Rom zu gehen. 1309 ließ er sich mit seinem päpstlichen Hof in Avignon nieder und bestimmte dieses gar zum neuen dauernden Sitz der Päpste. Durch diese Entscheidung begann das so genannte „babylonische Exil der Kirche", das erst im Jahr 1377 durch Papst Gregor XI. beendet wurde, der nach Rom zurückkehrte. Nach seinem Tode wurden zwei Päpste gewählt: einer in Rom und einer in Avignon. So entstand das Abendländische Schisma, das erst 1417 beseitigt wurde und das der Häresie gewaltigen Auftrieb verliehen hatte.

Der Papstpalast in Avignon ist heute ein Museum und ein Ausstellungszentrum und dokumentiert das beinahe erfolgte Scheitern des Papsttums im Mittelalter. Die ehemalige Zitadelle ist ein riesiger gotischer Gebäudekomplex mit zahlreichen öffentlichen Räumen, Kapellen, Höfen, Türmen und Gärten, die sich hinter steilen Wänden verstecken, die ihm eher das Aussehen einer Festung verleihen. Aufgrund einer fehlenden Innenausstattung und natürlichen Lichts wirkt der Innenbereich düster. Dennoch bietet der Palast aus dem 14. und 15. Jahrhundert eine beeindruckende Kulisse für das alljährliche Festival von Avignon.

Die weltberühmte Rhône-Brücke von Avignon wurde 1660 durch eine Flut teilweise zerstört.

DAS MITTELALTER

Der Veitsdom in Prag

Wo sich heute der Veitsdom auf der Prager Burg erhebt, stand früher eine romanische Basilika, von der noch Teile in der Krypta erhalten sind. Das Bauwerk in seiner heutigen Form als Kathedrale im gotischen Stil wurde ab dem Jahr 1344 auf Anweisung Karls IV. erbaut, als Prag zum Erzbistum erhoben wurde. Als Hauptstadt von Karl IV. erlebte Prag goldene Zeiten und wurde zur bedeutendsten Stadt Zentraleuropas. Der französische Baumeister des Doms, Matthias von Arras, starb im Jahre 1352, als der Ostteil fast fertig gestellt war. Der Schwabe

Peter Parler führte die Arbeit fort. Er und später seine Söhne nahmen unter Anwendung der so genannten „Internationalen Gotik" im 14. und 15. Jahrhundert viel Einfluss auf die architektonische Gestaltung Böhmens und Süddeutschlands. 1420 wurde der Bau durch den Beginn der Hussitenkriege unterbrochen, doch der Chor und der Grundstock des Hauptturms waren bereits fertig gestellt. Drei Jahrhunderte lang ging der Bau äußerst schleppend voran. Im 16. Jahrhundert wurde der 100 m hohe Zwiebelturm erbaut; das barocke Dach entstand erst 1770. Im 19. Jahrhundert erinnerten sich die Prager schließlich ihres Doms.

Wunderbare Arbeiten entstanden, wie z. B. Bronzetüren, die eine Episode aus dem Leben des heiligen Wenzel zeigen. Gerade rechtzeitig zum tausendsten Todestag des Heiligen konnte die Kirche 1929 eingeweiht werden.

In den 24 Kapellen des Doms sind zahlreiche Schätze verborgen, unter ihnen die Statue des heiligen Wenzel selbst. Sehr schön sind auch die Glasfenster des Jugendstilkünstlers Alfons Mucha.

Der Veitsdom entstand in den goldenen Zeiten der Stadt Prag.

DAS MITTELALTER

Das Ulmer Münster

Ab 1155 war die Stadt der Meistersinger freie Reichsstadt. Das Ulmer Münster wurde ab 1377 erbaut, nachdem die Stadt durch einen Sieg über die rivalisierende Stadt Würzburg ihren Wohlstand gemehrt hatte. 30000 Menschen fanden stehend in der Kathedrale Platz. Bereits Anfang des 15. Jahrhunderts war die Bevölkerung Ulms auf fast 60000 angewachsen.

Die „Deutsche Sondergotik", auch „Reduktionsgotik" genannt, ist durch ihre schlichtere äußere Erscheinung gekennzeichnet. Diese wurde von der Familie Parler am Chor des Ulmer Münsters verwirklicht. 1392 wurde Ulrich Ensinger, auch Ulrich von Ensingen genannt, die Bauleitung übertragen. Die Deutsche Gotik entwickelte sich weg von den üblichen zwei Türmen hin zu einem einzigen sehr hohen Westturm. Von Ensingen arbeitete mit durchbrochenen Strukturen, um Gewicht einzusparen. Der Kirchturm der Kathedrale wurde erst in den 80er-Jahren des 18. Jahrhunderts vollendet und ist bis heute mit 161 m der höchste Kirchturm der Welt. Eisenstreben verstärken das Dach, und Strebepfeiler wurden eingezogen, um die Backsteinwände zu entlasten. Die wertvollsten Schätze sind die realistische Darstellung des „Schmerzensmannes" von Hans Multscher (ca. 1429) und die kunstvoll geschnitzten Figuren im Chorgestühl des Schwaben Jörg Syrlin dem Älteren.

Das Ulmer Münster bei Nacht. Der Kirchturm ist der höchste der Welt.

DAS MITTELALTER

Schloss Rambouillet in Frankreich

Das Schloss Rambouillet befindet sich 45 km südwestlich von Paris und gehört zu den französischen Schlössern, die zwar zu Kriegszeiten als Festungen dienten, sich aber in friedlichere Zeiten retten konnten und so zu luxuriösen Landhäusern oder Jagdschlössern wurden. Hierfür war Rambouillet mit seinen riesigen Wäldern wie geschaffen und beherbergte Könige, Kaiser und in jüngerer Zeit auch Staatspräsidenten Frankreichs.

Das im 14. Jahrhundert erbaute Schloss befand sich über 300 Jahre hinweg im Besitz der Familie d'Agennes.

Im Verlauf des Hundertjährigen Krieges wechselte das Schloss, das eher den Charakter eines wehrhaften Hauses hatte, mehrfach den Besitzer.

Das einzige mittelalterliche Relikt ist der große, mit einer Pechnase versehene Turm Franz I., der den Namen des Königs trägt, da dieser auf der Jagd erkrankt und dort verstorben sein soll. Die größten Veränderungen wurden im 18. Jahrhundert unter dem Comte de Toulouse durchgeführt. Er ließ das Schloss vergrößern und die mittelalterlichen Mauern hinter klassischen Fassaden verstecken. 1784 ging Rambouillet an König Ludwig XVI., der von seiner Gemahlin Marie Antoinette gewünschte Änderungen vornehmen ließ. Das Schloss ging nahezu unversehrt aus den Wirren der Französischen Revolution hervor. Napoleon ließ es restaurieren, wobei u. a. ein herrliches kaiserliches Bad im neoklassischen Stil entstand.

RECHTS
Nur die von Efeu bedeckten Türme lassen erkennen, dass Schloss Rambouillet einst eine Festung war.

GEGENÜBER
Der Garten des Schlosses

DAS MITTELALTER

RECHTS
Statue von König Sancho I., der zwischen 1185 und 1211 regierte und als Städtebauer bekannt war.

GANZ RECHTS
Nordansicht der robusten Kathedrale

Die Kathedrale von Guarda in Portugal

Guarda in der Serra da Estrela liegt fast 1000 m über dem Meeresspiegel und ist somit die am höchsten gelegene Stadt Portugals. Das windige Klima soll gesund sein und so wurde in Guarda (Wächter) eine Lungenheilstätte gegründet. Die Gegend ist ländlich und spärlich bevölkert.

In Guarda selbst sind Ruinen einer mittelalterlichen Burg sowie einige andere Gebäude aus dieser Zeit zu sehen, von denen das interessanteste die Kathedrale ist.

Schon die Römer errichteten hier ein Fort, doch es gibt keinerlei Hinweise auf größere Siedlungen vor der Errichtung der Stadt unter König Sancho I. im 12. Jahrhundert. Wie der Name der Stadt verheißt, fungierte diese als Außenposten, von dem aus das portugiesische Reich gegen Muslime wie Christen aus Spanien verteidigt werden sollte. Angeblich macht eine der Figuren an der Außenwand, die aber von unten nicht zu sehen ist, eine unanständige Geste in Richtung der spanischen Grenze.

1390 begann der Bau der Kathedrale, der 1540 abgeschlossen wurde. Als Vorbild diente das bekannte Kloster Batalha. Doch die Kathedrale von Guarda ist weit weniger kunstvoll und hat bis auf das Westportal keinerlei äußere Verzierungen. Vielmehr scheint sie bereit, jeder Belagerung standzuhalten.

Die achteckigen Westtürme sind nicht wesentlich höher als das Dach, und der Vierungsturm wurde nie gebaut. Doch der schlichte Schein trügt.

Das Bauwerk zeigt eine ausgeklügelte Symmetrie, die man am besten von einem erhöhten Standpunkt betrachtet, wie etwa von der benachbarten Barockkirche aus.

DAS MITTELALTER

Der Stephansdom in Wien

Der Stephansdom in Wien setzt sowohl der Gottesfürchtigkeit als auch der gotischen Architektur ein großartiges Denkmal. Ottokar II., der König von Böhmen, trieb den Bau des Doms voran, bevor er 1273 vom ersten römisch-deutschen König aus dem Geschlecht der Habsburger, Rudolf I., besiegt wurde. Der Großteil des heutigen Doms entstammt späteren Zeiten.

Wie viele mittelalterliche Kathedralen weist der Stephansdom unterschiedlichste architektonische Einflüsse auf.

Die Kathedrale ist ein sehr großes Exemplar einer typischen Hallenkirche im Stil der deutschen Gotik, bei der Hauptschiff und Seitenschiffe von gleicher oder annähernd gleicher Höhe sind. Die Schiffe des Stephansdoms werden von nur einem einzigen riesigen, steilen Giebeldach bedeckt, das mit einem gewagten Zick-Zack-Muster aus schwarzen, grünen, weißen und gelben Ziegeln versehen ist. Dieses, ebenso wie der über dem Seiteneingang des Nordturms, dem Adlertor, angebrachte Habsburger Adler, stammen aus dem 19. Jahrhundert.

Der Aufbau des Bauwerkes lässt keine Obergaden zu, weswegen der Innenraum eher spärlich beleuchtet ist. Doch die Beleuchtung ist ausreichend, um kunstvolle barocke Verzierungen, das prachtvolle Grabmal Friedrichs III., die große Kirchenorgel und den spätgotischen Orgelfuß zu betrachten. Letzterer zeigt ein plastisches Selbstporträt Anton Pilgrams und wurde vom Baumeister aus einem einzigen Steinblock gefertigt.

Die Westfassade ist der älteste Teil des Gebäudes, das auch noch Überreste des romanischen Originals birgt. Das romanische Hauptportal, das „Riesentor", wird von zwei oktogonalen Türmen flankiert. Auch über die Querschiffe gelangt man in den Innenraum der Kathedrale. Über dem südlichen Querschiff befindet sich das herausragendste Merkmal des Stephansdoms, nämlich die 137 m hohe speerähnliche Kirchturmspitze aus dem 15. Jahrhundert.

Die mächtige Kirchturmspitze über dem südlichen Querschiff wartet bis heute auf ihr nördliches Pendant.

DAS MITTELALTER

Der Mailänder Dom ist zweifelsohne eine künstlerische Meisterleistung.

Der Mailänder Dom

Die Architektur betreffend zogen die Italiener es vor, ihrem klassischen Erbe treu zu bleiben. Der gotische Stil mit seinen großen Fenstern war im Süden ohnehin unerwünscht, und auch im Norden gibt es kaum Zeugnisse typisch französischer Gotik. Der Mailänder Dom, der Duomo St. Maria Nascente, bildet eine Ausnahme. Auch in Florenz und Pisa wurde die gotischen Elemente Größe und Höhe vorteilhaft umgesetzt, wenngleich die Italiener diese oft mit eigenen Stilrichtungen vermengten. Die üblichen gotischen Merkmale, wie Strebebögen, große Fenster und ein regelrechter Wald von Turmspitzen, sind vorhanden. Allerdings liegt eine sehr ungotische Betonung auf horizontalen Linien. Das Dach weist eine nur sehr geringe Neigung auf und das Bauwerk selbst nimmt nicht die gewaltigen Ausmaße französischer Kathedralen an. Die Bauweise ist höchst anspruchsvoll; die Grundfläche des Doms besteht aus gleichseitigen Dreiecken, einem Element, das den französischen Baumeistern fremd war. Italienische Männer vom Fach, wie etwa Leonardo da Vinci, standen den Baumeistern ebenso mit Rat und Tat zur Seite wie Ratgeber aus Ländern nördlich der Alpen.

Der Bau des Doms nahm im 14. Jahrhundert unter Herzog Gian Galeazzo Visconti seinen Anfang und überdauerte Generationen. Er schritt zwar langsam voran, doch das größte Bauprojekt der damaligen Zeit erfreute sich breiter öffentlicher Unterstützung. Die Bürger Mailands legten sogar unbezahlt Hand an, wenn das Geld einmal knapp war.

Die Fassade wurde erst im 17. Jahrhundert errichtet, und der Laterne aus dem 15. Jahrhundert setzte man ganze 300 Jahre später ihre Spitze auf. Die Nordseite konnte nicht vor dem 19. Jahrhundert fertig gestellt werden. Die mit blassrosa Marmor veredelte, reich verzierte Backsteinfassade, sowie knapp 4000 Skulpturen machen den Mailänder Dom einzigartig.

DAS MITTELALTER

Moskauer Kreml

In vielen alten russischen Städten gibt es einen Kreml, wobei Kreml das altrussische Wort für Zitadelle ist. Der berühmteste Vertreter ist der Moskauer Kreml. Dieser umspannt 36 Hektar auf einem Hang über dem Fluss Moskwa und grenzt an den Roten Platz. Er diente, neben seiner Funktion als Festung, Patriarchen und Zaren als Residenz und Politikern als Regierungssitz.

Somit stellte er das Zentrum des religiösen wie des politischen Lebens in Russland dar. Zum Kreml gehört eine Fülle an sakralen und palastartigen Bauwerken, deren Türme und funkelnde Goldkuppeln über den Fluss hinweg erstrahlen.

Erste Erwähnung findet der Kreml in Aufzeichnungen aus dem 14. Jahrhundert. Die Holzkonstruktion von damals wurde unter Iwan III. Ende des 15. Jahrhunderts durch ein Steinbauwerk ersetzt. Dieses stürzte noch vor seiner Fertigstellung wieder ein, was Iwan zum Anlass nahm, italienische Architekten der Mailänder Schule nach Moskau zu holen. Diese hatten sich zwar mit den Grundprinzipien der byzantinischen Baukunst vertraut gemacht, ließen jedoch auch Merkmale der italienischen Renaissance in ihre Arbeit einfließen. Der so entstandene Stil ist auch als „Lombardisch-Byzantinischer" Stil bekannt.

Auch die Erzengel-Michael-Kathedrale, in der einige Zaren begraben liegen, unterlag italienischen Einflüssen. Ebenso wie der von Iwan III. in Auftrag gegebene Facettenpalast, dessen Fassade mit facettierten, abgeschrägten weißen Steinplatten verkleidet wurde und in dem sich der ehemalige Thronsaal der russischen Zaren befindet. Dieser, sowie die beiden anderen großartigen Paläste im russischen Barockstil aus dem 17. Jahrhundert, dienten nicht länger der Verteidigung, sondern hatten repräsentative Funktionen.

GEGENÜBER
Der Große Kremlpalast soll über mehr als 700 Wohnungen verfügen.

UNTEN
Die vergoldeten kleinen Kuppeln der Kirchen des Kreml und des alten Palastes (rechts)

DAS MITTELALTER

GEGENÜBER
Der Ehrenhof des Hospitals von Nikolas Rolin wurde sorgfältig restauriert.

UNTEN
Details des alten Hospitals, die eine interessante Variante beim Umbauen von Ecken zeigen.

Hôtel-Dieu in Beaune

Zu den großartigsten Werken im Louvre gehört das Gemälde „Madonna des Kanzler Rolin" von Jan van Eyck, dem berühmtesten Vertreter der altniederländischen Malerei. Dank dessen vollendeter Technik und der Verwendung von Ölfarben leuchten die Farben des kostbaren Gemäldes noch genauso wie bei seiner Entstehung vor fast 600 Jahren.

Ab 1426 war Van Eyck der Hofmaler von Philipp dem Guten, dem Herzog von Burgund. Das Gemälde von Nicolas Rolin, dem Kanzler des Herzogs, entstand um 1435. Der Kanzler war eine bemerkenswerte Persönlichkeit: intelligent, reich, mächtig, unbarmherzig und gefürchtet, doch ein großzügiger Patron. Das von ihm gegründete Hôtel-Dieu in Beaune öffnete 1452 seine Tore.

Rolin besaß wertvolle Weinberge und Lagen in der umliegenden Côte d'Or, mit deren Erträgen das Hospital auch heute noch finanziert wird. Die Gegend war die Heimat seiner Mutter. Man könnte die Gründung des Hospitals als eine Art Wiedergutmachung dafür sehen, dass er die Menschen in Beaune ausgebeutet hatte.

Er gab ohnehin viel und gern Geld aus, und das Bauwerk, das den großen Ehrenhof umgibt und das einst den Armen und Kranken als Unterschlupf diente, könnte heute eine teure Hotelanlage für die Reichen und Schönen sein. Die steilen Dächer mit den Gaubenfenstern werden von bunten Dachziegeln bedeckt, die in geometrischen Mustern angeordnet sind. Darunter verläuft eine offene Galerie, die im Erdgeschoss von adretten, facettierten Säulen gestützt wird, die einen Säulengang bilden. Im Hof befindet sich ein Brunnen mit einer Schmiedearbeit.

Teile des Hospitals werden noch genutzt, aus anderen wiederum wurde ein Museum. Unter den Ausstellungsstücken befindet sich auch das Polyptychon (ein Flügelaltar mit mehr als drei Teilen) mit der Darstellung des Jüngsten Gerichts von Rogier van der Weyden.

DAS MITTELALTER

Die Kathedrale von Sevilla

Enorme Größe ist ein Merkmal spanischer Kathedralen im Allgemeinen, und der Maria de la Sede von Sevilla im Besonderen. Sie ist Spaniens größte und Europas drittgrößte Kathedrale.

Der Legende nach nahmen ihre Erbauer im 15. Jahrhundert an, dass jeder, der das vollendete Bauwerk in seiner vollen Größe und Form sah, sie für verrückt halten würde. Trotz solch düsterer Vorhersagen war der Bau in erstaunlich kurzer Zeit im Jahre 1520, nach 118 Jahren Bauzeit, abgeschlossen. Heute ist es schwierig, das Bauwerk in seiner Gesamtheit zu überblicken, da die Originalform von einigen Anfügungen, wie etwa einer barocken Pfarrkirche im Norden, verändert wurde.

Der in etwa rechteckige Grundriss misst 130 x 80 m. Das Hauptschiff ist 40 m und das Gewölbe über dessen Vierung 56 m hoch. Die ungewöhnlichen Dimensionen rühren daher, dass die Kathedrale als Moschee erbaut wurde. Der berühmte, als Giralda bekannte Campanile, weist noch maurische Dekorationen auf. Im Inneren des riesigen, mit zwei Seitenschiffen, 32 kunstvollen Pfeilern und mehr als 70 Fenstern versehenen Innenraums befinden sich viele großartige Kunstobjekte. Unter ihnen ein Fresko der Heiligen Jungfrau. Des Weiteren befindet sich dort das Grabmal von Christoph Kolumbus.

OBEN
Das Wahrzeichen der Stadt ist die Giralda. Das einstige Minarett ist heute der Glockenturm der wohl größten Kathedrale der Welt.

RECHTS
Die Kathedrale von Sevilla übte wegen ihres Aufbaus und der enormen Größe viel Einfluss auf die weitere Entwicklung der spanischen Architektur aus.

DAS MITTELALTER

Die Frauenkirche in München

München ist im Gegensatz zum romanischen Regensburg nicht von nur einer Stilrichtung geprägt. Gemessen an bayerischen Standards ist München eine vergleichsweise junge Stadt, die erst im 12. Jahrhundert von Heinrich dem Löwen gegründet wurde. Vielerlei bedeutende Bauwerke verdanken ihre Pracht dem Enthusiasmus von König Ludwig I. von Bayern. Doch im Zweiten Weltkrieg zerstörten die Bomben der Alliierten ein Drittel der Stadt, ironischerweise aber nicht das Hauptquartier der Nationalsozialisten. Jedoch auch nicht die Frauenkirche, doch wurde diese ernsthaft beschädigt. Allerdings war die wertvolle Ausstattung der erst 1817 zur Kathedrale geweihten Kirche vorher entfernt und an einem sicheren Ort aufbewahrt worden.

Für München eher ungewöhnlich ist die Tatsache, dass die Frauenkirche oder auch der „Dom zu unserer Lieben Frau" von einem deutschen Architekten stammt, nämlich Jörg von Halsbach, auch Ganghofer genannt. Dieser strebte nicht nach Höherem, obwohl er ein ungewöhnlich kompetenter Baumeister war. Die Frauenkirche ist ein Vertreter der in Süddeutschland üblichen Hallenkirchen, bei denen die Ausgestaltung der Außenfassaden meist wegen der großzügigen Innenräume zu kurz kam. 1479 wurde das gigantische Dach fertig gestellt, für dessen Bau viel Holz aus den bayerischen Wäldern benötigt wurde. Die beiden mächtigen Türme wurden erst später ergänzt. Sie sind heute das bei weitem wichtigste Merkmal der Kathedrale und ließen den vertrauten Anblick der Frauenkirche zum Symbol der Stadt München werden.

UNTEN LINKS
Die Münchner Frauenkirche wurde als süddeutsche Hallenkirche erbaut; diese Bauweise schafft gigantische Innenräume, lässt jedoch die Fensterzone entfallen.

UNTEN
Details der ungewöhnlichen Türme

DAS MITTELALTER

GEGENÜBER
Der Palacio Nacional da Pena

UNTEN und UNTEN RECHTS
Der Palacio Nacional von Sintra.

Die Paläste von Sintra in Portugal

Die hübsche Kleinstadt Sintra liegt in den hügeligen Waldgebieten der Serra de Sintra, einem Höhenzug westlich von Lissabon. Ihre Reize wurden von dem bekannten portugiesischen Nationaldichter Camões und später von Lord Byron in den ersten beiden Cantos von Childe Harold gepriesen. Die portugiesische Königsfamilie verbrachte den Sommer jahrhundertelang im Palacio Nacional. Dieser ist bis heute erhalten, ebenso wie der eindrucksvolle, auf einem Gipfel thronende Palacio Nacional da Pena, der 1755 bei einem Erdbeben stark beschädigt, anschließend jedoch wieder restauriert wurde. Der Palacio Nacional, den ein Schriftsteller einmal als maurisch und minderwertig gotisch beschrieb, ist von außen ein wenig einnehmendes Bauwerk. Früher wurde noch angenommen, dass der Palast tatsächlich maurischen Ursprungs sei, doch wie es scheint, wurde er ganz und gar während der Regierungszeit von König Johann I. von Portugal (1385–1433) erbaut. Allerdings an einer Stelle, an der einst ein maurisches Gebäude stand, und der Palast weist auch einige Charakteristiken der maurischen Bauart auf. Außerdem setzten die Erbauer den prachtvollen Stil der Manuelinik ein. Innerhalb des märchenhaften Palacio Nacional da Pena befinden sich die Ruinen eines Klosters, das um 1500 erbaut, dann jedoch aufgegeben wurde und verfiel. Ferdinand II. von Sachsen-Coburg-Gotha erwarb die Ruinen 1839. Er hatte 1836 Maria II. da Gloria, Königin von Portugal, geheiratet und so den Titel „Herzog von Braganza, königliche Hoheit" erhalten. Er verwandelte das alte Gemäuer in einen romantischen, mittelalterlichen Palast samt Kloster.

Kapitel 4

Renaissance bis Barock

Der Palazzo Medici-Riccardi in Florenz

Der Palazzo Pitti in Florenz

Der Palazzo Ducale in Urbino

Der Palazzo del Quirinale in Rom

Der Palazzo Barberini in Rom

Der Palazzo Ducale in Mantua

Die Kathedrale von Segovia

Schloss Fontainebleau in Frankreich

Schloss Chambord in Frankreich

Hampton Court Palace

Das Schloss Chantilly in Frankreich

Das Schloss von Saint-Germain-en-Laye

Der Louvre in Paris

Longleat in England

Die Villa Rotonda in Italien

El Escorial in Spanien

Die Rialtobrücke in Venedig

Das Teatro Olimpico in Vicenza

Die Basilius-Kathedrale in Moskau

Der Petersdom in Rom

Die Kirche Il Gesù in Rom

Die Santa Maria della Salute in Venedig

Die Kathedrale von Mexiko-Stadt

Die St. Pauls-Kathedrale in London

Schloss Versailles

Der Königspalast in Amsterdam

Der Königspalast von Turin

Das Schloss Drottningholm in Schweden

Schloss Charlottenburg

Schloss Nypmphenburg

Schloss Schönbrunn

Der Blenheim Palace in England

Schloss Belvedere in Wien

Die Wallfahrtskirche Superga in Turin

Das Stockholmer Schloss

Der St. Nikolaus Dom in Prag

RENAISSANCE BIS BAROCK

Das Wiederaufleben klassischer Lehren und Werte während der Renaissance war einer der Gründe für die fundamentalen Veränderungen, die sich über Generationen hinweg in der europäischen Gesellschaft vollzogen. Die Erfindung des Buchdrucks war die Neuerung mit der größten Bedeutung. Durch sie konnte man Ideen schneller verbreiten und wesentlich mehr Menschen erreichen. So trugen Bücher zur Unterminierung der totalitären Herrschaft der Kirche im Mittelalter und zur Unterstützung des klassisch inspirierten Humanismus bei. Die Entdeckung der mathematisch konstruierbaren Perspektive, deren Gesetze (wahrscheinlich durch Filippo Brunelleschi, dem ersten wahren Architekten der Renaissance) und die Verbreitung zweier schriftlicher Werke hatten bedeutenden Einfluss auf die Architektur. Die „Zehn Bücher über Architektur" (De architectura libri decem), die Marcus Vitruvius Pollio im 1. Jahrhundert v. Chr. verfasste, waren Gelehrten nicht geläufig, bis sie 1486 in Rom erstmalig in Druck gingen. Das ebenso berühmte, jedoch eingängigere Buch von Leon Battista Alberti „Über die Baukunst" (De Re Aedificatoria) aus dem Jahr 1452 erklärte den Zusammenhang zwischen mathematischen Baugesetzen und Proportionen, die, wenn man sie richtig anwandte, zu perfekter Harmonie führen sollten. So wurde Architektur zum ersten Mal in der Geschichte als Kunst verehrt, die sich auf fundierte, theoretische Texte stützte.

Kunst und Architektur der Renaissance nahmen im frühen 15. Jahrhundert ihren Anfang in Italien, verbreiteten sich jedoch erst im 16. Jahrhundert über die Landesgrenzen hinaus. Im Ausland nahmen sie andere Formen an, woraus für gewöhnlich eine Mischung aus mittelalterlichen und klassischen Elementen resultierte, die beispielsweise bei den Königsschlössern im Loiretal oder beim wohl durchdachten spanischen Plateresque-Stil zu finden ist. Die einflussreiche Schule von Fontainebleau trieb die weitere Verbreitung komplexer Stilrichtungen an. Die großen Häuser des elisabethanisch und jakobinisch geprägten Englands sind ein Beispiel hierfür. Auf gewisse Weise ähnelten sie dem italienischen Stil des Manierismus, einer Spätform der Renaissance, der beispielhaft von Michelangelo in Rom und von Giulio Romano in Mantua umgesetzt wurde. So entstanden beeindruckende Bauwerke jedweder Art, welche die Vorherrschaftsstellung sakraler Baukunst in Europa infrage stellten.

Auf den Manierismus folgte der Barock. Der anfänglich, ebenso wie die Gotik, als Schimpfwort verwendete Begriff sollte bald eine neue, lebendige und gefühlvolle Stilrichtung bezeichnen, die dem einzelnen Künstler, unter Berücksichtigung der klassischen Werte, größere Freiheiten verschaffte. Die Folge war die Entstehung unterschiedlichster Stilrichtungen, sodass der Term Barock eher eine Epoche klassifiziert als einen spezifischen Stil.

RENAISSANCE BIS BAROCK

Der Palazzo Medici-Riccardi in Florenz

Der Palazzo Medici-Riccardi diente im 15. und 16. Jahrhundert der Herrscherfamilie Medici als Wohnhaus. In Auftrag gegeben wurde er vom Herrscher über Florenz, Cosimo dem Alten (1389–1464), und zwischen 1444 und 1460 wurde der Palast gebaut. Dort schlug das Herz der florentinischen Renaissance: Lorenzo de Medici, genannt der Prächtige, hielt Gericht, Michelangelo nahm zum ersten Mal seinen Steinmeißel zur Hand, und die Mitglieder der Platonischen Akademie wurden freigebig verköstigt. Hier befand sich auch der Hauptsitz des Handelsimperiums der Medici. Italienische Renaissance-Paläste wurden um einen Hof herum angelegt und orientierten sich an alten römischen Bauweisen. Der gewaltige Medici-Palast wurde von Michelozzo di Bartolommeo, einem Schüler Brunelleschis, entworfen und ist dessen bekanntestes Werk. Der fürstliche Palast wirkt sehr streng, fast wie befestigt, und dieser Eindruck wird noch von einem Mauerwerk aus ungeglättetem und wenig bearbeitetem Stein im Erdgeschoss verstärkt. Zwar sollte das Bauwerk keiner Belagerung standhalten können, wohl aber der Bedrohung durch Steine werfenden Mob. Das Mauerwerk des ersten Obergeschosses besteht aus geglätteten Steinen, das des zweiten ist verputzt. Den Abschluss bildet ein aufwändiges Gesims, in das klassische Motive gearbeitet sind. Die Schlafräume befinden sich im zweiten Obergeschoss, dem Wohn- und Repräsentierstockwerk, oder piano nobile. Zu den Schätzen des Palastes gehören die Fresken von Benozzo Gozzoli aus dem Jahr 1463, die den Zug der Heiligen Drei Könige zeigen. 1659 kauften die Riccardi den Palast, und im 19. Jahrhundert wurde er zum Staatseigentum.

Der von Cosimo dem Alten in Auftrag gegebene Palast war einst die Residenz der Medici, die im 15. und 16. Jahrhundert über Florenz herrschten.

RENAISSANCE BIS BAROCK

Die Gartenfassade des Palazzo Pitti von Ammanati mit dem achteckigen Springbrunnen (Fontana del Carciofo) im Vordergrund

Der Palazzo Pitti in Florenz

Der Palazzo Pitti war seit dem 16. Jahrhundert Residenz der Herzöge der Toskana, wie der Medici, oder deren Nachfolger aus dem Hause Lothringen. Der Bau des Renaissance-Palastes neben der Ponte Vecchio (italienisch für Alte Brücke) wurde 1458 von Luca Pitti in Auftrag gegeben. Die Pläne sollen vom großartigen Filippo Brunelleschi stammen, dessen berühmtestes Werk der Dom von Florenz ist. Luca Pitti, einstiger Freund von Cosimo de' Medici, hatte sich einen ungünstigen Moment ausgesucht, um dem Ansehen seiner Familie ein Denkmal zu setzen. Nach acht Jahren Bauzeit – das Gebäude war fast zur Hälfte erbaut – sank der Stern der Familie und 100 Jahre später ging der Palast in den Besitz der Medici über. Unter Cosimo I. de' Medici, Herzog der Toskana, und dessen Frau Eleonora di Toledo wurde dieser vergrößert und fertig gestellt. Die unübliche Fassade des Palastes, mit Blick auf den berühmten Boboli-Garten, wurde von dem durch die Ponte della Trinità bekannten Bartolommeo Ammanati entworfen. Die vorspringenden äußeren Flügel wurden im 18. Jahrhundert ergänzt. Diese störten zwar die Symmetrie des Bauwerks, trugen jedoch dazu bei, dass der Palazzo Pitti als größter italienischer Palast außerhalb des Vatikans gilt.

Bald wurden die Gemäldesammlungen des Palastes öffentlich zugänglich. In den Räumlichkeiten der Galleria Palatina befinden sich ca. 500 Renaissance-Gemälde, u. a. von Rubens und Raffael. Auch gibt es ein Museum, in dem die Schätze der Medici zu sehen sind, sowie eine Galerie über die moderne Kunst der Toskana und ein Kutschenmuseum.

RENAISSANCE BIS BAROCK

Der Palazzo Ducale in Urbino

Mit dem Palazzo Ducale aus der Frührenaissance wurde Federico da Montefeltro ein Denkmal gesetzt. Der Hof des charismatischen Herzogs, der in vielen zeitgenössischen Bildern verewigt wurde, mag weniger glamourös gewesen sein als der der Medici in Florenz. Doch es gedieh dort die italienische Renaissance.

Der Umbau begann 1468, und auch die großen Türme, die den Eingang flankieren, tragen zum gotischen Erscheinungsbild des großen und geräumigen Palastes bei. Überreste des mittelalterlichen Originals sind u. a. noch im Ostflügel erhalten, doch der große, von einem anmutigen Säulengang umgebene Hof von Luciano Laurana ist rein klassisch gehalten. Der Herzog selbst entschied mit dem Baumeister über das Konzept des Palastes, und auch Piero della Francesca sowie der junge Donato Bramante wurden hinzugezogen. Die herzoglichen Gemächer befanden sich hinter der Westfassade, wo ein Durchgang zu Lauranas „Geheimem Garten" führte. Die sämtlich nach Norden ausgerichteten Fenster des Thronraums tauchen diesen in ein gedämpftes Licht. Das relativ kleine Studierzimmer des Herzogs ist wohl am faszinierendsten. Dort begeistern fantasievolle Einlegearbeiten, die nach Plänen von Botticelli gefertigt worden sein sollen.

Der Blick über den Palast zeigt die Beengtheit des Gebietes, die zum Teil Einfluss auf den Grundriss nahm.

RENAISSANCE BIS BAROCK

Der Palazzo del Quirinale in Rom

Die ehemalige Sommerresidenz der Päpste, der Quirinalspalast, ist nur 15 Fußminuten vom Vatikan entfernt. Doch die erhabene Lage auf dem Quirinal, einem der sieben Hügel Roms, bot Zuflucht vor der Hitze und auch der Malaria sowie eine wunderbare Sicht auf Rom. 1583 begann der Bau des komplexen Palastes unter Papst Gregor XIII. und wurde von dessen Nachfolgern abgeschlossen. Bedeutende Künstler des Manierismus sowie des frühen Barocks beteiligten sich an dessen Konstruktion und Dekoration. Auch klassische Werke sind vorhanden, wie etwa die klassischen Skulpturen der Pferdebändiger, die in den Thermen des Konstantin gefunden wurden.

Der Palast wurde hauptsächlich von Carlo Maderno und Domenico Fontana gestaltet, die die Hauptfassade und die auf die Piazza ausgerichtete Fassade erbauten. Das Eingangsportal schuf Flaminio Ponzio. Bernini schmückte es nachträglich aus. Ebenfalls von Ponzio kreiert ist die päpstliche Privatkapelle (Capella del'Annunciata), in der u. a. wundervolle Gemälde von Guido Reni die Wände schmücken. Schöpfer des in höchstem Maße kunstvoll gestalteten Königssaals, dem Sala Regia, und der angrenzenden öffentlichen Kapelle war Maderno.

Den Betrachter des Königssaals fesseln Ornamente von Bernini, ein Marmorboden, der den Glanz der vergoldeten Stuckdecke spiegelt, und ein von Agostino Tassi bemalter Fries, auf dem sich scheinbar Menschen aus Fenstern lehnen und den Raum überblicken. Höchst interessant sind auch das Spiegelzimmer sowie eine wunderschöne kleine Bibliothek aus dem 18. Jahrhundert, in der man Einlegearbeiten aus Elfenbein und Perlmutt in einem zarten Rokoko-Arrangement bewundert. Die Gärten wurden seit dem 17. Jahrhundert wenig verändert; Statuen, Springbrunnen, Palmen, Orangenbäume und Rasenflächen sind noch immer von exakt beschnittenen Buchsbaumhecken umgeben. Ab dem 19. Jahrhundert diente der Palast den italienischen Königen als Residenz, und heute ist er der Amtssitz des Staatspräsidenten.

Der ehemalige Sommerpalast der Päpste auf dem Quirinal

Der Königssaal, Sala Regia

RENAISSANCE BIS BAROCK

Details der Atlanten des Barberini-Palastes

Der Palazzo Barberini in Rom

Der Barberini-Palast beherbergt heute das bedeutende Kunstmuseum Galleria Nazionale d'Arte Antica. Wegen seiner prachtvollen barocken Ausstattung wird er zu den großartigsten Palästen Roms gezählt, was angesichts der ausführenden Architekten wenig erstaunlich ist.

Die Familie Barberini siedelte Mitte des 16. Jahrhunderts von Florenz nach Rom über. Dies mehrte ihren Einfluss derart, dass es ihnen möglich war, 1623 mit Maffeo Barberini einen Papst zu stellen. Maffeo regierte als Urban VIII. erfolgreich, doch war er berüchtigt für seine Vetternwirtschaft und dafür, Plünderungen durchführen zu lassen. So entstand das bissige Wortspiel „Quod non fecerunt barbari, fecerunt Barberini". (Was die Barbaren nicht taten, taten die Barberini.)

Unter ihm begann auch der Bau des Palazzo Barberini an der Via delle Quattro Fontane inmitten der Altstadt. Die originalen Pläne stammen von Carlo Maderno, der jedoch kurz nach Baubeginn 1629 verstarb. Seine Nachfolger Bernini und Borromini führten den Bau weiter. Das große Hauptportal mit den darüber befindlichen großen Bogenfenstern stammt von Bernini, wohingegen die spiralförmige Treppe im östlichen Teil des Palastes Borrominis Werk ist. Der untypische H-förmige Grundriss sieht keinen zentralen Innenhof vor. Das berühmte illusionistische Deckenfresko im Festsaal ist das Meisterwerk von Pietro da Cortona.

130

RENAISSANCE BIS BAROCK

Der Palazzo Ducale in Mantua

Die Adelsfamilie der Gonzaga regierte ab 1328 fast 400 Jahre lang über die Stadt Mantua in der Lombardei. Schon 1350 war ihr Hof ein Zentrum fürstlichen Mäzenatentums, und im 15. Jahrhundert waren dort so bedeutende Persönlichkeiten der Renaissance wie Alberti und Mantegna zugegen. Letzterer liegt in Mantua begraben. Zwischen 1474 und 1539, zu Zeiten von Isabella d'Este, der Gemahlin des Markgrafen, erreichte der Hof den Höhepunkt seiner Bedeutung. Ihr Sohn, der nachfolgende Markgraf Federico II. (1500–1540), wurde zum ersten Herzog von Mantua ernannt und stand einem Hof vor, der den der Medici bei weitem übertraf. 1525–1535 ließ die Familie sich von Guilio Romano ein Lustschloss bauen, den Palazzo del Te. Der gewaltige Palazzo Ducale verfügt über ca. 500 Räume und über Stallungen für 600 Pferde. Der Bequemlichkeit halber wurden einige Treppen extra für Pferde konstruiert. Da das Gebäude schon vor der Gonzaga-Ära erbaut wurde, hat es eine gotische Fassade. Romano führte viele Anfügungen und die Gestaltung des Innenbereichs im Auftrag der Gonzaga durch. Viele dieser Schätze wurden in alle Winde zerstreut, doch einige Fresken, Holzarbeiten und Stuckornamente von Primaticcio, Büsten von Bernini und kunstvolles venezianisches Glas blieben erhalten. Bemerkenswert sind auch ein großer Dachgarten, eine sehenswerte astrologische Uhr und ein Wohnbereich für Zwerge, die die Gonzaga, die eine erblich bedingte Wirbelsäulendeformierung in der Familie hatten, so sehr unterstützen.

Der herzogliche Palast in Mantua ist wohl der größte und großartigste aller fürstlichen Renaissance-Paläste. Hier der Blick von der Kathedrale.

RENAISSANCE BIS BAROCK

José Ortega y Gasset verglich die Kathedrale von Segovia mit einem riesigen Schiff, einer Galeone oder gar einem Schlachtschiff: Militanter spanischer christlicher Glaube setzte hier volle Segel.

Die Kathedrale von Segovia

In der enormen Größe spanischer Kathedralen spiegelt sich der Eroberergeist der erfolgreichen Kreuzritter wider. In der Kathedrale von Segovia, dem letzten dieser monumentalen Bauwerke, vermischt sich spätgotischer Stil mit jüngeren Renaissance-Einflüssen. Den besten Blick auf sie hat man von der Nordseite an einem Spätnachmittag im Herbst, wenn die untergehende Sonne die goldenen Steine der märchenhaften Palastfestung, der so genannten Alcázar, leuchten lässt.

Während des Comuneros-Aufstandes (1520–1521) wurde Segovia belagert und erobert, wobei die alte Kathedrale stark beschädigt wurde. Lediglich die Chorstühle und die Figur der Virgen del Perdón (Jungfrau der Gnade) konnten gerettet werden.

Der Wiederaufbau begann 1525 unter Juan Gil de Hontañón aus Salamanca. Dessen Sohn Rodrigo vollendete das stilistisch einheitliche Bauwerk. Die enormen Dimensionen wirken nicht überwältigend, da weitgehend auf den für den spätgotischen Stil so typischen Überfluss an Dekor verzichtet wurde. Es gibt nur wenige Skulpturen, und selbst das Westportal, der Haupteingang, ist untypisch maßvoll. Der fast 90 m hohe und 16 m breite Turm weist unterhalb der Laterne und des überwölbten Oktogons keine Verzierungen auf.

Die Aussicht von oben entlohnt für das Erklimmen der 306 Stufen.

RENAISSANCE BIS BAROCK

RECHTS
Der Hof des Weißen Rosses mit der raffinierten Hufeisentreppe von Ducerceau aus dem Jahre 1634.

UNTEN
Blick über den Teich

GEGENÜBER
Eine Herkulesstatue aus dem 19. Jahrhundert, die die Zerstörung der Galerie des Ulysses beklagt, die sich vormals hinter ihr befand. Rechterhand ein Teil der Galerie von Franz I.

Schloss Fontainebleau in Frankreich

Das weitläufige Schloss Fontainebleau befindet sich 50 km von Paris entfernt in einem großen Waldgebiet, das bei den mittelalterlichen Königen als Jagdrevier sehr beliebt war. Der älteste Teil des Schlosses ist der Burgfried aus dem 13. Jahrhundert, der jetzt das Zentrum des „Ovalen Hofes" bildet. König Franz I. (1515–1547) engagierte die besten Künstler und Handwerker und machte Fontainebleau in den 30er-Jahren des 15. Jahrhunderts zu einem großartigen Königsschloss.

Die Anlage ist aus Sandstein aus der Region und erscheint trotz der drei Jahrhunderte Bauzeit homogen. Der alte Schlosskern, der Ovale Hof, ist nur einer von fünf Höfen. Die Galerie von Franz I., die den Ovalen Hof im Süden mit dem Hof des Weißen Rosses verbindet, dient als glänzendes Beispiel für das wundervolle Dekor, für welches Fontainebleau so berühmt ist. Erbaut und ausgeschmückt wurde die Galerie 1531 von dem florentinischen Künstler Giovanni Batista Rosso, einem der Gründer der Schule von Fontainebleau. Das Modell basiert auf einer meisterhaften Kombination aus Holzarbeit, Stukkaturen und Fresken, von denen viele die Mythologie zum Thema haben. Charakteristisch für die Schule von Fontainebleau ist die Art und Weise, wie Malereien mit Skulpturen verbunden wurden, und dies nahm starken Einfluss auf die französische Kunst der Renaissance. Nach Rossos Tod 1541 setzte Primaticcio dessen Werk fort. Seine weiblichen Stuckfiguren, die die Fresken im Schlafgemach der Herzogin d'Étampes, der Mätresse des Königs, flankierten, veranschaulichen das Idealbild weiblicher Schönheit der Schule.

Später wurden neue Flügel und Höfe angefügt, und die barocke Hufeisentreppe entstand. Manches, wie die berühmte, im 18. Jahrhundert zerstörte Galerie des Ulysses von Primaticcio, ging verloren. Als Napoleon das Schloss zu seinem Hauptsitz erwählte, wurde es im Kaiserstil neu möbliert.

RENAISSANCE BIS BAROCK

Schloss Chambord in Frankreich

Schloss Chambord gehört zu den prächtigsten der Loire-Schlösser. Das ursprüngliche Jagdschloss wurde unter Franz I. restauriert. Später wurden nur wenige Anfügungen vorgenommen, sodass das stilistisch einheitliche Schloss aus hellem Stein das herausragende Bauwerk der frühen französischen Renaissance ist.

Trotz des Einflusses des italienischen Hauptbaumeisters Domenico da Cortona ist die Form des Bauwerks die eines mittelalterlichen Schlosses, bei dem die Gebäude um einen großen rechteckigen Hof von 160 x 120 m gruppiert sind. Der Turm befindet sich in der Mitte der Nordwestfassade. An jeder Ecke des Hauptgebäudes befinden sich große Rundtürme, und ein weiteres Paar flankiert die Hauptfassade. Eine erstaunliche Dachlandschaft aus gotischen Türmen und Kaminen verteilt sich über das Dach. Indem der König einen kleinen Nebenfluss der Loire, den Cosson, umleiten ließ, entstand ein Wassergraben, der sich jedoch als zu aufwändig erwies und später zugeschüttet wurde. Schloss und Park sind umringt von einer 30 km langen Mauer.

Innerhalb des Schlosses sticht die berühmte doppelläufige Wendeltreppe hervor, die es aufgrund ihrer „Doppelhelixstruktur" ermöglicht, dass zwei Personen sie unter ständigem Sichtkontakt entgegengesetzt begehen können, ohne sich unterwegs zu begegnen.

Ludwig XIV. besuchte das Schloss des Öfteren und erlebte dort die erste Aufführung eines Stücks von Molière. Während der französischen Revolution wurde das Schloss ausgeplündert.

GEGENÜBER
Ansicht von Schloss Chambord über den Wassergraben hinweg. Das Schloss ist vielleicht das erfolgreichste aller Bauprojekte unter Franz I.

LINKS
Die erstaunliche Silhouette des Schlosses von Süden aus. Die Nahaufnahme erzeugt einen irreführenden Eindruck. Zwischen dem niedrigen Gebäude im Vordergrund und dem Burgfried liegen 30 m.

GANZ LINKS
Details

RENAISSANCE BIS BAROCK

GEGENÜBER
Der Haupteingang von Hampton Court Palace ist im Wesentlichen gotischen Ursprungs, wenngleich das Tor Renaissance-Elemente zieren.

RECHTS
Blick über die gepflegten Tudor-Gärten mit einem Teil des von Christopher Wren erbauten Flügels zur Rechten

Hampton Court Palace

Der Hampton Court Palace südwestlich von London am Ufer der Themse ist im Vergleich zu französischen Schlössern ein einfaches Bauwerk. Der Erbauer war Kardinal Wolsey, der Lordkanzler von König Heinrich VIII. Als der König den Palast 1525 in seinen Besitz nahm, ließ er ihn vergrößern. So wurde Hampton Court zur großartigsten Residenz in England. Heinrich VIII. brachte seine Frauen mit hierher und auch seine Nachfolger, vor allem Elisabeth I., genossen dort viele Aufenthalte.

Wenn man sich dem hohen Eingangsportal nähert, fällt der Teil des Palastes im Tudorstil mit den vielen verzierten Schornsteinen ins Auge. Dahinter liegen zwei Höfe (ein dritter wurde zerstört), die von Gebäuden umringt sind, die in Material und Stil altehrwürdigen englischen Colleges ähneln.

Wilhelm III. von Oranien (1689–1702) beauftragte Christopher Wren mit dem weiteren Ausbau des Palastes. Dessen kühler Barockstil ergänzte den wuchtigen Tudorpalast. Jedoch wurde der Palast bald nicht mehr als königliche Residenz genutzt. Die Große Halle und die Chapel Royal, die königliche Hofkapelle, die eine hölzerne, wie aus Stein aussehende Kuppeldecke hat, sind bemerkenswert.

Der Tennisplatz wurde zwar erneuert, stammt jedoch aus der Zeit Heinrichs VIII. Die erhaltenen Küchenräume, die Tudor Kitchens, hatten genug Kapazität, um 500 Gäste zu bewirten.

Die Gärten, in denen Elisabeth I. frühmorgens arbeitete, wurden in ihren Originalzustand versetzt. In ihnen befindet sich der „Great Wine", ein Weinstock, der 1769 gepflanzt wurde. Jean Tijou schuf 1690 die prächtigen schmiedeeisernen Tore.

RENAISSANCE BIS BAROCK

Der Louvre in Paris

Der Louvre, der heute eines der berühmtesten Kunstmuseen der Welt ist, wurde um 1100 als kleine Festung erbaut, die die Schifffahrt auf der Seine mittels einer über den Fluss gespannten Eisenkette kontrollierte. Mit Paris wuchs auch die Festung und schließlich wurde aus ihr ein Palast, als der Louvre im 16. Jahrhundert Sitz des königlichen Hofes in der Hauptstadt wurde.

Die verantwortlichen Künstler waren Pierre Lescot, der die klassizistischen Gebäude um einen rechteckigen Hof herum anordnete, sowie Jean Goujon, der die Anlage mit seinen Skulpturen veredelte. Katharina von Medici ließ westlich des Louvre das Palais des Tuileries erbauen, das jedoch 1871 zerstört wurde und das Heinrich IV. mit dem Louvre hatte verbinden lassen. Zwei Flügel des alten Schlosses wurden eingerissen, um den viereckigen Innenhof zu vergrößern, ohne jedoch die Pläne von Lescot über Bord zu werfen. Auch im 17. Jahrhundert wurde das Schloss unter Baumeister Louis le Vau weiter ausgebaut, und die beeindruckende, mit einem Säulengang versehene Ostfassade wurde von ihm u. a. in Zusammenarbeit mit Claude Perrault geschaffen. Nachdem der Louvre während der Revolution nur knapp der Zerstörung entgangen war, wurde er zu einem Museum, in das Schätze zerstörter Bauwerke sowie Beutestücke Napoleons (die großenteils später zurückgegeben wurden) gebracht wurden.

In den 50er-Jahren des 19. Jahrhunderts entstand der „Nouveau Louvre", der Neue Louvre.

Neben der Kunstsammlung, für die der Louvre so berühmt ist, beeindruckt auch die Architektur, die vom Mittelalter bis zum Jahr 1993 reicht, als die Glaspyramide von Ieoh Ming Pei vollendet wurde. Die 23 m hohe Pyramide befindet sich im Innenhof und bildet den Eingang zum Louvre.

Die Pyramide aus Glas und Stahl von I. M. Pei, mit der das großartige Museum 1993 einen neuen Eingang erhielt und die eine kleine Revolution auslöste. Mittlerweile erfreut sie sich trotz einiger technischer Probleme großer Beliebtheit.

RENAISSANCE BIS BAROCK

UNTEN
Blick über den See, der den beruhigenden Effekt von Schloss Chantilly noch verstärkt.

UNTEN RECHTS
Eine mythologische Skulptur vor einem Gebäude aus dem 19. Jahrhundert

Das Schloss Chantilly in Frankreich

Das facettenreiche Barockschloss liegt wunderschön auf einer kleinen Insel inmitten eines künstlichen Sees 40 km nördlich von Paris. Anne de Montmorency, Konstabler von Frankreich, ließ das mittelalterliche Schloss im 16. Jahrhundert restaurieren. Aus dieser Zeit stammt auch das Châtelet, das kleine Schloss, in der Nähe. Später wurde Schloss Chantilly Wirkungsstätte der fürstlichen Condé, einer Seitenlinie des französischen Königshauses der Bourbonen. Diese führten die Hugenotten während der Hugenottenkriege an. Ludwig II., Fürst von Condé, Herzog von Enghien (1621–1686), auch bekannt als „Le grand Condé", setzte sich hier nach einer turbulenten Militärkarriere zur Ruhe. Er ließ Veränderungen von François Mansart durchführen. Die Gärten wurden von André le Nôtre gestaltet.

König Ludwig XIV. besuchte einmal das Schloss und erlegte auf der Jagd einen Hirsch. Der Abend wurde etwas beeinträchtigt, da sich der Maître das Leben nahm, weil der Fisch nicht rechtzeitig serviert worden war. Daraufhin bat der König seinen Gastgeber inständig, beim nächsten Mal für weniger aufwändige Unterhaltung zu sorgen.

Während der französischen Revolution wurde das Hauptgebäude, ebenso wie die Gartenlandschaft von le Nôtre, komplett zerstört.

Nach dem Ende der Condé-Dynastie erbte Henri d'Orléans, Duc d'Aumale und Sohn des Bürgerkönigs Louis-Philippe, das Schloss. Er hatte die finanziellen Mittel, um seiner Liebe zur Kunst zu frönen, und so häufte er in Schloss Chantilly nicht nur Renaissance-Gemälde, sondern auch Handschriften, Skulpturen und Wandteppiche an.

RENAISSANCE BIS BAROCK

Das Schloss von Saint-Germain-en-Laye

Das Schloss Saint-Germain an der Seine liegt 20 km westlich von Paris und war vor dem Umzug nach Versailles die bevorzugte Residenz von Ludwig XIV. Als Jakob II. von England sich 1688 in den Schutz des französischen Königs begab, wurde aus dem Schloss der Sitz des im Exil lebenden englischen Königs.

Erbauer des ursprünglichen Schlosses war Ludwig VI. (Anfang des 12. Jahrhunderts). Immer wieder von den Engländern zerstört, geriet es unter den Königen aus der Valois-Linie im 14. und 15. Jahrhundert in Vergessenheit. Erst Franz I. (1515–1547) ließ es zu einem Königsschloss umbauen und heiratete auch dort. Unter Napoleon III. wurde aus einem Teil des ehemals riesigen Schlosskomplexes ein Nationalmuseum, das Musée des Antiquités Nationales.

Viele berühmte Architekten beteiligten sich am Bau des im frühen französischen Renaissance-Stil erbauten Schlosses. Um das terrassierte Dach aus großen Steinplatten verläuft eine Balustrade. Am Nordwestende erhebt sich ein mittelalterlicher Turm. Aus der gleichen Zeit stammt das Juwel des Schlosses, die königliche Kapelle. Die herrliche Terrasse stammt von André le Nôtre und war im 17. Jahrhundert mit 2 km die längste und „kunstvollste Promenade in Europa" mit Blick auf Paris.

Stich des Schlosses Saint-Germain-en-Laye aus dem 18. Jahrhundert

RENAISSANCE BIS BAROCK

Der Louvre in Paris

Der Louvre, der heute eines der berühmtesten Kunstmuseen der Welt ist, wurde um 1100 als kleine Festung erbaut, die die Schifffahrt auf der Seine mittels einer über den Fluss gespannten Eisenkette kontrollierte. Mit Paris wuchs auch die Festung und schließlich wurde aus ihr ein Palast, als der Louvre im 16. Jahrhundert Sitz des königlichen Hofes in der Hauptstadt wurde.

Die verantwortlichen Künstler waren Pierre Lescot, der die klassizistischen Gebäude um einen rechteckigen Hof herum anordnete, sowie Jean Goujon, der die Anlage mit seinen Skulpturen veredelte. Katharina von Medici ließ westlich des Louvre das Palais des Tuileries erbauen, das jedoch 1871 zerstört wurde und das Heinrich IV. mit dem Louvre hatte verbinden lassen. Zwei Flügel des alten Schlosses wurden eingerissen, um den viereckigen Innenhof zu vergrößern, ohne jedoch die Pläne von Lescot über Bord zu werfen. Auch im 17. Jahrhundert wurde das Schloss unter Baumeister Louis le Vau weiter ausgebaut, und die beeindruckende, mit einem Säulengang versehene Ostfassade wurde von ihm u. a. in Zusammenarbeit mit Claude Perrault geschaffen. Nachdem der Louvre während der Revolution nur knapp der Zerstörung entgangen war, wurde er zu einem Museum, in das Schätze zerstörter Bauwerke sowie Beutestücke Napoleons (die großenteils später zurückgegeben wurden) gebracht wurden.

In den 50er-Jahren des 19. Jahrhunderts entstand der „Nouveau Louvre", der Neue Louvre.

Neben der Kunstsammlung, für die der Louvre so berühmt ist, beeindruckt auch die Architektur, die vom Mittelalter bis zum Jahr 1993 reicht, als die Glaspyramide von Ieoh Ming Pei vollendet wurde. Die 23 m hohe Pyramide befindet sich im Innenhof und bildet den Eingang zum Louvre.

Die Pyramide aus Glas und Stahl von I. M. Pei, mit der das großartige Museum 1993 einen neuen Eingang erhielt und die eine kleine Revolution auslöste. Mittlerweile erfreut sie sich trotz einiger technischer Probleme großer Beliebtheit.

RENAISSANCE BIS BAROCK

Longleat ist ein englisches Landhaus im Renaissance-Stil, das über Jahrhunderte im Besitz derselben Familie war und heute vom Marquess of Bath bewohnt wird.

Longleat in England

Vor 1550 setzte sich der Renaissance-Stil in England bis auf einigen Zierrat kaum durch. In den elisabethanischen Landhäusern vermischte er sich höchstens auf eigentümliche Art und Weise mit der traditionellen englischen Gotik.

Das Landhaus Longleat in Wiltshire, das 1568 erbaut wurde, ist ein Beispiel für reinen Renaissancestil. Die lange, elegante Fassade trägt stolz die drei Klassischen Ordnungen, wobei das dritte Geschoss und die Brüstung später entstanden. Sie ersetzten ein Spitzdach.

Vielleicht ist die Fassade Stichen aus John Shutes Werk „First and Chief Grounds of Architecture" (1563) nachempfunden, welches dem noch älteren Werk des einflussreichen italienischen Architekten Sebastiano Serlio Ideen entliehen hatte. Die Bandelwerk-Dekoration auf der Brüstung stammt aus den Beneluxländern. Der Grundriss des Bauwerks ist symmetrisch, und seine Gebäude sind traditionell um zwei Höfe gruppiert. Die große Halle, in die man direkt durch den Haupteingang gelangt, ist ein typisches Merkmal mittelalterlicher Burgen, das bis ins 17. Jahrhundert sehr beliebt in England war. Heute zählt Longleat zu den kunstvollsten Schlössern der elisabethanischen Zeit, vereint es doch französische, italienische und flämische Einflüsse zu einem durch und durch englischen Endergebnis.

Sir John Thynne, ein wohlhabender Höfling, ließ Longleat für sich selbst erbauen, und noch heute bewohnen seine Nachfahren das Schloss. Der Erbauer war Robert Smythson, der wichtigste Vertreter dieser Stilepoche.

RENAISSANCE BIS BAROCK

Die berühmte Villa Rotonda von Palladio hat die Geschichte der europäischen Architektur wie kaum ein anderes Bauwerk beeinflusst.

Die Villa Rotonda in Italien

Andrea Palladio (1508–1580) war wohl der großartigste und einflussreichste Architekt der Renaissance. 1536 lernte der ausgebildete Bildhauer und Steinmetz den Philosophen Gian Giorgio Trissino kennen, der ihm seinen Spitznamen Palladio gab, welcher auf die griechische Göttin der Weisheit Pallas Athene anspielt. Sein Gönner nahm ihn mit nach Rom, wo Palladio die römischen Bauten sowie die Werke von Vitruvius und Alberti studierte. Viele Jahre später veröffentlichte er selbst ein einflussreiches Buch, das „Quattro libri dell'architectura". In der Zwischenzeit hatte er jede Menge praktische Erfahrungen gesammelt: Er konstruierte schöne und funktionale Bauernhäuser in Venetien, grazile Kirchen in Venedig und beeindruckende öffentliche Gebäude und Paläste, unter ihnen das erste autonome Theatergebäude seit der Antike, das Teatro Olimpico.

Palladio verkörperte die klassischen Tugenden der Ausgewogenheit, der Harmonie und der Reinheit, indem er in seinen Werken antike Pracht mit der ihm eigenen leichten Eleganz verband. Besonders großartig setzte er dies in der Villa Rotonda bei Vicenza in Norditalien um. Das 1550 für einen wohlhabenden Herren erbaute Landhaus, das auch als Villa Capra oder Villa Almerico bekannt ist, wurde auf einem kleinen Hügel erbaut. In alle Himmelsrichtungen sind die vier identisch gestalteten Fassaden ausgerichtet, so dass man, wie Palladio selbst bemerkte, „von jeder Seite aus eine wunderschöne Aussicht genießen kann". Die Fassaden sind mit einem Vorbau und sechs Säulen, über denen ein Giebeldach angebracht ist, wie ein kleiner römischer Tempel aufgebaut, den man über eine breite Treppenflucht erreicht.

Fälschlicherweise nahm Palladio an, dass auch römische Häuser in diesem Stil erbaut wurden.

RENAISSANCE BIS BAROCK

RECHTS
El Escorial inmitten der umgebenden Berge

GEGENÜBER
Die mächtigen Flügel von El Escorial strahlen eine gewisse militärische Strenge aus, schließlich behüten sie große Schätze.

El Escorial in Spanien

Aus Dank für einen Sieg über die Franzosen gründete Philipp II. von Spanien 1557 das königliche Kloster San Lorenzo el Real de El Escorial. 50 km von Madrid entfernt, ist der Gebäudekomplex in die kahle, doch eindrucksvolle Umgebung der Sierra de Guadarrama 1000 m über dem Meeresspiegel eingebettet. Kloster, Palast, Schule, Bibliothek und Mausoleum befinden sich innerhalb eines riesigen, von Mauern umgebenen Rechtecks (200 x 160 m), das nach Art eines Rasters in Höfe unterteilt ist. Eine von einer Kuppel überwölbte Basilika, ähnlich dem Petersdom in Rom, dominiert die Anlage. Der Name der in nur 22 Jahren fertig gestellten Palastanlage entspricht dem des nahen Dorfes und bedeutet Schlackenhalde.

Der König verlangte von seinen Architekten „schlichte Konstruktion, ein gestrenges Gesamtbild, das edel, doch nicht überheblich, königlich, doch nicht großtuerisch" sei, und er wurde nicht enttäuscht.

Kunstschätze, wie Gemälde von niederländischen Meistern, von Tizian, El Greco und Velázquez, erregten allerdings mehr Aufsehen. Die Bibliothek mit dem mit wunderbaren Malereien versehenen Tonnengewölbe ist noch immer die großartigste Renaissance-Bibliothek in Europa. Auch arabische Handschriften sind dort zu finden.

In der Halle der Schlachten befindet sich eine 50 m lange Galerie, die die Heldentaten der Spanier zeigt. In der barocken Gruft sind alle spanischen Könige von Karl V. bis Alfons XIII. bestattet.

Viele Schätze wurden zerstört, als El Escorial 1671 zwei Wochen lang brannte, französische Truppen 1808 den Palast plünderten und 1872 ein zweites Feuer große Teile der Bibliothek vernichtete.

RENAISSANCE BIS BAROCK

Die Rialtobrücke in Venedig

Es ist erstaunlich, wie viele Renaissance-Brücken bis heute in Italien überdauert haben.

Brücken waren speziell in der Lagunenstadt Venedig mit ihren vielen Kanälen von großer Bedeutung. Die ersten Brücken bestanden noch aus Holz, wurden aber im 12. Jahrhundert durch Steinbrücken ersetzt, wenngleich Holz in der Renaissance das bevorzugte Baumaterial für kürzere Brücken blieb. Andrea Palladio konstruierte einige Brücken nach dem Fachwerkprinzip. Die Entwicklung der steinernen Bogenbrücke ist eine der herausragendsten Errungenschaften der Renaissance.

1178 wurde auf schwimmenden Hohlkörpern, so genannten Pontons, eine Holzbrücke über die engste Stelle des Canale Grande gebaut. Diese wurde im 13. Jahrhundert von einer weiteren Holzbrücke aus Balken ersetzt, die wie eine Zugbrücke funktionierte.

Die aktuelle steinerne Einbogenbrücke wurde zwischen 1588 und 1591 von Antonio „da Ponte" (1512–1595) erbaut, der seinen Spitznamen vermutlich dem Bau anderer Brücken verdankte und der den Wettbewerb um die Neugestaltung der Brücke gewann. Der weiche, feuchte Untergrund stellte ein Problem für den Bau dar, das da Ponte meisterte, indem er auf jeder Seite 6000 hölzerne Pfähle unter die Brückenpfeiler treiben ließ.

Seit dem Tage ihrer Einweihung ist die Rialtobrücke ein Wahrzeichen von Venedig.

Die bezaubernde Rialtobrücke ruht auf einer soliden Konstruktion.

RENAISSANCE BIS BAROCK

Das Teatro Olimpico in Vicenza

Im Mittelalter gab es keine Theater. Schauspieler spielten in Kirchen, auf Märkten, in Schänken und später auch an königlichen Höfen. Die Entstehung professioneller Ensembles änderte nichts an diesem Umstand. Um 1500 brannte ein erstes hölzernes Theater in Ferrara ab, und es wurde nicht wieder aufgebaut. Doch der Wunsch nach einem zentralen, abgeschlossenen Ort für Vorführungen machte sich nicht nur an den italienischen Höfen breit. Auslöser für erste Veränderungen war Vitruvius' Buch „De architectura", das 1531 erstmalig in italienischer Sprache erschien. Vitruvius beschrieb das Aussehen klassischer römischer Theater und lieferte die Grundlage vieler Werke von Architekten wie beispielsweise Sebastiano Serlio (1475–1554).

Das Teatro Olimpico in Vicenza war das erste autonome Theatergebäude seit der Antike. 1585 fand mit dem Stück „König Ödipus" von Sophokles die erste Aufführung statt, und auch heute ist es noch in Betrieb.

Es war das letzte Bauwerk, das Andrea Palladio entwarf, bevor er 1580 starb. Sein Schüler Vincenzo Scamozzi übernahm die Leitung einiger Projekte und gestaltete vermutlich die Bühne in Vicenza.

Das Theater sollte eine kleinere Ausgabe eines klassischen römischen Theaters sein. Es besteht aus dem hier halb ovalen Zuschauerraum (Cavea), einer kleinen Bühne (Orchestra) und dem Bühnenhaus (Skene). Allerdings war das Theater überdacht, aber die Decke zierte ein Bild, das den Himmel zeigte. Im Gegensatz zum Teatro Farnese in Parma war der Einfluss des prächtigen Teatro Olimpico auf die Theaterarchitektur eher gering.

Teil der Vorbühne des glanzvollen Teatro Olimpico, einem der ältesten Theater der Moderne, das im Grunde ein theoretischer Ansatz blieb und bezüglich der Theaterarchitektur in eine Sackgasse führte.

RENAISSANCE BIS BAROCK

RECHTS
Die Basilius-Kathedrale

GEGENÜBER LINKS
Blick über den Roten Platz auf die Kathedrale

GEGENÜBER RECHTS
Dekorative Details der erstaunlichen Türme

Die Basilius-Kathedrale in Moskau

Über Byzanz hielt das Christentum in Russland Einzug und mit ihm auch byzantinische sakrale Baukunst. Der Grundriss basierte auf einem Kreuz mit gleich langen Armen innerhalb eines Rechtecks. Überwölbt wurde die Struktur zumeist von fünf Kuppeln. Die Russen führten eigene Variationen ein, wie etwa die Zwiebelkuppel, die den Schneemassen in Russland besser standhielt. Ältere russische Kirchen waren sehr massiv, da sie den Menschen über 300 Jahre lang Schutz gegen die Attacken der Mongolen bieten mussten.

Um 1600, als das alte Fürstentum Moskau zum Russischen Reich wurde, tauchten reich verzierte Kirchen mit einfacherem Grundriss und mit nur einem Spitzturm auf. Die Kathedrale von Basilius dem Glückseligen gegenüber dem Kreml stammt aus dieser Zeit, wurde aber noch weiterentwickelt. Den Hauptturm umgeben acht weitere Kuppeln. Diese wurden in den 50er-Jahren des 16. Jahrhunderts zu Ehren der Siege von Zar Ivan dem Schrecklichen über die Tataren erbaut. Jede der ursprünglich weiß getünchten Kuppeln ist anders gestaltet.

RENAISSANCE BIS BAROCK

Im 18. Jahrhundert erhielt jede ihr eigenes, exotisches Farbmuster. Zur Entstehungszeit der Kathedrale hatte sich der Einfluss der Renaissance schon in Russland bemerkbar gemacht. Zar Ivan III. ließ beispielsweise den Kreml von italienischen Baumeistern umgestalten. Doch die Basilius-Kathedrale wurde von russischen Architekten erbaut und ist dank der traditionellen Holzarchitektur durch und durch russisch. Sie war u. a. Vorbild für die großartige Auferstehungskirche in Sankt Petersburg (1883–1912).

RENAISSANCE BIS BAROCK

Der Petersdom in Rom

Der 1000 Jahre alte Petersdom, damals wie heute die berühmteste christliche Kirche der Welt, hatte im 15. Jahrhundert dringenden Renovierungsbedarf. Tatkräftig nahm sich Papst Julius II. (1503–1513) dieser Aufgabe an und war entschlossen, ein Symbol für den christlichen Glauben zu schaffen. Der päpstliche Prachtbau sollte alle Bauwerke Roms übertreffen. Der Bauleiter Donate Bramante plante ein griechisches Kreuz mit einer extrem großen Hauptkuppel. Die Arbeiten begannen 1506, waren jedoch, als Bramante 1514 starb, noch nicht weit gediehen. Berühmte Künstler wurden engagiert, unter ihnen auch Raffael, Antonio da Sangallo der Jüngere, und der siebzigjährige Michelangelo. Deren Entwürfe wechselten wiederholt vom griechischen zum lateinischen Kreuz, bis Michelangelo eine abgeänderte, auf Bramantes Bauplan basierende Version entwarf, die allen gerecht wurde. Von ihm stammt auch die berühmte Rippenkuppel, die Giacomo della Porta allerdings erst 25 Jahre nach dessen Tod erbaute. Der folgende Baumeister, Carlo Maderno, schuf das Langhaus mit Vorhalle sowie die gewaltige Barockfassade.

Zuletzt kam der gelungene Petersplatz hinzu, dessen elegant geschwungene Säulengänge Bernini Mitte des 17. Jahrhunderts erschuf.

Es fällt schwer, den Petersdom als Einheit zu verstehen, da man im Inneren den Eindruck hat, mehrere gänzlich verschiedene Kirchen zu erleben.

Unterhalb der mächtigen Kuppel verzaubert zartes Licht, wohingegen sich in dem gewaltigen Hauptschiff allerlei barocke Kunst befindet, die in einem kleineren Bauwerk überzogen wirken würde. Die berühmtesten Kunstwerke im Petersdom sind Michelangelos Pietà und Berninis Kathedra Petri.

Zahlreiche Architekten, getrieben vom Wunsch nach Ruhm, aber gestalterisch eingeengt durch spezielle zeremonielle Anforderungen, formten den heutigen Petersdom.

GEGENÜBER
Die Westseite des Petersdoms

RENAISSANCE BIS BAROCK

Der beeindruckende Innenraum von Il Gesù, einer Kirche, die gebaut wurde, um vor großen Gemeinden predigen zu können.

Die Kirche Il Gesù in Rom

Der Bau der Kirche Il Gesù oder auch Jesuskirche in Rom begann 1568, 34 Jahre nach der Gründung der „Gesellschaft Jesu", des heutigen Jesuitenordens, durch Ignatius von Loyola. Das Grabmal des heilig gesprochenen Ignatius befindet sich bis heute in der Mutterkirche seines Ordens.

Die Kirche war nicht nur Vorbild religiöser Missionen, sondern diente auch als einflussreiches architektonisches Modell für viele spätere Kirchen in Europa und in Amerika.

Die Erbauer der Kirche, die beide dem Jesuitenorden angehörten, waren Giacomo da Vignola und Giacomo della Porta. Letzterer übernahm Vignolas Baupläne und führte sie nach dessen Tod im Jahre 1573 fort. Della Porta folgte seinem Lehrmeister Michelangelo auch beim Bau des Kapitolplatzes und des Petersdoms.

Die von ihm gestaltete Fassade der Kirche Il Gesù ist ebenmäßig, weist keine größeren Zierden auf und hat nichts mit dem bald von Maderno und anderen Architekten eingeführten Frühbarock zu tun.

Die Gestaltung des Innenbereiches ist dagegen aufwändiger. Vignola war nach dem Tode Michelangelos der führende Architekt in Rom und der erste, der eine Kirche über einem ovalen Grundriss erbaute (Tempietto di S. Andrea um 1550). Ebenso wie Leon Battista Alberti verfasste Vignola ein einflussreiches Werk über Architektur.

Seine Jesuskirche hat einige Ähnlichkeit mit der Basilika Sant' Andrea von Alberti in Mantua, die 100 Jahre früher entstand. Allerdings wurde die Jesuskirche gebaut, um speziellen Anforderungen gerecht zu werden. Jesuitenprediger zogen ganze Scharen von Gläubigen an, die in der Kirche Platz finden sollten. So lag Vignolas Bauplan ein lateinisches Kreuz zugrunde, durch das ein kurzes, aber sehr breites Hauptschiff entstand. Seitenschiffe waren nicht vorhanden, doch Kapellen, ferner Querschiffe und Chor, die unmittelbar vom Hauptschiff abgingen. Über die Vierungskuppel gelangte viel Licht in die Kirche. Auch förderte die Kuppel die Akustik, sodass die Predigten in der ganzen Kirche hörbar waren.

Um 1670 wurden keine Mühen gescheut, den Innenraum von Il Gesù in hochbarockem Stil umzugestalten. Kunstvoll wurde vergoldet, und der Genueser Meister des Illusionismus, Giovanni Battista Gaulli (Baciccia), verewigte sich hier mit seinen Fresken. Die Decke des Hauptschiffs ziert ein atemberaubendes Trompe-l'oeil-Gemälde, das Christus im Kampf gegen den Teufel zeigt und das Gaullis großartigstes Werk ist.

RENAISSANCE BIS BAROCK

RENAISSANCE BIS BAROCK

Die Santa Maria della Salute in Venedig

Mit der Weihkirche Santa Maria della Salute von Baldassare Longhena dankten die Venezianer Gott, dass er ihre Stadt 1630 vor einer Pestepidemie gerettet hatte. (Salute bedeutet hier sowohl Gesundheit als auch Erlösung.) Giusto le Cortis' Skulpturengruppe über dem Hochaltar stellt die Situation dramatisch dar: Die Heilige Jungfrau Maria als Königin des Himmels ist dort mit einer grässlichen Frauengestalt (der Pest) zu sehen, die von einem Putten vertrieben wird. Die Heilige Jungfrau wurde auch in das äußere Gestaltungsbild der Kirche integriert.

1633 begann der Bau auf einem kleinen Streifen Land zwischen dem Canale Grande und dem Canale della Giudecca. Die hübsche, doch auch würdevolle Kirche mit ihrer Kuppel und der Nebenkuppel über dem Altar ist eine der unvergesslichsten Sehenswürdigkeiten Venedigs.

Der oktogonale Grundriss soll die Form der Krone der Jungfrau widerspiegeln.

Über das Oktogon gelangt man in den Altarraum mit den halb runden Apsiden, der durch den faszinierenden Hochaltar vom Chor getrennt ist. Dunkelgraue Steinsäulen bilden einen Kontrast zu den weißen Stuckwänden. Die korinthische Ordnung dominiert zwar, doch ist ein barocker Einfluss in den riesigen Voluten zu erkennen, die rund um die Kuppel angeordnet sind.

GEGENÜBER
Blick auf die Kuppel der Santa Maria della Salute über den Canale della Giudecca

LINKS
Die Seitenkapellen (eine hier rechts teilweise verdeckt) haben eigene Außenfassaden. Die einzigartigen Voluten sind deutlich zu sehen.

RENAISSANCE BIS BAROCK

Die Kathedrale von Mexiko-Stadt

In den spanischen Kolonien wurden traditionelle spanische Stilrichtungen mit lokalen Einflüssen, insbesondere mit ausschweifenden bildhauerischen Dekorationen, vermischt. Der Reiz des Neuen und die Vitalität dieser fantasievollen Stilrichtung sind das Begeisternde an den Kirchen Lateinamerikas.

Die Kathedrale von Mexiko-Stadt ist die größte des Landes. Sie ist 118 m lang, 54 m breit, und die beiden Westtürme ragen 62 m hoch in den Himmel. Die Kathedrale wurde auf einem ehemaligen Azteken-Tempel errichtet und befindet sich am Zócalo (Sockel) bzw. „Platz der Verfassung", dem zentralen Platz der Stadt.

Zwar wendeten die Spanier auch bei dieser Kathedrale ihren für die Kolonien typischen Barockstil an, doch maßvoller als andernorts. 1560 begann der Bau, 1656 wurde die Kathedrale geweiht und erst Anfang des 19. Jahrhunderts von Manuel Tolsá von Valencia vollendet, weswegen vielerlei Stilrichtungen vertreten sind.

Einige Gewölbe sind gotischen Ursprungs, und jedes Seitenschiff ist überwölbt. Die Westfassade mit weißen Marmorstatuen, die sich vom braunen Kalkstein abheben, ist neoklassisch und wurde von dem wenig beachteten kreolischen Architekten José Ortiz de Castro Ende des 18. Jahrhunderts erschaffen. Die Westansicht der Kathedrale, über den freien Zócalo hinweg, beeindruckt besonders nachts bei Flutlicht. Der reich geschnitzte Altar „De los Reyes" (der Könige) ist unvergleichlich. Ein Gemälde, das die Marienverehrung zeigt, ist von üppig vergoldeten Skulpturen und anderem Zierrat umgeben.

Die Kathedrale von Mexiko-Stadt ist wegen ihrer beeindruckenden Dimensionen die größte des Landes.

RENAISSANCE BIS BAROCK

Die St.-Pauls-Kathedrale in London

Die alte St.-Pauls-Kathedrale in London war ein mächtiges gotisches Bauwerk von fast 200 m Länge. Sie war das prominenteste Opfer unter den Bauwerken, die 1666 dem Großen Brand von London zum Opfer fielen. Die Hitze war damals so groß, dass die Steine der alten Kirche wie Muscheln explodierten. Sir Christopher Wren leitete den Wiederaufbau der Kathedrale.

Wrens Stil wird heutzutage oft als englischer Barock beschrieben, unterscheidet sich tatsächlich jedoch sehr von den Arbeiten von Mansart oder Bernini.

Wrens Idee für die Kathedrale basierte auf einem klassischen Bauwerk mit einem griechischen Kreuz als Grundriss. Die kirchlichen Autoritäten forderten mehr Platz für Prozessionen und damit einen Grundriss auf der Basis eines lateinischen Kreuzes, den Wren letztlich dem Bau zugrunde legte. In der Mitte des Kreuzes befindet sich eine große Kuppel, auf der sich eine gewichtige Laterne befindet. Diese wird durch einen konischen Steinaufbau zwischen der äußeren und der inneren Kuppel gestützt, der auf den massigen Vierungspfeilern ruht. An der Kuppelbasis in etwa 30 m Höhe befindet sich ein ringförmiger Umgang, die Whispering Gallery (Flüstergalerie). Wrens geniale Konstruktionen kommen hier zum Tragen, auch wenn er teils gegen seinen Willen handeln musste. Der Architekt umgab sich mit hochkarätigen Künstlern und Handwerkern, unter ihnen Grinling Gibbons, der die Chorgestühle schnitzte. Die Bauarbeiten begannen 1673 und waren 1711 mehr oder weniger abgeschlossen.

Südansicht der Kathedrale. Wrens eigentlicher Plan sah ein griechisches Kreuz vor, bei dem die vier Arme durch konkave Bögen verbunden werden sollten.

RENAISSANCE BIS BAROCK

RECHTS
Schloss Versailles von Ludwig XIV.

GEGENÜBER LINKS
Le Vau entschied sich für Flachdächer und lockerte deren strenge Linien mit Statuen auf.

GEGENÜBER RECHTS
Vorbei am Nordflügel gelangt man über den letzten der drei Ehrenhöfe zum Haupteingang. Rechts die Kapelle.

RENAISSANCE BIS BAROCK

Schloss Versailles

Ludwig XIV., der Sonnenkönig, wollte nicht im Louvre in Paris Hof halten. Mit dem Umbau von Schloss Versailles wollte er der Herrlichkeit Frankreichs und seiner Monarchen ein Denkmal setzen (1661). Besucher erstarrten angesichts der Größe – angeblich sollen alle französischen Adeligen dort Platz gefunden haben – und waren überwältigt von der Pracht des Bauwerks.

Der morastige Untergrund hielt André Le Nôtre nicht von der Gestaltung der riesigen und wunderbar abwechslungsreichen Parkanlagen ab. 1000 Springbrunnen wurden in diese integriert, die allerdings abgestellt wurden, wenn der König nicht im Schloss weilte. Louis Le Vau war für den Bau und die Integration des alten Schlosses zuständig. Als er 1670 starb, übernahm Jules Hardouin-Mansart ab 1675 die Bauleitung. Er und seine talentierten Gehilfen erweiterten den Nord- sowie den Südteil des Schlosses. Außerdem schufen sie unter Anleitung des Königs die berühmte Galerie de Glaces, die Spiegelgalerie, die noch immer der prächtigste Raum des Schlosses ist, obwohl Ludwig gezwungen war, ihre Silberausstattung einzuschmelzen, um seine Kriege zu finanzieren.

Das Leben auf Schloss Versailles unterlag einer strengen Etikette rund um den König. Gegen Gebühr konnte man gar das Königspaar beim Soupé beobachten. In den schlechteren Tagen Ludwigs XIV. war das Schloss ein bedrückender Ort, doch unter Ludwig XV. lebte es wieder auf. Viele Räume wurden im leichten, grazilen Rokokostil neu gestaltet. Während der Revolution wurde das Schloss geplündert, aber nicht ernstlich beschädigt.

RENAISSANCE BIS BAROCK

Der Königspalast in Amsterdam

Der heutige Königspalast in Amsterdam entstand zur gleichen Zeit wie das Schloss Versailles von Ludwig XIV., König von Frankreich. Einige Zeit standen das autokratische Frankreich und das florierende Handelszentrum Holland in einem schwierigen Verhältnis zueinander, erst recht nachdem ein holländischer Prinz König von England geworden war.

Der nach dem Dreißigjährigen Krieg 1648 erbaute Palast diente ursprünglich als Rathaus und ist ein glänzendes Beispiel holländischer Stadtarchitektur, im moderat klassischen Stil mit minimalen barocken Einflüssen. Westlich des Dam-Platzes befindet sich der Palast im Herzen Amsterdams. Der Grundriss ist rechteckig und bedeckt eine Fläche von 93 x 75 m. Der Architekt war Jacob van Campen, der führende holländische Architekt seiner Zeit, der auch das Mauritshuis-Museum in Den Haag (1633) schuf. Die Fassaden des Palastes sind einfach und übersichtlich und geben dem Bauwerk eher das Aussehen eines prachtvollen Rathauses als eines Königspalastes. Das Pediment ist von Skulpturen von Artus Quellin bedeckt, die die Handelsstadt, umgeben von Neptun, Dreizacken und Meerjungfrauen, zeigen. Die Kapitelle der Wandpfeiler sind mit dekorativen Reliefs versehen, und unter den Fenstern befinden sich schlichte Girlanden. Über dem Pediment wurde mit einer großen Laterne der schwache Versuch gemacht, die strenge Nüchternheit der Klassik zu umgehen.

Alles an diesem Gebäude zeugt von einer zufriedenen Gemeinschaft wohlhabender Bürger.

RECHTS
Details der Skulpturen des Pediments und der Laterne

GANZ RECHTS
Das ursprüngliche Rathaus musste wegen des morastigen Untergrunds von über 13000 Pfählen gestützt werden. Rechts ist das Nieuwe Kerk Museum aus dem 15. Jahrhundert zu sehen, in dem die niederländischen Könige gekrönt werden.

RENAISSANCE BIS BAROCK

Der Königspalast von Turin

Die ehemalige Residenz der sardischen Könige befindet sich mitten in Turin. Es ist ein massives Bauwerk, dessen eher schmuckloses Äußeres stark mit den verschwenderisch luxuriösen Räumen im Inneren des Palastes kontrastiert. Der Bau begann Mitte des 17. Jahrhunderts unter Filippo Juvarra und wurde erst im 19. Jahrhundert abgeschlossen.

Bei der Betrachtung der Frontansicht fällt der Blick auf die Spitze des Doms der königlichen Kapelle. In der von Guarino Guarini (1624–1683) gestalteten Capella Della S. Sindone wird das Turiner Grabtuch aufbewahrt.

Guarini war einer der fantasievollsten Architekten seiner Zeit, wenn nicht gar aller Zeiten, sodass Borrominis Stil neben dem seinen fast schon konventionell wirkt. Guarini war ein gebildeter Mathematiker, und so basieren seine schönen, komplexen und gut durchdachten Arbeiten auf hoch entwickelter Geometrie. Seine dokumentierte Vorgehensweise faszinierte Generationen von Architekten nach ihm bis heute. Die fantastisch konstruierte Kapelle hat die Form eines Kegels und ist auf einer Reihe von sich überlappenden Flachbögen erbaut, die sich zur Spitze hin verjüngen. Gefiltertes Licht verstärkt den irrealen Eindruck. Derlei Strukturen waren ein Novum in der christlichen Baukunst, wenngleich Ähnliches in mittelalterlichen spanischen Kirchen auftaucht und vermutlich maurischen Ursprungs ist.

Der Königspalast in Turin war einst die Residenz der sardischen Könige.

RENAISSANCE BIS BAROCK

RECHTS
Das chinesische Rokoko-Schlösschen auf dem Schlossgelände

GEGENÜBER
Die weiße Gartenseite des Schlosses erstrahlt im Sonnenschein.

Das Schloss Drottningholm in Schweden

Die Erbauer der ehemaligen Sommerresidenz der schwedischen Monarchen, die auf einer kleinen Insel nahe Stockholm steht, wurden wie so viele von Versailles inspiriert. Natürlich ist Schloss Drottningholm nicht genauso prachtvoll, doch das Bauwerk erinnert daran, dass Schweden Mitte des 17. Jahrhunderts der mächtigste Staat Nordeuropas war. Der Hauptblock mit vorspringenden Flügeln sowie die Terrassengärten im Stile Le Nôtres sind nach französischem Vorbild gestaltet. Zusammen mit italienischen und holländischen Einflüssen ergab sich so der eigene Barockstil des Schlosses.

Ab 1660 wurde das Schloss unter Nicodemus Tessin dem Älteren (und später dessen Sohn) erbaut. Im Innenbereich beeindrucken Gobelins, kunstvolles Mobiliar, eine Prunktreppe mit Fresken von David Klöckner von Ehrenstrahl und ein königliches Schlafgemach in strahlendem Blau und Gold. Das Schlosstheater ist eines der ältesten Barocktheater Europas, das 400 Zuschauern Platz bietet. Unter Gustav III. (1772–1792), selbst ein Stückeschreiber, erlebte es seinen Höhepunkt. Nach dessen Tod wurde das Theater nur noch als Lagerraum benutzt und 1922 renoviert. Die originale Bühnentechnik sowie einzigartige Bühnenbilder sind gut erhalten. Heute wird das Theater wieder gelegentlich für Aufführungen benutzt.

RENAISSANCE BIS BAROCK

Schloss Charlottenburg bei Tag und bei Nacht. Die unübliche Höhe des Tambour verleiht dem Bauwerk Originalität.

Schloss Charlottenburg

Schloss Charlottenburg befindet sich am Rand des Spandauer Walds und erstreckt sich entlang der Charlottenburger Chaussee, die vom Brandenburger Tor herführt. Das ursprüngliche Bauwerk war ein Herrenhaus auf dem Land, das der Kurfürst und zukünftige König Friedrich III., der mehr für Kultur und Hof übrig hatte als für Regierungsgeschäfte, 1690 für seine Gemahlin Sophie Charlotte bauen ließ. Damals noch Lietzenburg genannt, wurde das Schloss 1705 zu Ehren der verstorbenen Charlotte umbenannt. Das Schloss wurde auf der Basis eines E-förmigen Grundrisses um einen mächtigen Hof herum erweitert. Der Architekt war Johann Friedrich Eosander, der angeblich Ratschläge vom berühmten Fischer von Erlach (1656–1723) erhalten haben soll, der kurz zuvor zum Oberinspektor sämtlicher Hof- und Lustgebäude ernannt worden war.

Das auffälligste Merkmal des Bauwerks ist die Kuppel, die sich über einem rechteckigen, ungewöhnlich hohen Tambour erhebt und die von einer kunstvollen Laterne und einer großen vergoldeten Statue der Glücksgöttin Fortuna gekrönt wird. Kritiker monieren, dass der zu groß geratene Turm samt der schmiedeeisernen Tore, die die Sicht auf das schlichte untere Stockwerk versperren, übertrieben wirkt. Während der Regierungszeit von Friedrich dem Großen wurde das Schloss um eine großartige Gemäldesammlung bereichert, die Werke von Boucher oder Watteau beinhaltete. Auch das „Bernsteinzimmer" befand sich einst in Charlottenburg.

RENAISSANCE BIS BAROCK

Schloss Nymphenburg

Schloss Nymphenburg in München war lange Zeit die Sommerresidenz der Wittelsbacher. Wie auch Versailles ist es eine Schlossanlage. Das ursprüngliche Bauwerk, der fünfstöckige Mittelbau, wurde 1664 von Agostino Barelli aus Bologna erbaut, der den italienischen Barockstil in Süddeutschland einführte. Tatsächlich sieht das Schloss einer italienischen Villa entfernt ähnlich. In den Jahren 1702–1704 entstanden die Pavillons, die über eine auf Arkaden gesetzte Galerie mit dem Mittelbau verbunden sind. Carbonet, ein ehemaliger Schüler Le Nôtres, schuf 1701 die berühmte Gartenlandschaft. Etwa zur gleichen Zeit wurde der Innenbereich umgebaut, um eine dreistöckige Halle zu integrieren, weswegen die Bogenfenster in der Fassade eingefügt wurden.

Die weit ausladenden Schlossflügel, die das Bild vervollständigten, wurden Mitte des 18. Jahrhunderts von dem in Paris geschulten Josef Effner gestaltet. Von ihm stammen auch einige der Rokoko-Schlösschen in der Parkanlage, die berühmter sind als das Schloss selbst: die Badenburg, die Pagodenburg und die Magdalenenklause. Das faszinierendste aller Lustschlösschen ist jedoch die Amalienburg (1734–1739) von François Cuvilliés, dem späteren Hofbaumeister, der als Hofnarr an den Hof des Kurfürsten in München kam. Die Amalienburg ist eingeschossig, mit einem großen Saal in der Mitte. Sie ist ein lebendiges Kunstwerk aus vergoldetem Stuck und Holz, das als „gelungenster Profanbau des Rokoko" beschrieben wird.

Auch aufgrund der Länge des Bauwerks fällt es schwer, Schloss Nymphenburg als Gesamtkomplex auf eine Fotografie zu bannen.

RENAISSANCE BIS BAROCK

Schloss Schönbrunn

Trotz seiner enormen Größe ist Schloss Schönbrunn kein einschüchterndes Bauwerk. Das mag zum Teil an dem freundlichen Anstrich in „Schönbrunner Gelb" und an der einladenden Fassade liegen. Ein dritter Grund könnte das Fehlen der drei imposanten Kuppeln von Johann Fischer von Erlach sein, die einst über dem Eingang prangten.

Das westlich der Wiener Innenstadt gelegene Schloss Schönbrunn war ab dem Ende des 17. Jahrhunderts die Sommerresidenz der Habsburger. Das einstige Jagdschloss von Kaiser Maximilian II., der hier auch seine Menagerie hatte, brannte mehrmals ab. Noch heute gibt es den Tiergarten Schönbrunn, der 1752 von Kaiser Franz I. errichtet wurde und einer der ältesten Europas ist. 1683 wurde das Jagdschloss im Zuge der Zweiten Türkenbelagerung Wiens endgültig zerstört. Kaiser Leopold I. veranlasste danach den Bau eines groß angelegten Schlosses. Der berühmte Fischer von Erlach setzte 1696 einen zweiten Entwurf in die Tat um, nachdem sein erster Vorschlag, mit dem er Versailles hatte herausfordern wollen, im Jahre 1690 als zu kostspielig abgewiesen worden war. Bis zum Jahre 1711 war das Schloss nahezu fertig gestellt. Einige Veränderungen wurden von Fischer von Erlachs Sohn, Josef Emanuel, wie auch von Nikolaus Pacassi vorgenommen, der 1744 die Kuppeln entfernte.

Die berühmteste Bewohnerin war vermutlich Maria Theresia von Österreich, die fast jeden Sommer ihrer Regierungszeit (1740–1780) hier verbrachte. Der Öffentlichkeit zugänglich gemacht wurde die Schlossanlage erstmals 1918.

Trotz seiner Größe ist Schloss Schönbrunn kein bedrückendes Bauwerk. Die Kuppeln von Fischer von Erlach sind leider entfernt worden.

RENAISSANCE BIS BAROCK

Der Blenheim Palace in England

Das große Schloss Blenheim in Oxfordshire ist ein pompöses Bauwerk. Nachdem der Herzog von Marlborough, John Churchill, die englischen Truppen in der Schlacht von Höchstädt zum Sieg über die Franzosen (1704) geführt hatte, schenkte ihm Königin Anne ein großes Stück Land sowie die notwendigen Mittel, um ein standesgemäßes Haus zu errichten. Der Herzog entschied sich für Sir John Vanbrugh als Architekten, der von dem ebenfalls sehr talentierten und einfallsreichen Nicholas Hawksmoor unterstützt wurde.

Der Grundriss basiert auf drei Flügeln mit je einem kleinen Innenhof, die sich um den großen, von Säulengängen gesäumten Hof gruppieren. Die vier wuchtigen Türme an den Ecken des Hauptteils halten den breiten Gebäudekomplex optisch zusammen und wirken gerade aus der Ferne sehr beeindruckend. Auch das Pediment über der Säulenvorhalle des Eingangs, das von einem zweiten Pediment oben an der Haupthalle ergänzt wird, sticht hervor. Auf den Dächern sind viele Skulpturen u. a. von Grinling Gibbons angebracht. Die Gärten wurden im 18. Jahrhundert von Lancelot Capability Brown (1716–1783) umgestaltet. Im Inneren ist der schönste Raum die Long Library, eine Galerie. Als Planänderungen erhebliche Mehrkosten nach sich zogen, überwarfen sich die Herzogin und Vanbrugh, der die weiteren Arbeiten empört Hawksmoor überließ.

Schloss Blenheim ist der Geburtsort von Winston Churchill.

RENAISSANCE BIS BAROCK

Schloss Belvedere in Wien

Schloss Belvedere besteht aus zwei kunstvollen, aber unterschiedlichen Barockschlössern, dem unprätentiösen Unteren Belvedere, dem eigentlichen Wohnhaus von Eugen von Savoyen, das 1715 fertig gestellt wurde, und dem Oberen Belvedere, das 1723 als prächtiges Schaustück vollendet und fortan für festliche Anlässe genutzt wurde. Der Architekt war Johann Lucas von Hildebrandt, der unter Prinz Eugen in die Schlacht gezogen war und bald der großartigste Baumeister nach Fischer von Erlach wurde, den er 1723 als Hofbaumeister ablöste. Hildebrandt, der in Italien studiert hatte und in dessen Werken Borrominis Einfluss unverkennbar ist, schuf mit Schloss Belvedere ein Bauwerk, das als „seltene Mischung teutonischer Solidität und mediterraner Launenhaftigkeit" beschrieben wurde.

Der Innenbereich des Oberen Belvedere schillert in Marmor, Gold und Einlegearbeiten. Wie viele Barockarchitekten, zeigte auch Hildebrandt große Begeisterung für den Bau von Treppen, die er in einer Freitreppe im Gartenbereich umsetzte. Im Oberen Belvedere spielen Putten, und Atlasfiguren fungieren als Stützen. Schloss Belvedere ging später in den Besitz der Habsburger über. Marie Antoinette machte sich von dort auf, um Königin von Frankreich zu werden. Der Komponist Anton Bruckner bewohnte in seinen letzten Jahren die Unterkunft des Verwalters und auch Erzherzog Franz Ferdinand, der 1914 in Sarajevo bei einem Attentat ums Leben kam, residierte hier zeitweilig. Heute befindet sich die Österreichische Galerie Belvedere im Schloss.

Schloss Belvedere ist wohl das kunstvollste Beispiel des österreichischen Stils.

RENAISSANCE BIS BAROCK

Die Wallfahrtskirche Superga in Turin

Filippo Juvarra (1678–1736) entstammte einer Familie von Silberschmieden und wurde in Rom von Carlo Fontana ausgebildet. Vittorio Amadeo II. lud ihn 1714 nach Turin ein. Dort blieb er die nächsten 20 Jahre, wenngleich er auch andernorts Aufträge annahm. Er verbrachte ein Jahr in Portugal, hielt sich kürzere Zeit in London und Paris auf und starb in Madrid, wo er für Philipp V. von Anjou einen Königspalast erbaute.

In Turin erbaute Juvarra fünf große Kirchen, mindestens acht Paläste, zahllose Villen, und er gestaltete wesentliche Teile der Stadt um.

Das Meisterwerk unter seinen Sakralbauten ist die Wallfahrtskirche Superga, deren Bau 1716 begann. Die Kirche ist eine der großartigsten italienischen Barockkirchen und überblickt von der Spitze eines malerischen Hügels Turin. Hier bewies Juvarra einmal mehr seinen Blick für Szenerien.

Der Architekt war sehr vielseitig, weswegen keine durchgängige Entwicklung eines ihm eigenen Stils zu erkennen ist. So weist die Superga-Kirche neben vielerlei Aspekten italienischer Architektur auch nördliche Einflüsse auf.

Oft wird sie mit dem herrlichen Benediktinerkloster Stift Melk in Österreich verglichen, das ein Jahrzehnt früher entstand.

Die Superga-Kirche wird von Türmen flankiert. Eine hohe, elegante Kuppel erhebt sich über dem niedrigen Kloster, das an der Stirnseite eine an das Pantheon in Rom erinnernde, große, klassische Säulenhalle aufweist. Der imposante Eindruck wird noch dadurch verstärkt, dass sich dieser Portikus auf einem Podium erhebt, das an drei Seiten über einige Stufen erreicht werden kann. Im Innenbereich kann Juvarras ausgeklügelte Bauweise anhand des kunstvollen Übergangs zwischen dem achteckigen Tambour und der runden Kuppel gut nachvollzogen werden. Diese zweistöckige Konstruktion wirkt wunderbar wie aus einem Guss.

Die Wallfahrtskirche Superga ist das Meisterwerk unter den Sakralbauten von Juvarra. Kirche und Kloster sind in einem Bauwerk zusammengefasst.

RENAISSANCE BIS BAROCK

Das Stockholmer Schloss

Ab Mitte des 17. Jahrhunderts war Schweden eine Großmacht, und so verlangte es die Herrscher der Wasa-Dynastie nach einem eindrucksvolleren Schloss als dem alten baufälligen, das einst an der Stelle des heutigen Stockholmer Schlosses auf der Insel Stadsholmen stand.

Als 1694 das alte Schloss abbrannte, war klar, dass Nicodemus Tessin der Jüngere (1654–1728) Baumeister des neuen Palastes werden würde. Dieser war nach seinem Vater Stadtbaumeister Stockholms geworden und stellte die Arbeiten an Schloss Drottningholm fertig. Mit dem Stockholmer Schloss schuf er das kunstvollste Bauwerk französischen Stils außerhalb Frankreichs.

Das Schloss ist sehr groß: Ein Schlosshof wird an allen vier Seiten von einem dreigeschossigen Bau mit Flachdach umgeben. Nach Westen hin bilden halbkreisförmige Flügelgebäude den äußeren Schlosshof. Der Innenbereich wurde durch und durch in französischer Pracht von französischen Handwerkern und Künstlern ausgestaltet. Einige der Gobelins stammen von François Boucher. Die Arbeiten wurden immer wieder unterbrochen. Statuen, die das Pediment verzieren sollten, fielen König Karl XII. zum Opfer, der keine Gelder für Nichtmilitärisches erübrigte. Nach Karls Niederlage bei der Schlacht bei Poltawa (1709) kamen die Arbeiten gänzlich zum Erliegen und wurden erst nach Tessins Tod wieder aufgenommen. Schließlich wurde das Stockholmer Schloss 1754 vollendet.

Details der Südfassade des Schlosses

RENAISSANCE BIS BAROCK

Der großartige St.-Nikolaus-Dom ist geschickt an die Beengtheit Prags angepasst.

RECHTS
Die Kuppel und der Tambour

GEGENÜBER LINKS
Details des Glockenturms

GEGENÜBER RECHTS
Details der Westfassade

Der St.-Nikolaus-Dom in Prag

Der St.-Nikolaus-Dom in Prag in der Prager Kleinseite (Malá Strana) ist die kunstvollste aller böhmischen Barockkirchen. Der italienische Barockstil von Borromini und speziell Guarini beeinflusste die Gestaltung der ursprünglich gotischen Kirche. Die Jesuiten ließen diese von 1703 bis 1711 von Christoph Dientzenhofer (1655–1722) umbauen. Dieser vollendete die Westfassade und einen Großteil des Hauptschiffes, bevor der Bau aus Geldmangel unterbrochen wurde. Sein berühmter Sohn Kilian Ignaz nahm die Arbeiten wieder auf. Er schuf die mächtige Kuppel und den Tambour sowie den daneben liegenden Turm, die die Prager Kleinseite überragen und oft respektlos mit einem ungleichen Tanzpaar verglichen werden. Erst nach Kilians Tod wurden die Arbeiten 1755 abgeschlossen. Selbst für spätbarocke Verhältnisse ist der Dom aufgrund seiner Farbgebung in rosa, grün und creme auffällig. Zudem ergießt sich eine Flut von Galerien, Balkonen, Nischen und Türöffnungen über die Wände. Die wundervolle Rokokokanzel, die immensen Skulpturen der Kirchenväter und der mächtige Hochaltar mit der Figur von St. Nikolaus ziehen den Blick an. Die Kuppel über dem Chor hingegen ist

RENAISSANCE BIS BAROCK

schlicht gehalten, während das illusionistische Fresko, das das Leben des heiligen Nikolaus zeigt und in den 60er-Jahren des 17. Jahrhunderts von Johann Lukas Kracker gemalt wurde, eine der „kunstvollsten Malereien nördlich der Alpen" ist.

Kapitel 5

Barock bis Klassizismus

Die Würzburger Residenz	Der Royal Pavilion in Brighton
Der Königspalast von Madrid	Das Weimarer Stadtschloss
Der Königspalast von Caserta in Italien	Buckingham Palace
Vierzehnheiligen	Houses of Parliament in Westminster
Kloster Ottobeuren	Das Kapitol in Washington D.C.
Die Wieskirche	Die Firth of Forth Brücke in Edinburgh
Schloss Sanssouci	Der Eiffelturm in Paris
Der Königspalast von Aranjuez	Der Arc de Triomphe in Paris
Die Spanische Treppe in Rom	Das Washington Monument
Jekaterinenpalais in Sankt Petersburg	Der St. Pancras Bahnhof in London
Der Winterpalast in Sankt Petersburg	Schloss Linderhof
Monticello in Virginia	Schloss Herrenchiemsee
Das Syon House in Middlesex	Die Basilika du Sacré-Coeur in Paris
Four Courts in Dublin	Die Glasgow School of Art
Strawberry Hill in Middlesex	Die Sagrade Familia in Barcelona

BAROCK BIS KLASSIZISMUS

Die Ursprünge des Barock wurden mit dem Wiederaufleben des Katholizismus Anfang des 17. Jahrhunderts in Verbindung gebracht, und so war der barocke Stil auch in katholischen Regionen am stärksten vertreten. Aus dem verhalten dekorativen Spätbarock erwuchs der Dekorationsstil Rokoko. Dieser schien säkular, fast schon frivol zu sein, doch die kunstvollsten Beispiele sind in spätbarocken Kirchen und Abteien in Süddeutschland zu finden, wie etwa in Ottobeuren oder in der Wieskirche.

Nach dieser Periode des Barock und des Rokoko erlebte der Klassizismus eine Renaissance. Jedoch entwickelte sich im 18. Jahrhundert mit dem Neoklassizismus eine Stilrichtung, die sich vom ursprünglichen Klassizismus unterschied. Mit dem Neoklassizismus lebte jedoch auch die Renaissance wieder auf: Die Bauweise von Palladio wurde insbesondere im England des 18. Jahrhunderts und in den Vereinigten Staaten imitiert. Fortgeschrittene Kenntnisse und gesteigertes Interesse führten Reisende der Oberschichten, ebenso auch Künstler, zu antiken römischen Stätten. Die Möglichkeit, den klassischen Stil auch auf Gebäude anzuwenden, die es in der Antike noch nicht gegeben hatte, begeisterte.

Als Gegengewicht zum Klassizismus entwickelten sich Ende des 18. Jahrhunderts unterschiedlichste Stilrichtungen, wie etwa der englische „Picturesque"-Stil, der solch exotische Bauwerke wie den Royal Pavilion in Brighton und die monumentale, gotische Fonthill Abbey hervorbrachte. Im 19. Jahrhundert diktierten soziale und wirtschaftliche Veränderungen sowie neue Materialen und Techniken, die im Zuge der industriellen Revolution auftauchten, die architektonischen Anforderungen. Auch die Ära der Wolkenkratzer nahm hier ihren Anfang. Mit den immer größeren Möglichkeiten, aus archäologischen Funden Kenntnisse zu ziehen, ging ein wachsendes Interesse an der griechischen Kultur einher. Bis dato hatte sich der Klassizismus hauptsächlich auf römische Vorbilder beschränkt. Die Renaissance der Gotik war in England am stärksten spürbar, da die Gotik hier als einzig akzeptabler Baustil für Kirchen galt. Doch überall auf der Welt tauchte mehr oder minder jede einmal da gewesene Stilrichtung auf, von der Baukunst des alten Ägypten bis hin zum Neobarock. So wurden auch erste nicht-europäische Einflüsse spürbar. Originale wurden imitiert, verändert, Stilrichtungen vermischt. So entstanden aus der Mischung zweier verschiedener Baukünste harmonische Gebäude, wie etwa der Westminster-Palast in London.

Durch neue Materialien wie Eisen (später Stahl) und Glas konnten innovative Gebäude entstehen, und gegen Ende des Jahrhunderts kam es gar zu einem Trend gegen den Historismus, der u. a. von der Kunst- und Handwerks-Bewegung in England und dem Werkbund in Deutschland ausging. Dies resultierte schließlich in der Entstehung des Art-Noveau-Stils.

BAROCK BIS KLASSIZISMUS

Die Würzburger Residenz

Das 18. Jahrhundert war eine Zeit, die in Deutschland viele profane und religiöse Bauwerke hervorbrachte. Die wohlhabenden Herrscher der zahlreichen deutschen Fürstentümer wetteiferten um den Bau des schönsten Schlosses. Dadurch entstanden Gebäude, die den Besucher „noch immer durch ihre Größe, ihren Elan und ihre Dynamik erstaunen können" (Ian Sutton). Ab 1720 entstand auch der wohl bedeutendste Barockbau Deutschlands, die Residenz der Fürstbischöfe in Würzburg.

Der Hauptbaumeister war der junge Balthasar Neumann (1687–1753), und die Innenausstattung stammt zu großen Teilen von Giambattista Tiepolo (1696–1770). Daneben wirkten Johann Lucas von Hildebrandt und die Franzosen Robert de Cotte und Germain Boffrand an der Gestaltung mit. Auf Letztere gehen die vielen Rokokoelemente der Residenz zurück. 1744 war der Rohbau fertig gestellt, und die Gestaltung des Innenbereichs begann. Das herrliche Treppenhaus von Neumann wurde von Tiepolo mit einem Deckengemälde geschmückt, das eine allegorische Darstellung der Zeit und des Erdkreises zeigt. Auch die Deckenfresken des Kaisersaals wurden von Tiepolo und seinen beiden Söhnen über drei Jahre hinweg gemalt.

Die brillanten Raumkompositionen von Neumann, die mit ihrem Spiel mit Licht und sprühenden Farben nirgends so ausgezeichnet zur Geltung kommen wie in der Würzburger Residenz, bilden zusammen mit den fantastischen Fresken von Tiepolo, den Stukkaturen von Antonio Bossi und den Beiträgen anderer großer Künstler ein wahrhaft triumphales Gesamtkunstwerk.

Die Würzburger Residenz vereint die Arbeiten des Architekten Balthasar Neumann und des Malers Giambattista Tiepolo.

BAROCK BIS KLASSIZISMUS

Der Königspalast von Madrid

Obwohl es im 10. Jahrhundert an gleicher Stelle eine von Mauern umgebene Stadt unter maurischer Herrschaft gab, ist Madrid eine vergleichsweise neue und kleine Stadt, vor allem für die Hauptstadt eines der bedeutendsten Länder Europas.

Obwohl schon viele Könige Kastiliens hier verweilten und Kaiser Karl I. die trockene Luft und die Höhe (640 m über dem Meeresspiegel) sogar als wohltuend für seine Gicht empfand, wurde der Hof erst 1561 unter seinem Sohn Philipp II. nach Madrid verlegt, bevor die Stadt 1607 offizielle Hauptstadt Spaniens wurde. Der ursprüngliche Palacio Real in Madrid wurde durch ein Feuer an Weihnachten 1734 sehr stark beschädigt, und Philipp V. befahl die Erbauung eines gänzlich neuen Palastes. Filippo Juvarra, der hauptsächlich in Turin mit dem Bau der Superga-Kirche und des Stupinigi-Schlosses beschäftigt war, erstellte einen ersten Entwurf, starb jedoch schon einige Monate nach seiner Ankunft. Der Palast wurde von seinem ehemaligen Schüler Giovanni Battista Sacchetti vollendet. Dieser vergrößerte das Bauwerk und nahm beträchtliche Veränderungen vor, die zum Teil den Louvre in Paris zum Vorbild hatten – dennoch ist der Palast eine Kreation Sacchettis. Er gestaltete auch dessen unmittelbare Umgebung. Die hohen Decken wurden von Giovanni Battista Tiepolo mit Malereien geschmückt, der seine letzten Jahre in Madrid verbrachte.

Das beeindruckende Gebäude auf dem abfallenden Gelände ist aus weißem Granit, der große Ähnlichkeit mit Marmor hat. Norditalienischer Barock setzte sich gegen traditionelle spanische Baukunst durch. Besonders erwähnenswert ist die Bibliothek mit antiken Schriften und Büchern. Mächtige Statuen spanischer Monarchen waren für die Balustrade vorgesehen, wurden dann aber aus Sicherheitsgründen auf dem Plaza de Oriente aufgestellt, der entstand, indem 60 Gebäude abgerissen wurden.

GEGENÜBER
Die erhöhte Lage des Palastes trägt zu dessen Erhabenheit bei.

LINKS
Die Fassade vom Campo del Moro aus

BAROCK BIS KLASSIZISMUS

Der Königspalast von Caserta wetteiferte mit Schloss Versailles. Wenn dies auch nicht gelang, so ist der Palast doch gewaltig.

Der Königspalast von Caserta in Italien

Der Königspalast von Caserta, nördlich von Neapel, wurde für Karl III. von Neapel, einem Urenkel Ludwigs XIV. erbaut. Der neapolitanische Baumeister Luigi Vanvitelli (1700–1773) hatte sich einen Namen in Rom gemacht, bevor er einer Aufforderung des Königs Folge leistete und in seine Heimatstadt zurückkehrte.

Der Palast nimmt eine rechteckige Fläche von 150 x 190 m ein, verfügt über vier Innenhöfe und ist sogar größer als das El Escorial. Vanvitellis originaler Plan sah Türme an den Ecken sowie eine zentrale Kuppel über einem hohen Tambour vor, wurde jedoch aus Kostengründen abgeändert. Auch bei diesem, einem der letzten bedeutenden Bauwerke des italienischen Barock, machten sich schon neoklassizistische Einflüsse bemerkbar, wie etwa in der schlichten, sehr langen Fassade. Im Inneren dominiert noch der Barock.

Die gewaltigen Dimensionen des Palastes sind bemerkenswert: eine 30 km lange Allee sollte vom Palast nach Neapel führen, und der Park war noch größer vorgesehen, als er heute ist: mit einem Wasserlauf und einer Reihe von Springbrunnen, die von einem 40 km langen Aquädukt versorgt werden sollten. Angeblich soll man einen ganzen Tag durch die Anlage spazieren können, ohne etwas zweimal zu sehen.

BAROCK BIS KLASSIZISMUS

RECHTS
Der Innenraum des Meisterwerks von Balthasar Neumann

GEGENÜBER
Die elegante Westfassade der Basilika Vierzehnheiligen überblickt von einer Anhöhe das Maintal.

Vierzehnheiligen

Als Folge der Gegenreformation erreichte die sakrale Baukunst in der Barockperiode einen Höhepunkt in Mitteleuropa. In nahezu jeder Kirche, so scheint es, gab es eine Art kreatives Streben nach Einzigartigkeit in Raum und Form.

Vierzehnheiligen im bayerischen Oberfranken am Rande des Maintals wurde im 15. Jahrhundert zu einer Wallfahrtskirche, da sich dort Wunder und Erscheinungen ereignet haben sollen. 1730 fiel die Entscheidung, die alte gotische Kapelle durch eine herausragende Barockkirche zu ersetzen, wenn es auch Unstimmigkeiten bezüglich des Baumeisters gab. Der Fürstbischof von Bamberg, Friedrich Karl von Schönborn, setzte sich durch, und so wurde Balthasar Neumann 1743 mit dem Bau betraut. Dessen unbeschwerte, instinktive Vorgehensweise, die zugleich auf sorgfältigster und komplexer Planung basierte, rechtfertigt die Beziehung, die oft zwischen deutscher Barockbaukunst und der Musik von Johann Sebastian Bach hergestellt wird.

Das Äußere der Basilika wird von klaren Linien dominiert. Die hoch aufragende Westfassade mit ihren Türmen sowie der Grundriss in Form eines lateinischen Kreuzes zollen der gotischen

Tradition Tribut. Im Innenraum hingegen gibt es keine einzige gerade Linie – sich überschneidende Kreise und Ovale herrschen vor. Durch innovative Überwölbung und Lichtquellen betonte Neumann den Gnadenaltar im Langhaus. Stuckmarmorierte Halbsäulen im Rokokostil werten diesen Bereich zusätzlich auf. Die Kirche wurde erst in den 70er-Jahren des 17. Jahrhunderts nach dem Tode Neumanns von dessen Schüler und Nachfolger Jakob Küchel vollendet. Nach einem Blitzeinschlag (1838) wurde die Kirche mehrfach restauriert.

BAROCK BIS KLASSIZISMUS

Das Äußere von Kloster Ottobeuren (gegenüber) ist schlicht und klar. Davon unterscheidet sich die Rokokogestaltung des Innenraumes. In Ottobeuren gelang es Fischer, die Überfülle, wie sie in Zwiefalten auftritt, zu vermeiden.

Kloster Ottobeuren

Anfang des 18. Jahrhunderts waren Stukkateure gefragt wie nie zuvor. Für die prächtigen neuen Kirchen, die in Süddeutschland so zahlreich gebaut wurden, benötigte man viele Skulpturen. Gips lief Marmor den Rang als Hauptmaterial ab, da er erheblich billiger war und sich besser für das ausladende Rokokodekor eignete. Die Bildhauer waren jedoch unzufrieden, und so wurde 1725 ein Kompromiss erdacht, demzufolge sich die Stukkateure bei eigenständigen Skulpturen an von Bildhauern geschaffene Modelle halten sollten.

Bei dem Kloster Ottobeuren scheint dies gut funktioniert zu haben: Johann Michael Feuchtmayer arbeitete nach den Modellen des Bildhauers Johann Joseph Christian.

Das Kloster liegt südöstlich von Memmingen in Bayern und wurde im 8. Jahrhundert gegründet. Ab 1730 wurde es umgebaut, und ab 1744 übernahm der Bayer Johann Michael Fischer (1692–1766) die Bauleitung. Obwohl er sehr talentiert war, wird er nicht in einem Zug mit Hildebrandt und Neumann genannt, was zum Teil daran liegt, dass er so viele Bauwerke – 22 Klöster und 32 Kirchen – schuf. Vor seiner Zeit in Ottobeuren hatte er die Kirche in Zwiefalten gebaut, deren Planung jedoch eine völlig andere war. Ottobeuren wurde als „die vermutlich edelste aller deutschen Kirchen des 18. Jahrhunderts" beschrieben (James Lees-Milne). Wie in Zwiefalten war Fischer durch ältere Strukturen eingeschränkt, doch u. a. durch Ausweitung der Vierung gelang es ihm, ein sehr symmetrisches Bauwerk zu schaffen. Farbenfrohe Scagliola-Säulen, traumhafte Fresken von Johann Jakob Zeiller und Stukkaturen verschmelzen mit einem verwirrenden Hintergrund aus Weiß und Gold.

BAROCK BIS KLASSIZISMUS

Die Wieskirche

Während sich Johann Michael Fischer auf den Bau von Klöstern konzentrierte, spezialisierte sich Dominikus Zimmermann (1685–1766) auf Wallfahrtskirchen. Die kunstvollste darunter ist die Wieskirche bei Steingaden, die noch immer von Feldern umgeben wird. Zimmermann war eigentlich Stukkateur und arbeitete oft mit seinem Bruder Johann Baptist (1680–1758) zusammen, der im Alter von 50 Jahren ein gefragter Maler war und Cuvilliés in Nymphenburg zur Hand ging. Als der Rokokoarchitekt in Süddeutschland schlechthin führte er einen neuen Stil in der Wallfahrtskirche in Steinhausen ein (Baubeginn 1727). Diese scheint ebenso wie die Wieskirche von außen rechteckig zu sein, ist jedoch im Inneren oval. Ein solcher Aufbau ist für eine Wallfahrtskirche sehr dienlich, da die Pilger so genügend Platz haben.

Zimmermann entstammte einer Bauernfamilie, und er baute die Wieskirche nicht für einen Fürstbischof oder einen reichen Abt, sondern für ganz gewöhnliche Leute. 1738, sieben Jahre vor Baubeginn, soll ein Wunder geschehen sein, weswegen die Pilger zu der kleinen Kapelle strömten. Ein Bauernehepaar soll an der hölzernen Figur des gegeißelten Heilandes Tränen gesehen haben. So wurde die Wieskirche zum Ort der Verehrung des gegeißelten Heilandes, und das Geld für die neue Kapelle konnte dank der Pilger in nur wenigen Jahren aufgebracht werden.

Zimmermann kombinierte ein oval ausgebuchtetes Zentralkirchenschiff, das von einem breiten Chorumgang für die Pilger umgeben war, mit einem rechteckigen, schlanken Chor. Gold und Weiß sind die dominierenden Farben. Zimmermann schuf mit der Wieskirche ein wahres Juwel.

GEGENÜBER
Die Wieskirche liegt noch immer frei inmitten von Feldern. An den Chor ist der Turm angegliedert, links befinden sich die Priesterhäuser.

UNTEN LINKS
Das Deckenfresko von Johann Baptist Zimmermann

UNTEN
Details des Innenraums

BAROCK BIS KLASSIZISMUS

Sanssouci ist ein außergewöhnliches Schloss, das von einem außergewöhnlichen Mann mit viel Fantasie erbaut wurde, der einer der größten Feldherrn Europas war.

UNTEN
Das Schloss ist mit Ausnahme der Kuppel eingeschossig. Die erhöhte Lage bietet eine wunderschöne Aussicht.

GEGENÜBER LINKS
Friedrichs Sommerschloss liegt über einer Terrassenanlage.

GEGENÜBER RECHTS
Unter einer Vielzahl ergänzender Gebäude ist das Chinesische Haus mit Säulen in Form von Palmen das bemerkenswerteste.

Schloss Sanssouci

Schloss Sanssouci (Ohne Sorge) in Potsdam ist das norddeutsche Äquivalent zur Amalienburg. Dieses fantasiereiche Sommerschloss des kultivierten Königs Friedrich des Großen, der eigene Skizzen in die Gestaltung mit einbrachte, ist eingeschossig und mit einer flachen, zentralen Kuppel versehen. Aufgrund der Hanglage bietet sich durch die hohen Glastüren ein herrlicher Ausblick. Wie auch bei der Amalienburg, ist das Schloss ein strukturierter Komplex, der aus größeren Bauwerken wie dem Neuen Palais und zahlreichen kleineren Strukturen besteht. Unter Letzteren überraschen einige, wie etwa das skurrile Chinesische Haus, ein Gartenpavillon mit Säulen in Palmengestalt. Schloss Sanssouci wurde von Georg Wenzeslaus von Knobelsdorff (1699–1753), dem Hofbaumeister und engen Vertrauten des Königs, erbaut. Er war auch für die Rokokoausschmückungen der Charlottenburg in den 40er-Jahren des 18. Jahrhunderts sowie für den Bau der Königlichen Hofoper verantwortlich. 1745 begann er mit den Arbeiten in Potsdam, geriet jedoch im Folgejahr in Streit mit dem König und wurde entlassen.

Mit Ausnahme der etwas aufdringlichen Skulpturen ist der Außenbereich sehr schön gestaltet, ist aber so schlicht gehalten, dass das fantastische Rokokodekor in den Räumen umso stärker zur Geltung kommt. Die kleine Bibliothek, das Musikzimmer und das Voltairezimmer vermitteln einen guten Eindruck der unvergleichlichen künstlerischen Leistungen, die unter Verwendung aller vorstellbaren Materialien geschaffen wurden. Zarte goldene Gespinste von Johann August Nahl und anderen ranken sich über Türfüllungen, um Fenster und asymmetrische Rahmen von Bildern und Spiegeln sowie entlang der Wände und der Decken. Dies wirkt jedoch keinesfalls überladen.

BAROCK BIS KLASSIZISMUS

BAROCK BIS KLASSIZISMUS

Philipp II. zog die Atmosphäre in Aranjuez der rigorosen Hofetikette in El Escorial vor.

Der Königspalast von Aranjuez

Trotz der prachtvoll dekorierten Fassade der Kathedrale von Santiago de Compostela zögern Architekturhistoriker, die Stilrichtung in Spanien und in Portugal im 17.–18. Jahrhundert als „Barock" zu bezeichnen, da es keine echte Einbindung der Prinzipien von Bernini und Borromini gab. Der sehr dekorative, typische spanische „Barockstil" wird deswegen oft nach der Churriguera-Familie aus Barcelona als Churrigueresque bezeichnet.

Der Königspalast von Aranjuez befindet sich 50 km südlich von Madrid am Fluss Tagus. Im Mittelalter befand sich hier eine Burg des Santiago-Ordens, dessen Ziel die Rückeroberung Spaniens von den Mauren war. Unter Karl I. wurde sie zu einem Jagdschloss, und Philipp II. machte einen wahrhaften Palast daraus. Ferdinand VI. von Spanien ließ das heutige vornehme Bauwerk Mitte des 18. Jahrhunderts von dem italienischen Architekten Santiago Bonavia erbauen.

Die langen, flachen Gebäude gruppieren sich um einen großen Hof und sind bis auf den zentralen Mittelteil zweigeschossig. Die flachen, mit runden Fenstern versehenen Kuppeln tragen Laternen und sitzen auf Tambours. Die Flügel mit den terrassierten Dächern und Galerien sind im Rokokostil gehalten. Im Innenbereich ist das großartige Porzellanzimmer, das mit Fliesen und Spiegeln aus der Buen-Retiro-Fabrik nahe Madrid ausgestattet ist, sehr interessant.

BAROCK BIS KLASSIZISMUS

Die Spanische Treppe ist meist von großen Touristenscharen bevölkert.

Die Spanische Treppe in Rom

Um 1700 wurden in Rom neben Palästen in zunehmendem Maße auch öffentliche Bauwerke errichtet, wie beispielsweise der Trevi-Brunnen oder die Spanische Treppe.

Im 16. Jahrhundert konnte man die Kirche Trinità dei Monti von der Piazza di Spagna, auf der Pietro Bernini einen Springbrunnen errichten sollte, nur über einen steilen und gefährlichen Hang erreichen. Interessenkonflikte zwischen dem französischen König und dem Papst verzögerten den Bau der Freitreppe. Noch heute sind die französischen Lilien und die Adler des Papstes Innozenz XIII. auf den äußeren und inneren seitlichen Pfeilern zu sehen.

Schließlich wurde die spanische Treppe zwischen 1723 und 1725 von dem unbekannten Franceso de' Sanctis (1693–1740) erbaut. Das in der Literatur viel gerühmte Monument (der Dichter John Keats starb in seiner Wohnung mit Blick auf die Treppe) beeindruckt durch seine Größe und die auseinander laufenden Stufen und Balustraden im Rokokostil. Beim Hinaufgehen „ist es, als ob sich die Bauweise des Gehenden auf eine Art bemächtigt, der nicht zu widerstehen ist und die man nicht begreifen kann, die aber so behutsam ist, dass man sie eher als angenehm denn als beunruhigend empfindet".

BAROCK BIS KLASSIZISMUS

Jekaterinenpalais in Sankt Petersburg

Der Italiener Bartolomeo Francesco Rastrelli (1700–1771) war der führende Baumeister der späten Barock- und Rokokoperiode in Russland. Seine Ausbildung absolvierte er in Paris, und so entsprach sein Stil den Anforderungen der russischen Aristokratie. Nach Sankt Petersburg kam er 1716 als Gehilfe von Jean-Baptiste le Blond, und 1741 erhob ihn die Zarin Elisabeth I. zum Hofbaumeister.

Unter anderem erbaute er den Winterpalast und das Smolny-Kloster in Sankt Petersburg, das im Stil des so genannten „Russischen Rokoko" gehalten ist.

Das gelungenste seiner Werke ist jedoch das Jekaterinenpalais oder der Katharinenpalais in Zarskoje Selo (kaiserliches Dorf), dem heutigen Puschkin, das die Lieblingsresidenz von Katharina der Großen war. 1749 begann der Bau des Palastes um ein gigantisches Viereck herum.

Die Hauptfassade ist 100 m lang, in sehr dekorativem Blau, Weiß und Gold gehalten und weist in gleichen Abständen angeordnete Säulen, Pfeiler, Balkone, Atlasfiguren und Pedimente auf, die ein beeindruckendes Gesamtbild ergeben. Von der ursprünglichen Innenausstattung Rastrellis ist wenig erhalten. Katharina die Große ließ erhebliche Änderungen von dem schottischen Architekten Charles Cameron durchführen, der 1774 aus Rom nach Russland kam. Die neoklassizistische Innenausstattung des Jekaterinenpalais gestaltete er fantastisch mit Farben in Pastellschattierungen sowie mit viel Glas und mit Einlegearbeiten. Als Sankt Petersburg während des Zweiten Weltkrieges 900 Tage lang belagert wurde, musste der Palast Brände und Plünderungen über sich ergehen lassen. Die kommunistische Regierung ließ ihn nach dem Krieg restaurieren, doch vieles blieb verloren.

Das Jekaterinenpalais sieht von außen aus wie ein im Rokokostil geschmücktes Versailles.

BAROCK BIS KLASSIZISMUS

Der Winterpalast in Sankt Petersburg

Peter der Große gründete seine neue Hauptstadt, um Russland ein „Fenster nach Europa" zu schenken, und ließ an den Ufern des mächtigen Flusses Newa einen Königspalast erbauen. Dieser wurde schon bald durch den Winterpalast ersetzt, der heute ein Teil der Eremitage, einem der größten Kunstmuseen der Welt, ist. Die Zarin Elisabeth I. ließ 1754 die aufwändigsten Restaurierungen von Bartolomeo Rastrelli durchführen. Dieser arbeitete bereits seit fünf Jahren in Elisabeths Auftrag am Jekaterinenpalais, weswegen die beiden Bauwerke mehr gemeinsam haben als nur ihre beträchtliche Größe. Rastrelli gelang es, die von der Stadt vorgegebene Maximalhöhe für den Palast von 20 m problemlos einzuhalten. Im Ausgleich schuf er ein 150 m langes Bauwerk. Den monotonen Eindruck der Fassade des Königspalastes von Caserta vermied er durch eine reich verzierte Außenfassade, die von Säulenpaaren aufgelockert wird und deren Teilabschnitte abwechselnd vorgelagert oder zurückgesetzt sind. Auch die Farbgebung in Weiß, Grünblau und Gold ist der des Jekaterinenpalais ähnlich. Die Arbeiten im Innenbereich überdauerten die Regierungszeit Katharinas der Großen und mussten nach einem Brand in den 1830er-Jahren noch verlängert werden. Deswegen ist Rastrellis Innenausstattung zu großen Teilen verschwunden, wenngleich einige Räume mit farbenprächtigem Marmor und exquisiten Stoffen in ihren Originalzustand versetzt wurden.

Rastrelli kam nach seinen Studien in Paris als junger Mann nach Russland. Das unverkennbare, anmutige Rokokodekor, das er dem Winterpalast angedeihen ließ, ist durch und durch französisch.

GEGENÜBER
Fluss Newa: Touristenboote anstelle von Kriegsschiffen.

BAROCK BIS KLASSIZISMUS

Dass der Neoklassizismus in den USA mehr oder weniger zum offiziellen Architekturstil wurde, ist hauptsächlich Thomas Jefferson zu verdanken. Dieser Stil war den Menschen geläufig, erinnerte jedoch nicht zu sehr an die englische Heimat. Seine eigene Villa Monticello im palladianischen Stil war das hervorragendste aller mit Säulenvorhallen versehenen Herrenhäuser bedeutender Amerikaner.

Monticello in Virginia

Der Neoklassizismus des 18. Jahrhunderts etablierte sich in den USA und wurde praktisch zum offiziellen Baustil für öffentliche Gebäude. Thomas Jefferson sollte auch bei dieser Entwicklung eine führende Rolle übernehmen. Der Verfasser der Unabhängigkeitserklärung und 3. Präsident der Vereinigten Staaten von Amerika war ein vielseitig interessierter Mann, dessen Denken von der Aufklärung bestimmt war. Er trieb die Verbreitung eines nationalen Stils – des so genannten Clapboard Classicism, voran, bei dem mit Schindeln verkleidete Häuser klassisch gestaltet wurden und der noch heute typisch für die Häuser New Englands ist.

Jefferson, Sohn eines wohlhabenden Farmers, nahm die Architektur sehr ernst und hatte diesbezüglich großes Talent. Er sollte die größte Sammlung von Architekturbüchern des Landes zusammentragen. Auf seinem Landbesitz östlich der Appalachen nahe Charlottesville in Virginia erbaute er sein eigenes Landhaus, das Monticello. Obwohl der Bau bereits 1770 begann, lieferte erst die Lektüre des Buches Select Architecture (1775) von Robert Morris den genauen Bauplan, den Jefferson nach palladianischem Vorbild modifizierte. Nachdem er von seiner Botschaftertätigkeit in Paris (1784–1789) zurückgekehrt war, veränderte und vergrößerte Jefferson das Haus. Er erhöhte die Räume und errichtete eine achteckige Kuppel über der Halle.

Monticello entstand nach langer und sorgfältiger Planung, die nicht nur durch die Anpassung an den palladianischen Stil erforderlich wurde, sondern auch durch den amerikanischen Wunsch nach Komfort. So ersann Jefferson einige arbeitssparende Einrichtungen, wie etwa drehbare Platten auf den Esstischen.

BAROCK BIS KLASSIZISMUS

BAROCK BIS KLASSIZISMUS

Das Syon House in Middlesex

Robert Adam (1728–1792), der bedeutendste britische Architekt des späten 18. Jahrhunderts, ist bekannt für seine unglaublich eleganten, neoklassischen Dekorationen, die als „Adam style" bekannt sind. Er und sein Zeitgenosse William Chambers, der Architekt des Somerset House in London, teilten sich zwar die Stellung als königlicher Baumeister, bezogen jedoch völlig unterschiedliche Positionen zu Architektur. Chambers betrachtete Adam gar als frivol.

Syon House, Sitz der Herzöge von Northumberland, ist ein um einen viereckigen Hof angeordnetes, typisches Haus aus dem 16. und 17. Jahrhundert. Gerade von seinen Studien in Italien und Split zurückgekehrt, schuf Adam zwischen 1762 und 1769 „eines der großartigsten Kunstwerke Englands" (Sacheverell Sitwell), in dem sich eigentlich fast alles an klassischen Vorbildern orientierte. Es gibt fünf Räume in Syon House. Die gewaltige Halle, die einer Basilika ähnelt, ist gemäß der Dorischen Ordnung gestaltet und weist gemalte Medaillons an der gewölbten Decke der Apsis auf, die immer kleiner werden, um den Raum scheinbar zu strecken. Der spektakuläre Vorraum basiert auf einem Rechteck, das durch eine Reihe frei stehender Säulen zu einem Quadrat verkürzt wird. Gewaltige ionische Säulen aus grünem Marmor säumen die Wände und werden von athletischen Figuren aus vergoldetem Gips, goldenen Trophäen und einem vielfarbigen Scagliola-Boden ergänzt.

Großartige Beispiele für die Verbindung von klassischer Pracht und Komfort sind das vornehmlich in Weiß gehaltene Speisezimmer und der rote Salon mit einer in einem unüblichen Muster verzierten Decke.

Syon House hat sein Erscheinungsbild als rechteckiges, mit Zinnen versehenes Herrenhaus aus dem 17. Jahrhundert beibehalten.

GEGENÜBER
Die Gärten und das Gewächshaus. Von Syon House blickt man über den Fluss auf die Botanischen Gärten.

BAROCK BIS KLASSIZISMUS

UNTEN
Die äußerst individuelle Gestaltung des Tambour und der Kuppel des Four Courts ist unvergesslich.

UNTEN RECHTS
Der klassische Vorbau über dem Eingang ist konventioneller.

Four Courts in Dublin

Im 18. Jahrhundert wurde Dublin zu einer eleganten, vornehmlich klassisch geprägten Stadt. Das alte Parlamentsgebäude, Leinster House, die klassische Fassade des Trinity College und die vielen von georgianischen Häusern gesäumten Straßen und Plätze trugen dazu bei. Wenngleich Nationalisten angesichts des englischen Hintergrundes dieser Stilrichtung gemischte Gefühle hatten, urteilten doch nur wenige diese Gebäude als Symbole englischen Imperialismus ab.

Zu den am besten gelungenen Bauwerken zählen das Custom House und das Four Courts, die beide von James Gandon (1743–1823) erbaut wurden. Der gebürtige Engländer war ein Schüler von William Chambers. 1781 kam er nach Irland, um das Custom House zu erbauen. Er hatte während der Bauzeit mit einigen Schwierigkeiten zu kämpfen und wurde sogar bedroht, ließ sich jedoch nicht abschrecken und befasste sich ab 1786 mit dem Abschluss der Bauarbeiten des Four Courts am Nordufer des Flusses Liffey. Gandons Stil lag zwischen dem von Adam und Chambers und wurde einst als „palladianisch mit barocken und neoklassischen Elementen" beschrieben.

Gandons französische Verbindungen sowie seine Studien von Bauwerken von Wren machen sich hier bemerkbar. So entwickelte er seinen eigenen fantasievollen Stil.

Über eine mit sechs Säulen versehene korinthische Säulenhalle gelangt man in das Gerichtsgebäude, dessen auffälligstes Merkmal ein zentraler Tambour ist, der von einer flachen Kuppel überwölbt wird.

BAROCK BIS KLASSIZISMUS

Strawberry Hill in Middlesex

1747 mietete Horace Walpole (1717–1797) ein „kleines Spielzeughaus" in Twickenham, im Südwesten Londons. Zwei Jahre später kaufte er das Anwesen und begann es in eine Art gotische Miniaturburg umzubauen. 1764 schrieb der kultivierte Junggeselle einen frühgotischen Roman, „The Castle of Otranto". Wie dieser war auch sein Haus ein Vorbote der Renaissance des gotischen Stils, doch war es mit einem völlig anderen Antrieb erdacht, als es bei den eifrigen Archäologen des folgenden Jahrhunderts der Fall war. Diese Form der fröhlichen Gotik passte, so fand Walpole, sehr gut zu seinem kleinen Landhaus. Strawberry Hill, das zwischen 1749 und 1766 fertig gestellt wurde, ist ein romantischer Ort der Fantasie, den Walpole insgeheim ernster nahm, als er zugab.

Der Hausherr war ein Verfechter von Authentizität. So studierte er mittelalterliche Stiche und besuchte andere Bauwerke, um sich Anregungen zu holen. Überdies zog er eine Gruppe von Freunden zu Rate, die er sein „Committee of Taste", sein Komitee für den guten Geschmack, nannte. Dazu gehörten der Dichter Thomas Gray, John Chute und Richard Bentley, der sogar große Teile des Hauses entwarf. Für kurze Zeit zählte auch Robert Adam dazu, der unter dem strengen Blick Walpoles einen der Räume gestaltete. Walpoles Drang nach Präzision nahm merkwürdige Ausmaße an. Bücherregale und Feuerstätten empfand er Grabmälern und Bildern in englischen und französischen Kirchen nach. Für den Kaminsims im kleinen Salon stand das Grabmal eines Bischofs aus dem 13. Jahrhundert in der Westminster Abbey Modell. Der Gesamteindruck ist jedoch ein reizender und keineswegs unpassend.

Walpole und sein Committee of Taste wirken fast schon gekünstelt, doch seine so früh entstandene, kleine gotische Villa ist eine Augenweide. Diese wurde im 19. Jahrhundert im gleichen Stil ausgebaut, wenngleich der dahinter steckende Geist ein anderer war.

BAROCK BIS KLASSIZISMUS

Der Brighton Pavilion war eine Art königliche Narretei. Außer Georg IV. hätte sich unter allen englischen Königen keiner einen solch kostspieligen Leichtsinn erlaubt.

Der Royal Pavilion in Brighton

Generell legten englische Monarchen wenig Wert auf extravagante Bauwerke. Der Prinzregent und spätere König Georg IV. (1820–1830), dessen Ausgaben regelmäßig das Parlament erzürnten, bildete eine Ausnahme. Doch vielleicht sind spätere Generationen für die größte Narretei des Königs, den märchenhaften „orientalischen" Palast, der als Brighton Pavilion bekannt ist, dankbar.

Mitte des 18. Jahrhunderts war Brighton ein kleines Fischerdorf an der Südküste Englands, ca. 80 km von London entfernt. Den Prinz verschlug es 1783 zum ersten Mal dorthin, und schon bald erbaute er dort eine kleine entzückende Villa. 1806 beschloss der Prinz die Villa auszubauen und engagierte dafür Humphrey Repton. Dieser hatte zuletzt an einem Haus für einen wohlhabenden Inder gebaut und dabei „neue Quellen für Schönheit und Vielfalt in der indischen Architektur aufgetan". So inspiriert wollte er auch den Palast des Prinzen erbauen. Der war entzückt, doch als die Arbeiten zehn Jahre später begannen, war der talentierte John Nash an Reptons Stelle getreten. Dessen Bauwerk vereinte hinduistische, islamische und chinesische Stilrichtungen. Mit den strahlend weißen Kuppeln, den Minaretten, Balkonen und Säulengängen sowie den cremefarbenen Wänden scheint der Palast eine Kulisse für eine Geschichte aus 1001 Nacht zu sein. Die kunstvolle Innenausstattung ist im chinesischen Stil und in einem Stil, der nach dem Prinzen „Regency" genannt wird, gehalten. Der Palast rief sowohl Unmut als auch Begeisterung hervor und soll öfter als jedes andere englische Bauwerk in Büchern aus dem 19. Jahrhundert abgebildet sein.

BAROCK BIS KLASSIZISMUS

Schloss Weimar ist das wichtigste Bauwerk der einstigen intellektuellen Hauptstadt Deutschlands.

Das Weimarer Stadtschloss

Der Ort im heutigen Thüringen, der im Mittelalter Stadtrecht erhielt, wurde im 16. Jahrhundert zur Hauptstadt des Herzogtums Sachsen-Weimar. Obwohl die Stadt nie im Zentrum der Macht stand, hat sie doch eine bewegte Geschichte. Nach der Revolution 1918–1919 tagte hier die Nationalversammlung, von der die Verfassung des kurzlebigen Staates, der als Weimarer Republik in die Annalen einging, beschlossen wurde. 1933 beendete Hitler das kurze Zwischenspiel. Die Geschichte der Architektur prägte das Bauhaus in Weimar, die berühmteste Kunst-, Design- und Architekturschule der Klassischen Moderne. Diese entstand aus der 1906 von Henry van de Velde gegründeten Großherzoglich-Sächsischen Kunstgewerbeschule Weimar. Der Belgier Van de Velde war ein Freund der angewandten Kunst. Als er Deutschland während des Zweiten Weltkrieges verließ, schlug er Walter Gropius als nachfolgenden Direktor der Schule vor.

Ihren Höhepunkt erreichte die Stadt, als sie im späten 18. und im frühen 19. Jahrhundert zur konkurrenzlosen intellektuellen Hauptstadt Deutschlands wurde. Unter dem toleranten Carl August, Großherzog von Sachsen-Weimar-Eisenach, zog es Goethe, Schiller, Herder und viele andere nach Weimar. Vielerlei Denkmäler bezeugen dies: beispielsweise das Goethe- und Schiller-Archiv und ein Bronzedenkmal vor dem Deutschen Nationaltheater, dem Goethe als Theaterdirektor vorstand.

Schloss Weimar ist das wichtigste Bauwerk in Weimar, obwohl es nicht das interessanteste oder das schönste ist. Nach einem Brand verlangsamten die Koalitionskriege den Wiederaufbau, der sich von 1789 bis 1803 hinzog. Der große Uhrenturm des vormaligen Schlosses, der heute von angrenzenden Gebäuden gestützt wird, ist einer der Überreste aus alten Zeiten. Die Halle im neoklassischen Stil aus dem 18. Jahrhundert ist der bedeutendste Teil des Schlosses. Goethe selbst überwachte die Bauarbeiten.

BAROCK BIS KLASSIZISMUS

GANZ LINKS
Die Hauptfassade des Buckingham Palace

LINKS
Details des Victoria Memorials (1912), dem Werk von Sir Thomas Brock, der für das Denkmal im Flamboyant-Stil 2300 Tonnen weißen Marmors verbrauchte.

Buckingham Palace

Der Buckingham Palace im Herzen Londons ist seit ca. 150 Jahren die offizielle Residenz der britischen Monarchen. Der Großteil des Palastes wurde in den vergangenen 100 Jahren erbaut und von dem ursprünglichen Bauwerk aus dem 18. Jahrhundert, dem Buckingham House, ist nichts mehr geblieben. Der Herzog von Buckingham verkaufte das Haus 1762 an König Georg III.

1820 beauftragte Georg IV. John Nash, den Architekten des Brighton Pavilion, mit dem Ausbau des Palastes. Nash schätzte die Kosten auf 50.000 Pfund, was fast dem Dreifachen der Summe entsprach, die das Parlament bewilligt hatte.

Nashs ursprünglicher Bauplan sah ein Gebäude vor, das an drei Seiten einen Innenhof umgab. Den Eingang bildete ein verzierter Triumphbogen. Schon bald musste sich Nash einem Komitee des Parlaments stellen, das ihn mit Fragen bezüglich des Stils und der Kosten attackierte und ihm schließlich die Bauleitung entzog. Sein Nachfolger, Edward Blore, schloss den Hof auch auf der vierten Seite ab, indem er die bekannte Ostseite erbaute, die auf das Victoria Memorial, das Denkmal zu Ehren von Königin Victoria, und die Straße The Mall blickt. Blore entfernte auch den Marmorbogen und ließ ihn in der Nähe der Speaker's Corner (Ecke der Redner) im Hyde Park aufstellen. Die attraktive Gartenseite von Nash bekommen nur Gäste königlicher Gartenpartys zu Gesicht. Der prachtvollste der etwa 600 Räume ist der Blaue Salon, der ehemalige Ballsaal, in dem sich ein Porzellantisch von Napoleon befindet, auf dem Porträts großer Kriegshelden abgebildet sind. Außerdem gibt es eine Uhr, die angeblich von Georg III. entworfen wurde. Einige der Gemälde der königlichen Sammlung können in der angrenzenden Galerie der Königin betrachtet werden.

Der Palast konnte weder von Georg IV. noch von dessen Nachfolger Wilhelm IV. bewohnt werden. Erst Königin Victoria bezog ihn im Jahre 1837.

BAROCK BIS KLASSIZISMUS

Houses of Parliament in Westminster

Im 11. Jahrhundert wurde der Palace of Westminster westlich der City of London die Hauptresidenz der englischen Monarchen. Die Räumlichkeiten waren immer provisorischer Natur, und als große Teile des alten Palastes 1834 in Flammen aufgingen, zog der König aus. So wurde der Palast zum Tagungsort des Parlaments. Das älteste Bauwerk des Palastes, die Westminster Hall aus dem Jahr 1097, überstand den Brand.

Bezüglich des Baustils kam es zu Unstimmigkeiten: viele Anhänger der Gotik lehnten den klassischen Stil als heidnisch ab. Schließlich entschied man sich für Charles Barry (1795–1860) als Architekten, der zwar einen Hang zum Klassizismus hatte, dem aber Augustus Pugin (1812–1852) als inbrünstiger Verfechter der Gotik als „wahrem" christlichem Baustil zur Seite gestellt wurde. Die Arbeiten begannen 1837. Zehn Jahre später wurde das House of Commons (Unterhaus) fertig gestellt, 1858 der Clock Tower (Uhrenturm), der gemeinhin als Big Ben bekannt ist, 1860 der größere Victoria Tower und die Gesamtanlage 1865. Mit dem „großartigen und schönen Denkmal der viktorianischen Kunstfertigkeit" wurde die Gotik allgemein als Stil für öffentliche Gebäude anerkannt. Keine Kosten und Mühen wurden gescheut, um den Innenbereich mit Statuen und Malereien reich zu verzieren. Der 16 m lange Robing Room (Ankleidezimmer) ist mit Malereien von Pugin und Fresken von William Dyce geschmückt, die Szenen aus der Artus-Sage zeigen. Das House of Commons wurde im Zweiten Weltkrieg durch Bomben zerstört und 1945–1950 von Giles Gilbert Scott neu aufgebaut.

GEGENÜBER
Ansicht des Westminster-Palastes vom Fluss aus. Der Victoria Tower ist links, der Clock Tower mit der Glocke Big Ben ganz rechts im Bild zu sehen.

LINKS
Details des neu aufgebauten Palastes. Auf gewisse Weise war dieser Palast gewagter als jedes andere zeitgenössische Bauwerk.

BAROCK BIS KLASSIZISMUS

GEGENÜBER
Die Anfahrt zum Kapitol, einem besonders herausragenden Bauwerk, dem man die eher turbulente Geschichte seiner Erbauung nicht ansieht.

RECHTS
Details der Laterne und des Tambour

Das Kapitol in Washington D.C.

Der Bedarf an großen und beeindruckenden Regierungsgebäuden, die Paläste als Hauptbauwerke der Profanbaukunst ablösen sollten, fiel mit der Renaissance des Klassizismus Mitte des 18. Jahrhunderts zusammen. In großen Städten entstanden zunehmend solche Gebäude, die einen zentralen Portikus und lange Fassaden mit flankierenden Pavillons aufwiesen. In Nordamerika verdankte der Klassizismus seinen enormen Einfluss hauptsächlich Thomas Jefferson, auf dessen Anraten hin das State Capitol von Richmond nach Vorbild des Maison Carée in Nîmes gebaut wurde. Das Kapitol in Washington D.C. ist ein erstklassiges Beispiel für diese Bewegung. 1792 gewann William Thornton, ein aus England stammender Physiker, den Wettbewerb um die Gestaltung des Kapitols. Ein Jahr später legte George Washington den Grundstein. Thornton beaufsichtigte die Bauarbeiten nicht, weswegen diese über viele Jahre hinweg nur schleppend vorangingen. Dann vollendete James Hoban, der Architekt des Weißen Hauses, 1800 den Nordflügel, den Sitz des Senats. Benjamin Latrobe, zu dieser Zeit der führende Architekt Amerikas, übernahm 1803 die Bauleitung und stellte innerhalb von acht Jahren das House of Representatives (Repräsentantenhaus) fertig.

1814 brannten britische Truppen große Teile Washingtons nieder, einschließlich des Weißen Hauses und des Kapitols. Latrobe begann mit dem Wiederaufbau, der sich an der ursprünglichen Form im palladianischen Stil orientierte. Später wurde das Bauwerk enorm vergrößert.

BAROCK BIS KLASSIZISMUS

Die Firth-of-Forth-Brücke in Edinburgh

Die Bahnbrücke über den Firth of Forth, den größten Fluss Schottlands, westlich von Edinburgh, ist so gewaltig, dass die Züge, die sie überqueren, wie Spielzeuge aussehen. Dieses Meisterwerk viktorianischer Konstruktion revolutionierte den Brückenbau und inspiriert bis heute Bauingenieure.

Der ursprüngliche Plan sah eine Hängebrücke vor, die der Erbauer der Tay-Brücke errichten sollte. Als diese 1879 einstürzte, wurden die Pläne fallen gelassen. Der berühmte Ingenieur Benjamin Baker begann anschließend mit dem Bau einer freitragenden Brücke, deren stabile Konstruktion vergleichsweise neu, wenn auch durchaus nicht unbekannt war, da sie auch schon in der Antike angewendet worden war.

Die Hauptelemente sind drei massive je 110 m hohe, 1-mal 495 und 2-mal 460 m lange, rautenförmige Fachwerkträger, die auf je vier Pfeilern ruhen. Die Spannweiten zwischen den Hauptpfeilern betragen 521 m, was viele Jahre einen ungebrochenen Rekord darstellte. 58000 Tonnen Weichstahl wurden für den Bau, der 3 Millionen Pfund verschlang, verwendet. Die Oberfläche beträgt 546313 m². Seither vergleicht man ein nicht enden wollendes Unterfangen in Schottland mit „dem Streichen der Forth-Brücke". Ein felsiges Inselchen in der Mitte des Flusses wurde als Fundament verwendet, die beiden anderen mächtigen Pfeiler wurden mithilfe von Senkkästen in den unruhigen Strömungen der Flussmündung verankert. (schon Vitruvius beschrieb diese Methode.)

Die Bauarbeiten dauerten sieben Jahre, und nachdem die Stabilität der Brücke mit zwei 900 Tonnen schweren Zügen getestet worden war, wurde sie 1890 eingeweiht. Eine Autobrücke, die Forth Road Bridge, leistet ihr seit 1964 Gesellschaft.

Die Firth-of-Forth-Brücke hatte Bewunderer und Kritiker und ist zu einem der bekanntesten Wahrzeichen Schottlands geworden, das einem anderen großartigen Monument aus Stahl, dem Eiffelturm, nicht unähnlich ist.

Die Firth-of-Forth-Brücke wurde schon bald als bautechnische Meisterleistung gefeiert, doch es dauerte länger, bis auch das ungewöhnliche Aussehen der Brücke akzeptiert wurde.

BAROCK BIS KLASSIZISMUS

Ansichten des Eiffelturms. Dieser dominiert Paris immer noch und weiterhin, denn dieses Bauwerk wurde nicht nur für die Dauer eines Lebens oder für 200 Jahre geschaffen, sondern für ein Jahrtausend. Das bogenförmige Fundament entstand aufgrund der Erfahrungen Eiffels mit dem Bau von Brücken.

Der Eiffelturm in Paris

In der zweiten Hälfte des 19. Jahrhunderts boten Weltausstellungen Anlass, neue Ideen zu präsentieren. So entwarf der „Eisenzauberer", der legendäre Gustave Eiffel (1832–1923) schon lange vor seinem berühmten Turm die Galerie der Maschinen für die Ausstellung in Paris 1867.

Eiffels Laufbahn begann 1855 mit dem Bau von Eisenbahnbrücken. 1880 war er auf dem Höhepunkt seiner Karriere in zwölf Ländern tätig und entwarf alles von Dämmen über Einkaufszentren bis hin zu Kirchen. Auch das Tragwerk der Freiheitsstatue ist eine seiner Schöpfungen. Seine großartigen Brücken wären bekannter, wäre Eiffels Ruhm nicht so fest mit dem Eiffelturm verknüpft. Das Garabit-Viadukt wird von einem parabelförmigen Bogen gestützt, der 162 m weit den Fluss Truyère überspannt. Die funktionale und auch künstlerisch ansprechende Konstruktion findet sich auch beim Fundament des Eiffelturms wieder, wenngleich dessen Bögen halbkreisförmig sind.

Eiffel konnte sich mit seinem Entwurf bei einem Wettbewerb anlässlich des 100-jährigen Jubiläums der Französischen Revolution 1889 gegen 100 Mitbewerber durchsetzen.

BAROCK BIS KLASSIZISMUS

Dieser sah einen 300 m hohen Turm aus offenem Gitterwerk vor. Die Befürchtungen, das Unterfangen sei unmöglich oder gar gefährlich, zerstreute Eiffel, der große Erfahrung mit dem Verhalten von eisernen Bögen und Gitterträgern unter dem Einfluss von z. B. Windkräften hatte. Der bald geschätzte und bewunderte Eiffelturm löste eine Revolution im Ingenieurwesen aus und Notre-Dame als Paris' bekanntestes Bauwerk ab.

BAROCK BIS KLASSIZISMUS

Der Arc de Triomphe wurde nach antiken römischen Vorbildern erbaut.

Der Arc de Triomphe in Paris

Im 19. Jahrhundert entstanden viele Nationaldenkmäler. Schon die Römer kannten diese und unterschieden drei Arten: den Triumphbogen, die Säule und die Reiterstatue. Im Mittelalter wurden jedoch nur wenige Denkmäler gebaut. Dies änderte sich erst wieder in der Renaissance. Später wurden andere Denkmäler entwickelt, wenn auch nicht immer errichtet, wie etwa das kolossale 150 m hohe Ehrenmal für Isaac Newton, das Étienne-Louis Boullée in Form einer Kugel entwarf.

Napoleon veranlasste den Bau einiger Denkmäler in Paris. 1806 wurde die Kirche La Madeleine, die in der Gestalt eines griechischen Tempels erbaut worden war, auf sein Geheiß in einen Temple à la Gloire, eine Ruhmeshalle für Soldaten, umgestaltet.

Sie wurde nur sechs Jahre später wieder umgebaut. Auf der Colonne Vendômde, der Triumphsäule, die nach dem Vorbild der römischen Trajanssäule gestaltet ist, erhebt sich eine Statue des Kaisers.

Das größte und berühmteste Denkmal ist der Arc de Triomphe, der Triumphbogen, der im Zentrum des Place Charles de Gaulle-Étoile steht. Mit ihm schuf Napoleon für die tapferen Franzosen ein Symbol, das der „Glorie der kaiserlichen Armeen" gewidmet war. Ein ehemaliger Schüler Boulées, Jean Chalgrin, begann 1806 mit dem Bau, der sich bis 1836 fortsetzen sollte, als Napoleon nur mehr eine Erinnerung war. Der gewaltige, 50 m hohe Turm befindet sich im Herzen von Paris am Ende der Champs Élysées. Er bildet einen Verkehrsknotenpunkt, von dem aus 12 Straßen abgehen.

BAROCK BIS KLASSIZISMUS

Das Washington Monument

George Washington führte die Kolonialarmee an, die den Unabhängigkeitskrieg gewann. Er wurde der erste Präsident der Vereinigten Staaten von Amerika.

Die Diskussionen über das Denkmal, das diesem Nationalhelden gesetzt werden sollte, zogen sich lange hin. George Dance, ein englischer Architekt, legte einen Entwurf vor, der einen östlich anmutenden, von zwei großen Pyramiden flankierten Tempel vorsah. Es blieb jedoch bei dem Entwurf. Das erste Denkmal der USA wurde 1815–1829 in Baltimore errichtet. Es war eine 40 m hohe, runde Säule, auf deren Spitze eine Statue stand. Sie wurde im Stil von Napoleons Triumphsäule und der Nelson Column (Säule) von Robert Mills erbaut. Mills, der für sich den Titel des ersten in Amerika geborenen Architekten in Anspruch nahm, wurde 1836 der offizielle Architekt der Regierung. Unter anderem errichtete er das Gebäude, in dem das US-Finanzministerium untergebracht wurde, sowie das Washington Monument. Anfangs plante er eine dorische Rotunde, aus der jedoch der ägyptische Obelisk entstehen sollte. Die Rotunde wurde schon bald nach Baubeginn 1848 aufgegeben, und 1855 wurden die Arbeiten eingestellt. Erst 1877 wurden sie wieder aufgenommen, und 1884 wurde der 169 m hohe Obelisk vollendet. Er verjüngt sich von 4,5 m Fundamentbreite zu einer 46 cm breiten Spitze und ist der größte Obelisk der Welt. Obwohl wesentlich extravagantere Vorschläge für das Denkmal abgelehnt worden waren, erregte selbst der schlichte Obelisk noch immer feindselige Kritik.

Der Architekt Henry van Brunt verglich ihn auf unvorteilhafte Art und Weise mit der Giralda in Sevilla. Der Bildhauer Horatio Greennough lehnte Mills' Denkmal mit der Begründung ab, der Obelisk eigne sich nur zur Erregung von Aufmerksamkeit.

Der Brauch, eine berühmte Person mit einer Säule zu ehren, geht auf das römische Kaiserreich zurück.
Die Wahl eines ägyptischen Obelisken löste in Washington Kontroversen aus.

BAROCK BIS KLASSIZISMUS

UNTEN
Die gewaltigen Stahlträger des St.-Pancras-Bahnhofes von William Henry Barlow.
GEGENÜBER
Das ehemalige Midland Grand Hotel von George Gilbert Scott mit Details der Dekoration (unten rechts).

Der St.-Pancras-Bahnhof in London

Die drei großen Bahnhöfe in Nordlondon unterschieden sich sehr in ihrer Bauweise. Bevor der Bahnhof Euston 1967 sehr zu seinem Nachteil renoviert wurde, war er im klassischen Stil erbaut und wies einen mächtigen dorischen Portikus von 23 m Höhe auf sowie eine prachtvolle romanische Haupthalle (1849). Der Bahnhof King's Cross (1851–1852) von Lewis Cubitt erscheint durch seine beiden Bögen und den schlichten, undekorierten, 34 m hohen Turm jünger, als er eigentlich ist. St. Pancras, vor dem sich das ehemalige Midland Hotel befindet, aus dem ein Bürogebäude gemacht wurde, gleicht einem mittelalterlichen Schloss. Das Bauwerk wurde 1868 im gotischen Stil erbaut, als dieser am stärksten von romantischen Elementen beeinflusst war. Damals verwahrten sich noch viele vor der bloßen Idee von gotischen, gewerblich genutzten Gebäuden.

St. Pancras gehört zu den spektakulärsten Sehenswürdigkeiten Londons und ist ein „großartiges gotisches Trugbild …, das sich selbstsicher in seine himmelstürmende Landschaft aus Türmchen fortsetzt" (David Piper). Der Glockenturm erreicht eine Höhe von 82 m. Einer der fähigsten Vertreter der hochviktorianischen Gotik, Sir George Gilbert Scott (1811–1878), gewann den Wettbewerb, obwohl sein Entwurf der teuerste war. Wie auch schon Scott selbst bemerkte, „ist das Bauwerk vielleicht zu gut für seinen Zweck".

Die Haupthalle von William Barlow (1868) hinter Scotts märchenhaft exotischer Fassade ist ein ebenso bemerkenswertes Gebäude. Das große Bogendach aus Stahl und Glas ist 210 m lang, 74 m breit und 30 m hoch und wird von Eisenstreben gestützt. 1868 war dieser Bogen der weltweit größte Einsegmentbogen. Er läuft leicht spitz zu, als ob er an die gotische Front erinnern wollte.

BAROCK BIS KLASSIZISMUS

Der extravagante, vergoldete Springbrunnen vor Schloss Linderhof. An windigen Tagen wird er abgestellt.

Schloss Linderhof

Linderhof ist die maßvollste und kleinste der architektonischen „Narreteien" von König Ludwig II. von Bayern. Es kann ebenso wie Herrenchiemsee als Tribut des Königs gesehen werden, den er seiner Idealvorstellung der Monarchie zollte, die in seinen Augen von Ludwig XIV. verkörpert wurde. Modell stand das neoklassische Petit Trianon (1762) im Park von Schloss Versailles. Schloss Linderhof wurde allerdings reicher verziert und soll dem König von all seinen Schlössern das liebste gewesen sein.

Als es zwischen 1870 und 1879 erbaut wurde, rief Schloss Linderhof mehr Geringschätzung als Bewunderung hervor. Heute werden die sorgfältig modellierten Stalaktiten in der Grotte, der merkwürdige kleine Maurische Pavillon, der Springbrunnen mit den vergoldeten Nymphen oder die verschwenderisch verzierten Räume als Kunst geschätzt. Auch die mittlere Größe des Schlosses, mit nur vier Fenstern an der Stirnseite, zeigt deutlich den Unterschied zum französischen Barock. Die makellose Rokokoausstattung ist mehr der süddeutschen Tradition zuzuschreiben. Ein weiterer Vorzug ist die Lage inmitten von Wäldern vor einer Bergkulisse. Treppenfluchten führen über terrassierte Gärten zu einer kleinen klassischen Rotunde. Die uralte Linde, die Namensgeberin des Schlosses, steht noch immer an ihrem Platz.

BAROCK BIS KLASSIZISMUS

Schloss Herrenchiemsee

Schloss Herrenchiemsee ist das größte der Fantasieschlösser von König Ludwig II., der durch den Bau seiner extravaganten Schlösser seiner Sehnsucht nach der von ihm romantisierten Vergangenheit frönte. Mit dem Bau von Schloss Herrenchiemsee, das eine originalgetreue Kopie von Versailles werden sollte, setzte er seiner Besessenheit von dem absolutistischen Herrscher Ludwig XIV., der Ludwig II. so gerne gewesen wäre, ein Denkmal. 1878 begannen die Arbeiten und schritten zügig voran, bis der König acht Jahre später als unzurechnungsfähig erklärt und seine Projekte gestoppt wurden.

Der große Spiegelsaal des Schlosses auf einer Insel im Chiemsee konkurriert in der Tat mit Versailles: Eine Armee von Bediensteten war nötig, um die Kerzen des 100 m langen Saals zu entzünden. Der König verbrachte nur 23 Nächte in seinem barocken Schlafgemach, in dem Scharen von Goldfiguren, Schnörkel, Blattwerk, Embleme und Samtbehänge die Größe des Raums verbergen.

Im Esszimmer gab es ein mechanisch betriebenes, ebenfalls kopiertes „Tischlein-deck-dich", das dem König erlaubt hätte, von Pagen ungestört zu speisen. An den wenigen Abenden, an denen er dort tatsächlich alleine speiste, war immer auch für Ludwig XIV., Madame de Maintenon und Madame de Pompadour gedeckt.

Einer der vielen großen Springbrunnen vor dem Schloss Herrenchiemsee

BAROCK BIS KLASSIZISMUS

Die Meinungen über die Basilika du Sacré-Cœur gehen auseinander – doch das Bauwerk ist eine lohnende Sehenswürdigkeit.

Die Basilika du Sacré-Cœur in Paris

Die architektonische Bewegung im Westen des 19. Jahrhunderts war an sich nicht neu; die Renaissance hatte schließlich schon Altes wieder aufleben lassen. Der Hauptunterschied bestand darin, dass die Architekten des 19. Jahrhunderts wesentlich besser über die vorangegangenen europäischen Stilrichtungen Bescheid wussten, aber auch die Fülle an Möglichkeiten, die andere Zivilisationen boten, nutzen konnten. Die Auseinandersetzungen zwischen Verfechtern der Klassik und der Gotik waren manchmal heftig, doch selbst die konservativsten Architekten neigten zu Experimenten. So weisen einige der außergewöhnlichsten Bauwerke des späten 19. Jahrhunderts eine Mischung aus verschiedenen Stilrichtungen auf. Eigentlich war auch dies nichts Neues, wie z. B. die Mischung von chinesischem und mongolischem Stil beim Brighton Pavilion von John Nash beweist.

Die Basilique du Sacré-Cœur, die Basilika vom Heiligen Herzen, sollte des Leides und des Schmerzes der Franzosen während des französisch-preußischen Krieges (1870–1871) gedenken. Privatleute ermöglichten den Bau über Spenden, und schon bald übernahm die Nationalversammlung die finanzielle Verantwortung. Die Basilika liegt hoch über Paris auf dem „butte Montmartre", dem Montmartre-Hügel, und ist von jedem Punkt der Stadt aus zu sehen. Das als neuromanisch-byzantinisch beschriebene Bauwerk musste sich herbe Kritik gefallen lassen. „Geschmacklos und bizarr" waren die Attribute, die ein Kritiker verwendete. Wenn auch nicht jeder diese Meinung teilen wird, so sind sich doch viele darüber einig, dass man Sacré-Cœur am besten aus einiger Entfernung bewundern kann, wenn der faszinierende Effekt des Travertins zum Tragen kommt.

Die Qualität, die eine Wallfahrtskirche auf jeden Fall aufweisen sollte, ein Gefühl von Spiritualität, scheint die Basilika vermissen zu lassen. Stattdessen strahlt sie eine eigentümliche Leblosigkeit aus.

Die Grundfläche mit 100 m Länge und 75 m Breite ist groß, und die ausgefallene Kuppel schwebt 83 m über dem Boden. Der rechteckige Glockenturm beherbergt die Glocke „Sayovarde", die fast 19 Tonnen auf die Waage bringt. Der Architekt Paul Abadie (1812–1884) gestaltete die Basilika nach seinem umstrittenen Entwurf für die Restauration der Kathedrale Saint Front in Périgueux. Sacré-Cœur ist reich mit Mosaiken von Luc-Olivier Merson und anderen Künstlern verziert. Der Bau begann 1876, wurde jedoch nicht vor 1918 beendet, obwohl die Basilika schon in den 1890er-Jahren genutzt wurde.

BAROCK BIS KLASSIZISMUS

RECHTS
Das Meisterwerk von Mackintosh wurde zwischen 1897 und 1909 in Etappen erbaut. Das dramatischste äußere Erscheinungsmerkmal ist die Westseite, die hier zusammen mit den großen Fenstern an der Nordseite zu sehen ist.

GEGENÜBER LINKS
Details der Bibliothek

GEGENÜBER RECHTS
Die fließenden Kurven des Nordeingangs

Die Glasgow School of Art

Der schottische Architekt und Designer Charles Rennie Mackintosh (1868–1928) war ein außergewöhnlich talentierter Mann. Eingedenk seines späteren Einflusses und Rufes erstaunt die vergleichsweise geringe Anzahl an Bauwerken. Mackintosh wird oft primär mit den Möbeln und Innenausstattungen in Zusammenhang gebracht, die er in Zusammenarbeit mit seiner Frau Margaret McDonald und deren Schwester herstellte.

Die ab 1897 erbaute Glasgow School of Art wird gemeinhin als Mackintoshs architektonisches Meisterstück angesehen. Dieses ersetzte das Gebäude, in dem schon Mackintosh selbst studiert hatte.

Ein bemerkenswertes Charakteristikum der School of Art ist die Kombination auffallend neuartiger Gestaltung mit praktischer Funktionalität. Der Mittelteil des Gebäudes ist hoch originell. Trotz des absichtlich asymmetrischen Grundrisses sind der Bauplan und die Außenansicht mit den großen, nach Norden ausgerichteten Fenstern sehr sachlich. Mackintoshs Innenbereiche waren meist gewagt, und so weist die Bibliothek so manches für eine Bibliothek untypische Merkmal auf, fand aber bei Generationen von Studenten Anklang. Ebenso typisch für den Stil von Mackintosh ist die sparsame Anwendung der jeweiligen Merkmale eines Stils.

So ist die Glasgow School of Art zwar im Geiste des Jugendstils erbaut, doch von geraden Linien und Vertikalen geprägt, die Gaudí entsetzt hätten.

BAROCK BIS KLASSIZISMUS

BAROCK BIS KLASSIZISMUS

Architektur im Wandel: Einige Baustile zeugen von mehr, andere von weniger Eigenleistung. Doch Gaudí steht für eine eigene Klasse.

Die Sagrade Familia in Barcelona

Der Vertreter schlechthin der dekorativ geschwungenen Linien des Jugendstils war der Katalane Antoní Gaudí (1852–1926). Der gläubige Katholik formulierte die alte Beobachtung neu, dass es in der Natur keine geraden Linien gäbe, indem er sagte, dass „die gerade Linie von Menschen, die geschwungene jedoch von Gott geschaffen wird". Zwar erschienen seine extravaganten, teils gar grotesk anmutenden Bauwerke einigen Betrachtern eher teuflisch als himmlisch, doch sind sie ohne Zweifel faszinierend, und ihre Originalität ist nicht zu leugnen. Im Falle der Sagrada Familia, der Sühnekirche der Heiligen Familie, spielte die Gotik eine große Rolle – bei anderen Bauwerken kamen auch maurische und klassische Elemente zum Tragen. Doch Gaudís Stil war ein persönlicher und leitete sich kaum von bereits Dagewesenem ab.

Da Gaudí sehr stolz auf seine katalanische Herkunft war, errichtete er all seine Bauwerke in Barcelona. Wäre er kein gebürtiger Barcelonier gewesen, hätten seine Mitbürger sicher weniger bereitwillig Häuser wie die Casa Batlló mit schiefen Wänden bezogen. Die Sagrada Familia war als neugotisches Bauwerk geplant, doch als Gaudí 1883 das Projekt übernahm, ergänzte er den gotischen Grundriss um Jugendstil-Elemente. Die hohen Spitzen sind konvex und kunstvoll verziert. Die Fassade gleicht der einer französischen Kirche aus dem 13. Jahrhundert, die von Pflanzen überwuchert wurde. Außer ihr wurde bis zu Gaudís Tod nur ein kleiner Teil der Kirche vollendet. Erst ca. 100 Jahre später wurden die bis heute andauernden Arbeiten fortgesetzt. Mit seiner Abwendung vom Historismus schlug Gaudí einen neuen Weg ein und bewies seine Handwerkskunst sowie sein Verständnis für Strukturen.

Kapitel 6

Der Ferne Osten

Die Chinesische Mauer

Der Himmelstempel in Peking

Der Kaiserliche Sommerpalast in Chengde

Die Verbotene Stadt

Der Kyongbokkung-Palast in Seoul

Der Potala-Palast in Lhasa

Der Horyuji-Tempel in Japan

Der Todaiji-Tempel in Nara

Die Burg Himeji in Japan

Der Byodoin-Tempel in Japan

Der Kinkakuji-Pavillon in Kyoto

Die Große Halle des Volkes in Peking

DER FERNE OSTEN

Die Chinesen fanden aufgrund ihrer geographischen Isolierung schon sehr früh zu ihren bevorzugten Gebäudeformen, die sich auch im Laufe der Jahrhunderte nur wenig verändert zu haben scheinen. Natürlich drängt sich dieser Eindruck speziell Fremden ohne Fachwissen auf, doch die Grundstrukturen ähnelten sich tatsächlich in allen Dynastien. Die Architektur wurde in China nie als Kunstform geschätzt, sondern unterlag strikten religiösen oder sozialen Konventionen. Da außer für den Bau von Pagoden nur Holz als Baumaterial verwendet wurde, haben nur wenige Bauwerke aus der Zeit vor der Ming-Dynastie (1368–1644) überdauert. Allerdings verbreitete sich der chinesische Stil in ganz Ostasien, und so gibt es chinesische Bauwerke in Japan, wie etwa die Horyuji-Pagode, die im Stil aus der Zeit des Herrschers Tang erbaut wurde.

Schon sehr früh arbeiteten die Chinesen mit der Technik von Säulen und Stürzen, wie sie auch im antiken Griechenland eingesetzt wurde. Mauern waren nie Bauelemente, und das Dach entwickelte sich zum auffälligsten Merkmal chinesischer Bauwerke. Meist waren die Dächer gedeckt und wiesen geschwungene Bögen sowie Dachsparren auf. Die Bauwerke waren, erneut mit Ausnahme der Pagoden, eingeschossig. Da keinerlei Tragwerk verwendet wurde, um Bauwerke größer gestalten zu können, musste die Anzahl der Säulen erhöht werden, was den freien Raum im Innenbereich beschränkte. Dieses Problem wurde mithilfe eines komplexen Konsolensystems umgangen, durch das die Abstände zwischen den Säulen vergrößert werden konnten. Geschnitzte Konsolen revolutionierten die chinesische Architektur und wurden gleichzeitig zu einem der wichtigsten dekorativen Elemente. Mit der Zeit wurden diese Konsolen immer komplizierter.

In der Yinghsien-Pagode wurden beispielsweise über 60 verschiedene Arten verwendet. Die bemerkenswertesten handwerklichen Fähigkeiten bewiesen dabei wohl die Japaner. Diese Bauweise bedurfte einer konstanten Bemessungseinheit, die auf der Standardbemessung der Konsole und folglich auch auf der entsprechenden Größe der Balken und Säulen sowie den Abständen zwischen diesen basierte. Dieses modulare System wurde 1103 von Li Chieh in seinem Architekturbuch beschrieben, das eigentlich, wie alle anderen chinesischen Architekturbücher auch, eher ein Handbuch für Handwerker war und kein Wort über die Ästhetik eines Bauwerks verlor.

Im Allgemeinen orientierte sich die japanische Baukunst an der chinesischen, doch Japan hatte eigene Traditionen, die noch aus der Zeit vor dem Aufkommen des Buddhismus im 5. Jahrhundert v. Chr. stammten und die auch Einfluss auf die Moderne nehmen sollten. Japanische Architektur neigt weniger als chinesische zu Größe, weist mehr naturbezogene Dekorationen auf und ehrt Traditionen. Die einfachen, natürlichen, von der Lehre des Zen inspirierten Bauwerke der frühen Moderne hatten einen sehr starken Einfluss auf die Bewegung der Moderne im Westen.

Der Einzug westlicher Einflüsse in den Fernen Osten Ende des 19. Jahrhunderts rief grundlegende Veränderungen hervor und resultierte in einem chinesisch-europäischen Kompromiss, bei dem beide Originale mehr verloren als gewannen. Schließlich führte die Internationale Moderne sowohl im Osten als auch im Westen zu einer Revolution, die jedoch in Japan nicht zur völligen Aufgabe alter Traditionen führte. Chinesische Namen werden je nach lokaler Gebräuchlichkeit im alten Wade-Giles-System, einem phonetischen Umschriftsystem, oder im Pinyin-System angegeben.

DER FERNE OSTEN

Die Chinesische Mauer

Wegen der Gesamtlänge von ca. 6400 km aller Abschnitte der Großen Chinesischen Mauer wird die Mauer oft als das größte von Menschen gefertigte Bauwerk bezeichnet. Sie erstreckt sich von Po Hai am Gelben Meer bis weit nach Zentralasien.

Als der Qin-Kaiser Shi Huangdi 221 v. Chr. China einte, existierten schon einige Teile der Mauer. Um eine einzige durchgängige Mauer zu erhalten, befahl der Kaiser die Verbindung der einzelnen Abschnitte, da die Mauer die chinesischen Siedlungen vor den räuberischen Hsiung-nu-Nomaden schützen sollte. Im Laufe der Jahrhunderte wurde die Mauer oft erneuert und in ihrem Verlauf geändert.

Der Gründer der Han-Dynastie, Han Gaozu, erweiterte die chinesische Mauer bis zum Jadetor-Pass in Gansu. Ein Großteil der heutigen Mauer entstand später im 15. und im 16. Jahrhundert zu Zeiten der Ming-Dynastie. Die Mauer besteht aus einem Komplex befestigter Anlagen. Am Xifengkou-Pass müsste ein Besucher vier Tore und drei Mauerabschnitte durchschreiten, um in die Passfestung zu gelangen. Dort kommunizierten die Wächter tagsüber mit Rauch und nachts mit Feuer von Signaltürmen aus. Die Dimensionen variieren, doch meist sind die Mauern 9 m, die Türme 12 m hoch. Die Mauer ist mit 3,75 m so breit, dass auf ihr mehrere Männer nebeneinander gehen können. Das Mauerwerk bestand vornehmlich aus Lehm und war an manchen Stellen mit Ziegeln bedeckt. Der Qin-Kaiser ließ zahllose Zwangsarbeiter Bauprojekte durchführen, die selbst die der Pharaonen übertreffen sollten. Er schuf ein Straßennetz, das schnellere Truppenbewegungen ermöglichte, eine nie fertig gestellte Röhre durch die Berge in die südliche Küstenregion und auch die Terrakotta-Armee: 7000 lebensgroße Diener und Soldaten bilden die Leibgarde des toten Kaisers.

LINKS UND NÄCHSTE SEITE
Die Große Chinesische Mauer wird fälschlicherweise als das einzige Bauwerk der Welt bezeichnet, das man aus dem Weltall erkennen kann. Dennoch ist sie das größte Bauwerk der Welt.

DER FERNE OSTEN

DER FERNE OSTEN

DER FERNE OSTEN

UNTEN
Die Halle des Erntegebets ist wohl das heiligste Bauwerk in China.

GEGENÜBER
Der Prozessionsweg

Der Himmelstempel in Peking

Die gesamte Anlage des Himmelstempels (Pinyin: Tiāntán) erstreckt sich über 280 Hektar südlich der Verbotenen Stadt in Peking. Sie veranschaulicht die chinesische Liebe für Symmetrie, die während der Ming-Dynastie (1268–1644) stark ausgelebt wurde. Die Anlage ist wie die Verbotene Stadt entlang einer Nord-Süd-Achse ausgerichtet. Die großartige Geometrie ist am besten aus der Luft zu betrachten. Von der von einem dreistufigen Dach gekrönten Halle des Erntegebets, die sich im Norden auf einer Marmorterrasse erhebt, führt ein Prozessionsweg vorbei an einem weiteren runden Gebäude, der Halle des Himmelsgewölbes, zu dem größeren Himmelsaltar im Süden.

Die Idee für die Anlage entstand 1420. Der Himmelsaltar und die Halle des Himmelsgewölbes wurden zwar erst 1530 erbaut, doch die Baukunst könnte aus der Zeit der Han-Dynastie (206 v. Chr. bis 220 n. Chr.) stammen. Ein Großteil der heutigen Anlage ist umfangreichen Restaurationen im 18. Jahrhundert zu verdanken. Jedoch hätte der Himmelstempel zu Zeiten der Ming-Dynastie nicht viel anders ausgesehen.

Die 38 m hohe Halle des Erntegebets befindet sich an der Stelle, an der der Kaiser einst Tieropfer darbrachte, und hat einen Durchmesser von 30 m. 28 massive Holzsäulen stützen sie. Vier befinden sich – die vier Jahreszeiten symbolisierend – mittig, die restlichen 24 bilden zwei konzentrische Kreise, von denen einer die Monate des Jahres, der andere die Unterteilung in Tag und Nacht darstellt. Diese Form und das intensive Gold, Weiß und Rot sowie die tiefblauen Dachziegel und der goldene Ball auf der Spitze machen das Bauwerk zu einer Schönheit.

DER FERNE OSTEN

Der Kaiserliche Sommerpalast in Chengde

Chengde, eine alte mandschurische Stadt nordöstlich von Peking unweit der Chinesischen Mauer, wurde von dem bekannten Kaiser Kangxi (1662–1722) der Qing-Dynastie wieder entdeckt. Um der Sommerhitze Pekings zu entfliehen und die Mongolenstämme im Norden zu beeindrucken, ließ er dort 1703 den Sommerpalast bauen, der eines der kunstvollsten Bauwerke kaiserlicher Architektur in China darstellt. Kaiser Kangxi hatte hier, entgegen seiner sonstigen Art, keine Kosten und Mühen gescheut und Handwerker aus allen Teilen des Kaiserreiches herbeigerufen, um Pavillons, Paläste, Tempel und Pagoden inmitten eines riesigen, von Mauern umgebenen und mit Bassins, Seen, Inseln und reich verzierten Brücken bestückten Parks entstehen zu lassen. Sein Nachfolger Qianlong (1735–1795) setzte die Arbeiten fort, und bis zum Ende des Jahrhunderts umfasste der Komplex bereits über 70 Gebäude. Im Rahmen seiner Mission von 1793 wies Lord Macartney auf die Ähnlichkeit des Parks mit dem eines englischen Landhauses hin. Die Gebäude selbst sind weitaus eleganter, als es die des mandschurischen Dorfes waren, das Kangxi zu imitieren gedachte, doch wesentlich weniger prachtvoll als die der Kaiserpaläste in Peking. Einige erscheinen düster, weisen wenig Dekor auf, und die Farben sind gedeckt. Jedoch waren Kangxis Nachfolger weniger sparsam, sodass einige Teile, wie die Halle der Aufrichtigkeit, entschieden prachtvoller ausfielen.

Die Anzahl der kunstvollen Tempel in den Gärten, die auf tibetischen Einfluss hinweisen, wurde seit dem 18. Jahrhundert reduziert. 1786 wurde zu Ehren eines Besuches des Panchen Lama ein Abbild des Potala-Palastes in Tibet errichtet.

Neben den herrlichen Bauwerken von Kangxi sind in Chengde auch viele Wirtschafts-Gebäude zu sehen.

DER FERNE OSTEN

UNTEN
Das „Mittagstor" (Wumen), vor dem der Kaiser stand, um seine Armeen auf dem davor liegenden Platz zu inspizieren

GEGENÜBER
Details der Bronzelöwen, die das „Tor der Höchsten Harmonie" bewachen

Die Verbotene Stadt

Die kaiserlichen Paläste in der Verbotenen Stadt (der Zugang war allen Fremden und dem einfachen Volk verwehrt) wurden von den Kaisern der Ming-Dynastie Anfang des 17. Jahrhunderts erbaut. Die Qing-Kaiser restaurierten diese im 18. Jahrhundert originalgetreu, womit die Bauwerke selbst sowie die symmetrische Struktur der Stadt, die als Basis eine Nord-Süd-Achse hatte, erhalten blieben. Das Aufgebot an gigantischen Toren, an Terrassen, Hallen, Torbögen und Höfen, die aus Ziegeln, Marmor und Holz erbaut worden waren, stellt auf beispiellose Art und Weise die kaiserliche Pracht dar. Heute ist die Anlage ein Museum.

Den Haupteingang bildet das „Mittagstor", das früher allein dem Kaiser vorbehalten war und das als Podium für dessen Bekanntgaben diente.

Dahinter liegt ein riesiger Innenhof, der von einem Bach durchkreuzt wird, der mithilfe von fünf Marmorbrücken überquert werden kann. Über das „Tor der Höchsten Harmonie", das von einer Reihe von Bronzelöwen gebieterisch bewacht und von Galerien und Pavillons flankiert wird, gelangt man in einen anderen, 200 m breiten Hof. Auf einer Seite befindet sich die wichtigste der drei Zeremonienhallen, die „Halle der Höchsten Harmonie", in der der Kaiser auf seinem goldenen Drachenthron saß, der sich auf einer dreistufigen Plattform erhebt und über Treppen und Rampen aus weißem Marmor erreicht wird. Das Dekor ist, wie überall in der Verbotenen Stadt, überwältigend. Dem gegenüber steht der einfache, rechteckige Grundriss mit den stützenden Säulen.

Auch in der „Halle der Mittleren Harmonie" und der „Halle der Wahrnehmung der Harmonie" wurde regiert. Weiter nördlich stößt man auf die kleineren kaiserlichen Wohnräume, die von nicht minder prächtiger Extravaganz sind. Umgeben von einer 4 km langen Mauer soll die Verbotene Stadt weit über 9000 Räume umfassen.

DER FERNE OSTEN

Ein originalgetreu rekonstruierter Tempel in den weitläufigen und wunderschönen Gärten des Kyongbokkung-Palastes

Der Kyongbokkung-Palast in Seoul

Kriege und Invasionen, die die Halbinsel Korea jahrhundertelang verwüsteten, zerstörten fast alle historischen Bauwerke. Die koreanische Architektur war eine Mischung aus chinesischen, japanischen und einheimischen Traditionen, stützte sich jedoch auf schlichte Natürlichkeit, der ausschweifende Dekoration fehlte. Ab 1392 beherrschte die Joseon-Dynastie, auch nach ihrem Gründer Yi-Dynastie genannt, Korea und einte das Land. Erst 1910, mit der japanischen Annektierung, wurde diese Einheit zu Fall gebracht. Nach der Einführung des Konfuzianismus als eine Art Staatsreligion kam eine Zeit künstlerischer Erneuerung auf.

Der Kyongbokkung-Palast, der älteste der fünf Paläste in Seoul, wurde ab 1395 als Regierungssitz und kaiserliche Residenz erbaut. In den schönen Gärten des Palastes am Nordende der breiten Sejong-Allee sammeln sich graziöse Pavillons und andere Bauwerke, die kunstvoll das Wissen um die Schönheit der Natur erkennen lassen. Während der japanischen Invasion 1592 brannte der Palast ab, und die Königsfamilie kehrte erst 1897 in den restaurierten Palast zurück. 1910 wurde sie jedoch im Zuge der Annexion vertrieben. Die japanischen Besatzer versuchten die koreanische Kultur zu verdrängen und zerstörten fast alle der ca. 200 Bauwerke des Palastes. Im Zuge einer groß angelegten Restauration (1995–ca. 2020) rissen die Koreaner ihrerseits ein japanisches Hauptquartier ab und arbeiten seither hart daran, die einstige Pracht der Palastanlage wiederherzustellen.

DER FERNE OSTEN

Der Potala-Palast in Lhasa

Der Potala-Palast war die offizielle Residenz des Dalai Lama, der geistigen und politischen Autorität Tibets. Die aktuelle chinesische Regierung steht der tibetischen Kultur feindlich gegenüber und zwang den Dalai Lama ins Exil. Neben den 13 Stockwerken des Palastes wurden hässliche Betonblöcke errichtet, doch der Palast ist mit seinen weithin sichtbaren goldenen Dächern noch immer der eigentliche Herrscher über Lhasa.

Im 7. Jahrhundert wurde hier erstmals ein Palast erbaut, von dem auch noch mindestens eine kleine Kapelle im Roten Palast erhalten ist. Der 5. Dalai Lama (1617–1682) ließ diesen alten Palast im 17. Jahrhundert wunderschön umbauen. Das 118 m hohe Bauwerk wurde immer wieder restauriert, zuletzt auf Weisung der chinesischen Regierung. Die Fläche des Innenbereiches wird auf 130000 m² geschätzt. Ca. 1000 Räume bieten 200000 Kunstwerken wie Wandgemälden, Skulpturen und Gobelins sowie Schriftrollen, Büchern, Reliquien, bemalten Bannern und Heiligenbildern Platz. Unter Letzteren ist eines des elfköpfigen Avalokiteshvara, dem Bodhisattva des universellen Mitgefühls.

Im äußeren Bereich, dem Weißen Palast, befinden sich die Räumlichkeiten des Dalai Lama, die Räume der Regierung, eine Schule und die Wohnräume der Mönche.

Im inneren Bereich, dem Roten Palast, der sich im Zentrum des Weißen Palastes erhebt, befinden sich sakrale Bauwerke, einschließlich der vergoldeten Grabmale der vormaligen Dalai Lamas.

In der Großen Halle des Weißen Palastes, in der die Dalai Lamas inthronisiert wurden, sind Wandgemälde mit Szenen aus der tibetischen Geschichte und aus dem Leben der Dalai Lamas zu sehen. Die Wandgemälde im zweiten Stock des Roten Palastes sind besonders interessant, weil auf ihnen der Bau der Potala im 17. Jahrhundert zu sehen ist.

UNTEN UND NÄCHSTE SEITE
Bevor der Dalai Lama, die geistige und politische Autorität Tibets, ins Exil flüchten musste, nannte er die Potala sein Heim.

DER FERNE OSTEN

DER FERNE OSTEN

DER FERNE OSTEN

Der Horyuji-Tempel in Japan

Über Korea erreichten die chinesische Kultur und der Buddhismus im 6. Jahrhundert Japan und wurden durch die Reformen von Prinz Shokotu (572–622) etabliert. Ihm ist die Entwicklung Japans von einer traditionellen Gesellschaft in einen kaiserlichen Staat zuzuschreiben, wobei sich der Prinz an China orientierte. Ihm ist auch der Bau des buddhistischen Tempels in Nara zu verdanken. Dieser war der erste seiner Art in Japan und wurde zum Zentrum des Kultes, dessen Anhänger Prinz Shokotu mit Buddha gleichsetzten. Der Horyuji-Tempel wurde im Wesentlichen zwischen 601 und 607 erbaut. Nachdem er 670 abgebrannt war, wurde er schnell wieder aufgebaut. Nicht alles wurde bei dem Brand zerstört. Unter den vielen Schätzen des Tempels finden sich auch bronzene Buddhastatuen koreanischer Herkunft aus dem frühen 7. Jahrhundert. Die Tempelanlagen wurden 670 auf den westlichen Bezirk begrenzt, wobei die Halle der Lehren im Norden erst später errichtet wurde.

Im östlichen Bereich befindet sich der achteckige Pavillon „Halle der Visionen", der Prinz Shokotu gewidmet ist und aus dem 8. Jahrhundert stammt. Das Hauptbauwerk wird von einer offenen Galerie umgeben, die lediglich Gitter zwischen den äußeren Pfeilern aufweist. Es besteht aus zwei Gebäuden, die sich auf Plattformen erheben. Die „Goldene Halle", die während ihrer Restauration im Jahre 670 mit großen Wandgemälden verziert wurde, weist Säulen mit einer leichten Entasis auf, die einige Gelehrte indirektem westlichem Einfluss zuschreiben. Allerdings wird das Dach nicht von Kapitellen, sondern von Konsolen gestützt.

Ein weiteres herausragendes Bauwerk, dessen Abbildungen auf der ganzen Welt bekannt sind, ist die fünfstöckige Pagode (Gojunto). Als älteste erhaltene Pagode Japans ist sie zugleich ein Beispiel des Tang-Stils, von dem in China selbst kein vergleichbares Bauwerk mehr erhalten ist. Die 32 m hohe Pagode hat einen viereckigen Grundriss und weist weit hervorstehende Dachgesimse auf. Jedes Stockwerk ist etwas kleiner als das vorhergehende, was das Bauwerk stabil und ausbalanciert wirken lässt. Auf dem obersten Stockwerk befindet sich eine Spitze aus Bronzeringen, die von den Schirmsymbolen indischer Tempel abgeleitet wurde.

Eines der Bauwerke in der Tempelanlage Horyuji, das aus Zeiten des Prinzen Shokotu stammt

DER FERNE OSTEN

Der Todaiji-Tempel in Nara

Während der Nara-Zeit (710–784) wurde Nara für längere Zeit Hauptstadt Japans. Der Buddhismus etablierte sich mit kaiserlicher Unterstützung, und so wurden zahlreiche Klöster gebaut.

745 veranlasste der Kaiser Shomu nach einer Seuche die Gründung eines weiteren Klosters, dem Todaiji („Großer Östlicher Tempel"). Dort sollte eine neue mächtige Buddhafigur Platz finden, der Daibutsu (Großer Buddha), welche den Buddha Vairocana darstellt. Der Todaiji sollte der Haupttempel einer ganzen Reihe von Klöstern werden, die der gläubige Kaiser im ganzen Land bauen ließ. Mithilfe seines Volkes, das der Kaiser dazu aufgerufen hatte, „wenigstens einen Zweig" beizusteuern, wurde der gewaltige Komplex 752 fertig gestellt. Ein indischer Mönch hauchte dem Großen Buddha Leben ein, indem er mit einem an der Hand des Kaisers mittels einer Kordel befestigten Pinsel die Iris des Buddhas malte. Die Todaiji-Anlage bedeckte eine 750 m lange und 600 m breite Fläche, die zwei Pagoden und die Unterkünfte Tausender Novizen beinhaltete. 1180 wurde die Anlage durch einen Krieg zerstört.

Heute ist nur noch die Halle des Großen Buddhas erhalten. Ein Großteil des Bauwerks entstand 1709, das neue Dach 1980. Es soll das größte, rein aus Holz erbaute Bauwerk der Welt sein und ist 69 m lang und 46 m hoch.

Japanische Tempel wie der Todaiji setzten sich für gewöhnlich aus mehreren Gebäuden zusammen, die das Hauptbauwerk umgaben.

LINKS
Der Innenraum der Halle des Großen Buddhas

DER FERNE OSTEN

Die Burg Himeji, die Burg „des Weißen Reihers", wurde im 14. Jahrhundert von einem Kriegsherrn erbaut, jedoch Ende des 16. Jahrhunderts umgebaut und erheblich vergrößert.

Die Burg Himeji in Japan

Nach dem Kollaps der Zentralregierung des mittelalterlichen Japans beeilten sich alle, die die Möglichkeit dazu hatten, eigene Gebiete abzustecken und deren Verteidigung aufzubauen. Sogar Klöster verfügten über gewaltige Armeen von kampfbereiten Mönchen. Die dominierenden Kriegsherren erbauten hölzerne Burgen auf Hügeln, die bis zum Auftauchen von Gewehren und Kanonen leicht zu verteidigen waren. Nach den Bürgerkriegen im 15. und im 16. Jahrhundert, mit denen der Unfrieden unter den sich befehdenden Kriegsherren endgültig beendet und das Tokugawa-Shogunat eingesetzt wurde, baute man große Steinburgen. Für diese oftmals prachtvoll ausgestalteten, sechs- oder siebenstöckigen Handels- oder Regierungssitze wurden auf einzigartige Weise die traditionell geschwungenen, auskragenden Dachgesimse übernommen. Noch erhaltene Exemplare, die bei Europäern einen starken Eindruck hinterlassen, sind Kumamoto, Matsumoto und Himeji. Himeji, die Burg „des Weißen Reihers", wurde im 14. Jahrhundert von dem Kriegsherrn Akamatsu erbaut. Ende des 16. Jahrhunderts wurde sie u. a. von Hideyoshi umgebaut. Die auf einem kleinen Hügel befindliche Burg ist von einem Burggraben und einem Erdwall umgeben. Den unteren Bereich schützt eine Mauer, weswegen nur fünf der sieben Stockwerke von außen zu sehen sind. Die Burg wirkt unbezwingbar und strahlt mit ihren weißen Mauern und den grau-grünen Dächern eine bemerkenswerte Eleganz aus.

DER FERNE OSTEN

Der Byodoin-Tempel in Japan

Die Europäer waren speziell von der japanischen Gartengestaltungskunst beeindruckt. Die Ästhetik der Landschaftsgärten, wie sie in den mittelalterlichen buddhistischen Zen-Tempeln in Kyoto vorkamen, sowie die berühmten Steingärten, die für gewöhnlich aus geharktem Sand mit strategisch platzierten Steinen bestanden, faszinierten sie. Auch der Amitabha-Buddhismus (Amitabha war der Buddha des Unermesslichen Lichtglanzes), der in Indien entstand und sich später im 5. Jahrhundert in China und ab dem 11. Jahrhundert in Japan ausbreitete, beeinflusste die japanische Kultur. Diese Art des Buddhismus weist Parallelen zum Christentum auf, wie etwa die Betonung der Erleuchtung oder Erlösung durch das Eingreifen des mitfühlenden Buddhas und dass das Paradies oder das Reine Land nur durch Glauben und Hingabe erreicht werden könnte.

Der Byodoin-Tempel in Uji, einige Kilometer südlich von Kyoto, stellt die irdische Version des Reinen Landes dar. Das Hauptbauwerk ist die auf einer Insel gelegene Phoenix-Halle, die eines der elegantesten Bauwerke Japans überhaupt ist. Sie ist das einzige noch erhaltene Bauwerk des 1053 entstandenen Tempels und wurde nach den beiden Vögeln aus Goldbronze auf ihrem Dach benannt. Über den Lilienteich hinweg betrachtet, erinnert das Bauwerk selbst an einen Vogel. Die Fassade ist fast 49 m lang. Im Inneren befindet sich eine vergoldete Holzfigur von Amitabha von Jocho, dem berühmtesten Bildhauer der Heian-Zeit (784–1185), der eine vielseitige Technik entwickelte, um einzelne Holzblöcke zusammenfügen zu können.

Die auskragenden Dächer der Amida- oder Phoenix-Halle in Byodoin

DER FERNE OSTEN

GEGENÜBER
Der verträumte Goldene Pavillon spiegelt sich im Wasser.

RECHTS
Die ruhigen Gärten

Der Kinkakuji-Pavillon in Kyoto

1492 segelten Kolumbus und seine Männer auf der Suche nach den sagenumwobenen Ländern Cathay (China) und Cipangu (Japan) von Europa aus nach Westen. Angeblich, so hatten sie gehört, seien dort selbst die Dächer aus Gold gemacht. Vermutlich war der Kinkakuji, der Goldene Pavillon, Anlass für diese Gerüchte.

Wie die ältere Phoenix-Halle in Uji erhebt sich der elegante Goldene Pavillon-Tempel inmitten eines Sees und ist von wunderschönen Gärten umgeben. Zen-Gärten sowie die Wassergärten der Heian-Zeit bieten einige sorgsam geplante Ausblicke auf den glänzenden Pavillon. Deren Planung wird dem Mönch Muso Soseki (1275–1351) zugeschrieben. Der Pavillon wurde 1397 ursprünglich als Teil einer Tempelanlage errichtet, die Shogun Ashikaga Yoshimitsu als Altersresidenz diente. Nach dessen Tod wurde der Pavillon zu einem Zen-Tempel. Dessen Erscheinungsbild ist hell, graziös, und der Anblick bereitet Freude. Über 550 Jahre widerstand das Bauwerk allerlei Bedrohungen und wurde dann doch 1959 niedergebrannt. Bald darauf wurde es neu aufgebaut und auch vergoldet.

DER FERNE OSTEN

DER FERNE OSTEN

Die Große Halle des Volkes versteht es erstaunlich gut, die gegensätzlichen Forderungen der Traditionen zu erfüllen.

Die Große Halle des Volkes in Peking

In der zweiten Hälfte des 19. Jahrhunderts drohten ausländische, speziell westliche Einflüsse China kulturell, wirtschaftlich und politisch zu überschwemmen. Die Bauwerke der Ausländer hatten ihren eigenen Stil und waren selten schön. Da chinesische Imitationen noch grauenvoller waren, entwickelte sich eine Mischform, die so genannte Chinesische Renaissance. Progressive reformbewusste Chinesen erkannten die Notwendigkeit, traditionelle Gebäude an moderne Bedürfnisse anpassen zu müssen und damit auch an westliche Standards. Doch waren die Bauwerke, die so entstanden, „westliche Gebäude mit chinesischen Dächern".

Nach dem Sieg der Kommunisten 1949 machte sich der Einfluss der russischen Kultur stark bemerkbar, was aber auch keine Verbesserung darstellte. Die Alternative lag in einer langsamen und vorsichtigen Annäherung an die Internationale Moderne. Am einprägsamsten ist die so entstandene Große Halle des Volkes (1959), die sich gigantisch auf der Südwestseite des Tian'anmen-Platzes in Peking erhebt. Das 335 m breite Bauwerk, das 10000 Leuten Platz bietet, ist ein beeindruckendes Symbol der Kommunistischen Republik. In klassisch anmutender Ordnung überraschen graue Marmorsäulen auf roten Sockeln, ein goldenes Gesims, das am Flachdach entlangführt, sowie das Rosa und das warme Gelb der Wände. Die 562 m² große Haupthalle, bei der Mauern und Decke gewölbt sind, ist eine Seltenheit. Der neue Trend in den rasant wachsenden Städten Chinas fördert entgegen der Tradition große, vertikale Gebäude.

Der Große Stupa in Sanchi

Die Ajanta-Höhlen in Indien

Der Kailasanath-Tempel in Ellora

Der Tempelbezirk von Mahabalipuram

Die Tempel von Bhubaneswar

Der Sonnentempel in Konarak

Die Tempel in Khajuraho

Die Jami Masjid-Moschee bei Fatehpur Sikri

Das Humayun-Mausoleum in Delhi

Der Stadtpalast von Udaipur

Das Grabmal Gol Gumbaz in Indien

Der Goldene Tempel in Amritsar

Das Rote Fort in Delhi

Das Taj Mahal

Die Angkor Wat-Tempelanlage in Kambodscha

SÜDASIEN

Die Architektur auf dem indischen Subkontinent ist in mehrerlei Hinsicht einzigartig. Trotz Jahrhunderte währender Konflikte und Umbrüche ist eine bemerkenswerte architektonische Kontinuität vorhanden. Drei Perioden werden grob unterschieden. Die erste ist die der „einheimischen" Tradition, die manchmal als „Hindu" bezeichnet wird, was streng genommen ebenso anachronistisch wie unpräzise ist, wenngleich damit die meisten der noch erhaltenen, großartigen Bauwerke beschrieben werden. Vor über 2000 Jahren entstand diese Form der Baukunst, die sich über den Subkontinent hinaus nach Indonesien und Südostasien verbreitete und sich bis ins 12. Jahrhundert (in einigen Regionen noch länger) bewährte.

Die zweite Periode ist die des Islam, der im Norden Indiens dominierend war und sich unter den Moguln in ganz Indien etablierte. Zu dieser Zeit entstanden die vielleicht schönsten Bauwerke der Welt. Nach dem Zusammenbruch des Mogulnreiches im 19. Jahrhundert wurden die Briten zur herrschenden Macht auf dem Subkontinent. Die Europäer behielten in ihren Kolonien im Allgemeinen den Architekturstil ihres Landes bei, und die Briten waren keine Ausnahme. Doch viele britische Architekten bemühten sich mehr oder minder erfolgreich, indische Traditionen in ihre Bauwerke einfließen zu lassen. Als Indien und Pakistan 1947 unabhängig wurden, strebten sie die Schaffung einer neuen Identität an. Diese unterlag dem allgegenwärtigen Einfluss der Internationalen Moderne.

Die allerersten Bauwerke in Indien waren aus Holz und wurden restlos zer-

stört. Die ältesten erhaltenen Bauwerke sind buddhistische Stupas, die – wie auch später erbaute Hindutempel – nicht länger aus Holz gefertigt wurden. Erste Steintempel wurden in den Fels geschlagen, wie beispielsweise in Ellora und Mamallapuram. Die ersten aus Steinblöcken erbauten Tempel traten im 7. Jahrhundert auf. Die Bauweisen entwickelten sich unablässig fort, doch wurde weiterhin viel Holz verwendet. Daher könnte man eher von Skulpturenkunst als von Architektur sprechen. Hinduistischen Architekten war es erst gegen Ende dieser Periode möglich, große Innenräume zu schaffen.

Durch Angriffe der letztendlich siegreichen Muslime aus dem Nordwesten wurden in ganz Nordindien Hindutempel zerstört. Einige Gebiete, wie etwa Orissa, blieben verschont. Doch die muslimischen Herrscher, deren architektonische Traditionen aus Persien und Zentralasien stammten, beschäftigten Hindus beim Bau ihrer Bauwerke und übernahmen deren Architektur. Der indo-islamische Stil existierte schon lange vor der Eroberung Indiens durch die Moguln, erreichte seine Blütezeit jedoch unter Shah Jahan (1628–1658), dem Erbauer des Taj Mahal.

Die Briten führten den merkwürdigen so genannten indo-sarazenischen Stil ein, der allerdings so schöne Gebäude wie das Viceroy's House in Neu Delhi hervorbrachte. Viele der Länder, die nach einem neuen nationalen Stil suchten, neigten dazu, Stararchitekten aus dem Westen, wie etwa Le Corbusier und Louis Kahn, zu engagieren.

SÜDASIEN

Der Große Stupa in Sanchi

Die Tempelanlagen in Sanchi bilden die wichtigste buddhistische Stätte in Indien. In ihnen ist ein Stück buddhistischer Geschichte eingefangen, und sie sind wie ein Museum, das die Entwicklung der baulichen und bildhauerischen Techniken samt des Übergangs von Holz zu Stein zeigt.

Der Stupa an und für sich ist kein Bauwerk von großer architektonischer Besonderheit. Der Große Stupa in Sanchi ist auch nicht der beeindruckendste, obwohl er mit 37 m Durchmesser und 16 m Höhe einer der größten in Indien ist. Er entstand zur Zeit des weisen Maurya-Herrschers Asoka (273–232 v. Chr.), der den Buddhismus übernahm, einschließlich dessen egalitären Grundansatz.

Der buddhistische Stupa entwickelte sich aus den Grabhügeln früherer Zeiten und beherbergte buddhistische Reliquien, wurde aber schließlich selbst zum Gegenstand der Verehrung. Anfangs wurde kein Wert auf die äußere Form gelegt. Ein mit Ziegeln bedeckter Erd- und Steinhügel, der lediglich den Reliquien Platz bot und Nischen für Lampen, sowie eine runde Balustrade aufwies, war nach der Verbreitung des Buddhismus nicht mehr genug. So wurde der Große Stupa 200 v. Chr. enorm vergrößert. Holz wurde durch Stein ersetzt, und ca. 50 v. Chr. gipfelte die Veränderung in der Anfügung der vier prachtvollen Toranas (Tore).

1818 entdeckte ein britischer Offizier das 600 Jahre lang vergessene Sanchi wieder. Grabräuber und Hobbyarchäologen hatten es heimgesucht, bevor die britische Regierung sich seiner annahm.

Der Große Stupa in Sanchi ist das berühmteste buddhistische Denkmal in Indien.

SÜDASIEN

Die Ajanta-Höhlen in Indien

Ein Jahr nach der Wiederentdeckung von Sanchi stolperte eine britische Jagdgesellschaft über die buddhistischen Stätten in Ajanta, 370 km nordöstlich von Bombay.

In dichten Wäldern versteckt und von Geröllschutt überdeckt, waren sie jahrhundertelang unbehelligt geblieben. 29 Höhlen wurden zwischen 200 v. Chr. und 800 n. Chr. in Form eines Hufeisens an einem Hang in einer Schlucht in die Felsen getrieben.

Streng genommen stellen sie eher Kunstwerke der Bildhauerei als der Architektur dar, doch sie sind von großem architektonischem Interesse, da längst verschwundene, frei stehende Holzhäuser Modell standen. Die zehnte Höhle ist eine der ältesten (100 v. Chr.) und misst 30 x 12,5 m mit einer Höhe von 11 m. Die Fertigstellung des Daches erfolgte zuerst, sodass für den weiteren Bau kein Gerüst nötig war. Da sie über eine so lange Zeitspanne hinweg erbaut wurden, kann man regelrecht mitverfolgen, wie die Methoden der Erbauer voranschritten. Die Fassade der 19. Höhle aus der Gupta-Zeit weist zwar auch die übliche fast runde Öffnung auf, doch sie war vermutlich eine Neuschöpfung. Die größte Pracht verleihen den Höhlen die Malereien, die neben dem Leben des Buddhas das Leben und die Kultur der Bewohner zeigen. Einige, wie das Bildnis des berühmten Bodhisattva Padmapani in der ersten Höhle, sind von unübertrefflicher Qualität, was in Anbetracht der Arbeitsbedingungen außergewöhnlich ist.

GEGENÜBER
Blick über die heiligen Höhlenstätten in Ajunta in den Felsen über dem Waghora-Fluss

LINKS
Eine der Gupta-Fassaden. Die runde Öffnung dient als Lichtquelle.

SÜDASIEN

Der Kailasanath-Tempel in Ellora

Die ersten in Fels gehauenen Tempel in Ellora entstanden nur etwas früher als die im nahen Ajunta. Doch die Arbeiten wurden unterbrochen und erst wieder aufgenommen, als schon die ersten frei stehenden Steintempel in Indien errichtet wurden. 34 Höhlen gibt es in Ellora: Von Süden nach Norden sind 12 davon buddhistisch, 17 hinduistisch und 5 jainistisch. Diese dürften auch chronologisch in derselben Reihenfolge entstanden sein. Einige der Arbeiten von Buddhisten und Hindus fanden auch gleichzeitig statt, und die Hindus übernahmen sogar andere Stätten. Die hinduistische, fünfzehnte Höhle war ursprünglich wahrscheinlich ein buddhistisches Kloster. Die buddhistische zwölfte Höhle Tin Thal (dreigeschossig) mit ihrer reichen Skulpturenpracht ist sehr beeindruckend, doch die Höhlen sind insgesamt nicht so eindrucksvoll wie die in Ajanta.

Herausragend in Ellora ist der Kailasanath-Tempel, der zwar auch aus Fels gehauen ist, sich aber unter freiem Himmel befindet. Durch die Ausschachtung breiter Gräben am Gipfel des Felsens konnte schließlich ein gewaltiger Steinblock von 60 x 45 x 30 m herausgearbeitet werden. Von oben nach unten wurden nach und nach die Gebäude in den Fels gehauen. So entstand der Tempel, der eigentlich eine riesige Skulptur in Form eines Bauwerks ist und der als das beeindruckendste Kunstwerk Indiens bezeichnet wird. Er stammt aus dem späten 8. Jahrhundert, aber die Arbeiten müssen sich weit darüber hinaus fortgesetzt haben. Der Name des Tempels bedeutet „Herr über (den Berg) Kailasa" und soll den heiligen Berg hinter dem Himalaja symbolisieren, die Heimstätte Shivas. Wie so oft, wird Shiva selbst im Sanktum in der Form eines Lingam, eines Phallussymbols, gezeigt.

Der kunstvolle und fantastische Tempel verkündet das Wiederaufleben des Hinduismus und ist nicht zuletzt ein Symbol des Sieges über den Buddhismus. Aufgrund seiner Lage in den Felsen ist es schwierig, seine Pracht in Gänze auf Fotografien zu bannen.

Details des Kailasanath-Tempels

Einige der in Felsen gehauenen Tempel in Ellora

SÜDASIEN

Beispiele der aus den Felsen gehauenen Tempel von Mahabalipuram, einer der wichtigsten Stätten indischer Kunst

Der Tempelbezirk von Mahabalipuram

Mahabalipuram, an der Küste des Golfs von Bengalen südlich von Madras (Chennai), wurde im 7. Jahrhundert von den Herrschern des Pavalla-Geschlechts als wichtige Hafenstadt gegründet. Außer für Händler war und ist die Stadt auch ein Ziel für Pilger. Von dem alten Hafen sind nur noch die prachtvollen aus Felsen gehauenen Tempel im Stil der Pavalla erhalten, der in ganz Indien, in Kambodscha und Java Einfluss nahm. Der Großteil der Tempel wurde aus vom Meer geformten Felsblöcken gefertigt. Für Historiker liefern sie den Beweis dafür, dass hinduistische Tempel von buddhistischer Architektur beeinflusst waren.

Die Anlage besteht aus 10 offenen Hallen und acht monolithischen Tempeln, deren Form einem Ratha, einem Streitwagen, gleicht. Fünf der Rathas sind nach Pandava-Helden aus dem indischen Mahabharata-Epos benannt. Besonders interessant sind der Arjuna Ratha mit seinem sonderbaren Turm und der rechteckige Bhima Rhata, der von einem Tonnengewölbe überwölbt und einer buddhistischen Chaitya-Halle nachempfunden ist. Die offenen Hallen sind eher klein und nicht tiefer als 7,5 m. Sie gleichen offenen Galerien, in denen Pilger im kühlen Schatten Gottesstatuen und mythologische Szenen betrachten können.

Das große Flachrelief von Mahabalipuram ist in die Oberfläche zweier angrenzender Felsen gehauen und zählt zu den berühmtesten der Welt. Der Shore-Tempel wurde um 800 erbaut. Mit seinen viereckigen Türmen, die sich ähnlich einer Zikkurat nach oben verjüngen, ist er ein altes Beispiel des typischen südindischen Tempelturms (Vimana).

SÜDASIEN

OBEN
*Der Muktesvara-Tempel
neben dem Heiligen Teich*

GEGENÜBER
Der Lingaraja-Tempel

Die Tempel von Bhubaneswar

Bhubaneswar, die große „Stadt der Tempel" zu Ehren Shivas im ostindischen Orissa, repräsentiert den mittelalterlichen nordindischen Stil.

Von ehemals Tausenden von Tempeln sind noch einige Hundert erhalten, die eine architektonische Zeitreise vom späten 7. Jahrhundert bis ins 12. Jahrhundert bieten. Der älteste Tempel ist der vergleichsweise kleine, nur 15 m lange Parasuramesvara-Tempel mit einem 13 m hohen Turm. Seine aufwändigen Kleinskulpturen lenken von der massiven Felskonstruktion ab. Etwas später und auf andere Art erbaut als die übrigen Tempel ist der noch kleinere Vaital Deul, für den offensichtlich eine buddhistische Chaitya-Halle Modell stand. Ein beängstigendes Bild der achtarmigen Durga, die umgeben von menschlichen Schädeln auf einer Leiche sitzt, weist auf tantrische Einflüsse hin. Der nur 14 m lange Muktesvara-Tempel aus dem 10. Jahrhundert veranschaulicht die Künste des Orissa-Stils.

Er grenzt an den zugehörigen Heiligen Teich an und weist ein einzigartiges Tor auf. Der Vorbau kauerte sich bislang flach vor den eigentlichen Tempel, wurde nun allerdings mit einem pyramidenähnlichen Dach versehen. Nicht nur das Innere, sondern speziell der Außenbereich dieses Juwels von einem Tempel ist über und über mit Skulpturen verziert.

Beim größten der Tempel, dem Lingaraja-Tempel (um 1000), wurde hingegen die Architektur betont. Der Turm über dem Sanktum, der Sri Madir, ist 54 m hoch. Im Sanktum ist Shiva in Form eines mächtigen Lingam dargestellt. Der Tempel besteht neben dem Turm und der Vorhalle aus der ca. 100 Jahre später erbauten Tanz- und der Opferhalle. Eine Mauer umgibt das 22500 m² große Gebiet.

SÜDASIEN

SÜDASIEN

Der Sonnentempel in Konarak

Der große Surya Deul, der Sonnentempel, der inmitten von Sanddünen auf seiner Plattform am Golf von Bengalen in Konarak steht, repräsentiert den Höhepunkt des Orissa-Stils und ist einer der größten Kunstschätze Indiens. Nicht die erotischen Figuren des Tempels, sondern europäische Segler, die den Tempel als Landmarke verwendeten, gaben ihm den Namen „Black Pagoda" (Schwarze Pagode).

Der Tempel ist in der Form des Triumphwagens des Sonnengottes erbaut und hat 12 Paare gigantischer Räder an jeder Seite der Plattform, die von sieben höchst realistisch gestalteten Pferden in Bewegung gehalten werden.

Erst Anfang des 20. Jahrhunderts wurde der Sonnentempel der Versandung entrissen. So ist vieles zerstört, wie z. B. der großartige Turm über dem Sanktum (Deul), wobei bezweifelt wird, ob dieser je vollendet wurde. Der am besten erhaltene Teil ist die Vorhalle (Jagamohana), deren auffallendes, pyramidenähnliches Dach mit der für den Orissa-Stil typischen, abgeflachten Kugel noch vorhanden ist. Des Weiteren existiert noch die separate Tanzhalle, deren Dach jedoch fehlt.

Der im 13. Jahrhundert erbaute Tempel soll 1200 Maurer und Steinmetze 16 Jahre lang beschäftigt und das 12fache der jährlichen Staatseinkünfte verschlungen haben. Der Großteil des Tempels ist aus hellem, weichem Stein erbaut, doch die Türen und die bedeutendsten Figuren sind aus hartem grünlichem Chlorit, was auf Bronze als ursprüngliches Material hinweist. Es wurde kein Mörtel verwendet, und die Steine wurden über Rampen an ihren Bestimmungsort gezogen. Zur zusätzlichen Verstärkung benutzten die Erbauer Eisenträger, die außerhalb Orissas unbekannt waren.

Praktisch jeder Zentimeter des monumentalen Bauwerks ist mit exquisiten und höchst individuellen Skulpturen bedeckt. Eine Sockelleiste zieht sich um das Fundament des Tempels. Sie zeigt 1700 unterschiedliche Elefanten.

Europäische Segler nannten den Sonnentempel Black Pagoda, um ihn von einer anderen Landmarke an der Küste, der White Pagoda, zu unterscheiden.

SÜDASIEN

Die Tempel in Khajuraho

Die Tempel in Khajuraho im indischen Bundesstaat Madyha Pradesh wurden von den Herrschern des Chandela-Klans aus Rajputs 900–1000 gegründet. Die Abgelegenheit der Stätte bewirkte, dass sie erst 1838 von einem britischen Offizier entdeckt wurde. Die Tempel, die interessanterweise sowohl Vishnu als auch Shiva geweiht sind, unterscheiden sich aufgrund der kurzen Bauzeit von nur 100 Jahren nicht sehr voneinander. Einige ehren sogar jainistische Heilige, was auf religiöse Toleranz hindeutet.

25 der ursprünglich 85 Tempel sind noch relativ gut erhalten. Der Stil, der auch in Bhubaneswar angewendet wurde, ist hier noch ausgefeilter repräsentiert. Trotz der einfachen Techniken sind die Tempel sehr hoch entwickelte Bauwerke. Innovativ waren die Plattformen, auf denen die Tempel stehen, und die Zusammenführung der vier einzelnen Basisteile in ein einziges Bauwerk. Über jedem Tempel strebt eine ganze Reihe von Türmen über dem Sanktum nach oben. Das kunstvollste Exemplar ist der prachtvolle Kandariya Mahadeva, der mit 35 m Höhe der größte Tempel ist. 84 kleinere Türme schmücken ihn. Alle Türme sind abgerundet, und die Fenster sind zurückgesetzt, was einen eindrucksvollen Effekt von Licht und Schatten erzeugt. Die Hochreliefs, die Menschen oder Gottheiten zeigen, sind äußerst kunstvoll. Auch der Innenraum ist reich mit Skulpturen verziert, die eine freundliche Atmosphäre erzeugen und somit einen starken Kontrast zu einer mittelalterlichen, christlichen Kirche mit Dämonen und Szenen aus der Hölle bilden. Die erotischen Figuren lassen nie vergessen, dass man göttliche Wesen betrachtet. Wie ein Stukkateur einmal anmerkte, „konnten die Männer, die diese Statuen schufen, kaum noch von anderen lernen".

Einer der vielen prächtigen Tempel in Khajuraho

SÜDASIEN

RECHTS
Detail des kunstvollen, floralen Dekors im Hauptsanktum

GEGENÜBER
Blick über die Jama-Masjid-Anlage. Rechts ist das Grabmal Salim Chishtis zu sehen.

Die Jami-Masjid-Moschee bei Fatehpur Sikri

Einst ließ sich der Großmogul Akbar von Salim Chishti aus Sorge über das Ausbleiben eines Erben weissagen. Der Weise prophezeite die Geburt eines Sohnes in Sikri, 40 km südwestlich von Agra. 1569 wurde Akbar ein Sohn geboren, woraufhin er erklärte, Sikri aus Dank zu seiner Hauptstadt zu machen. Den Beinamen Fatehpur (Sieg) gab er der Stadt, nachdem er die Stadt Gujarat eingenommen hatte. In nur zehn Jahren schuf eine riesige Armee von Arbeitern zwar keine Stadt, aber eine spektakuläre Palastanlage.

Die bedeutendsten Bauwerke sind die des königlichen Palastes und die Große Moschee, oder Jama Masjid. Der Diwan-i-Khas, die private Audienzhalle, in der Akbar den Debatten von Anhängern verschiedener Religionen beiwohnte, ist historisch gesehen am interessantesten. Auch das Dekor weist auf die Aufgeschlossenheit Akbars hin: Lotus, Chhatris und der Lebensbaum sind die Motive. Auch die Buland Darwarza, das prachtvolle 54 m hohe Eingangsportal der Jama Masjid, das wie ein Oktogon aussieht, ist mit hinduistischen Elementen verziert. Die Moschee könnte als Abbild der großen Moschee in Mekka gedacht gewesen sein, doch auch sie weist hinduistische Motive sowie kunstvolle und farbenprächtige, wenn auch verblasste, florale Dekorationen jeglicher Art auf. Zu den Bauwerken des Komplexes zählt auch das Grab von Scheich Salim Chishti. Das flache Bauwerk aus weißem Marmor strahlt einen solch ungezwungenen Charme aus, dass man fast erwartet, dort Eis kaufen zu können. Alles in allem war und ist Fatehpur Sikri ein herrliches Denkmal der Vermischung von persischen und indischen Elementen, die den Stil der Moguln charakterisierte. Es wurde nie wirklich benutzt, da es schon 1585 aufgegeben wurde.

SÜDASIEN

SÜDASIEN

Die Merkmale des Mogulstils sind beim Humayun-Mausoleum, das hier über die Zeremoniengärten hinweg zu sehen ist, bereits ausgereift angewendet.

Das Humayun-Mausoleum in Delhi

Nach Babur, der 1530 starb, wurde Humayun der zweite Mogulherrscher, der sich jedoch nicht lange an der Macht halten konnte und von Rivalen vertrieben wurde. Er suchte in Persien bei den Safawiden Zuflucht und entdeckte dort seine Begeisterung für persische Kultur und Kunst. Mit persischer Hilfe stellte er seine Macht wieder her, konnte Delhi allerdings erst 1555, ein Jahr vor seinem Tod, zurückgewinnen.

Obwohl die ersten Moscheen vor 1200 in Indien errichtet wurden, hätten die künstlerischen und die architektonischen Traditionen der islamischen Länder und die Indiens kaum unterschiedlicher sein können. Beispielsweise waren der Spitzbogen und die Kuppel sowie die Verwendung von Beton in Indien unbekannt. Hinduistische Handwerker übernehmen die islamischen Traditionen erfolgreich, ließen jedoch auch hinduistische Ornamentierungen einfließen. Das Humayun-Mausoleum ist ein sehr früh entstandenes, prachtvolles Beispiel dieser Mischung aus persischen und indischen Traditionen, die den so genannten Mogulstil ausmacht.

Wie viele Mausoleen ist das Bauwerk von hübschen Wassergärten umgeben, die das Paradies symbolisieren. Das Humayun-Mausoleum, das man über zwei mächtige Torwege erreicht, ist eines der kunstvollsten Grabmäler, die je erbaut wurden. Es besteht aus rotem Sandstein, der von weißen Marmorlinien durchzogen wird.

Der große Komplex hat einen oktogonalen Grundriss, über dem sich die Kuppel als erste Doppelkuppel Indiens 38 m hoch erhebt. Schöne Einlegearbeiten und marmorne Gitter (Jalis) schmücken die vertieften Fenster, doch ansonsten ist die Dekoration des Komplexes zurückhaltend. Das Grab selbst besteht aus strahlendem Marmor und weist keinerlei Schmuck und auch keine Inschrift auf. Die Chhattris über dem zentralen Umgang sowie die beiden Sterne über den Bögen weisen auf hinduistische Baueinflüsse hin.

Humayuns Hauptfrau, Hamida Begum, die Mutter des berühmten Akbar, ließ das Mausoleum zwischen 1564 und 1573 erbauen. Um ein Auge auf die Arbeiter zu haben, bezog sie dort sogar eine Wohnung. Auch sie liegt im Humayun-Mausoleum begraben.

SÜDASIEN

Die Landansicht des Stadtpalastes. Die vielen Pavillons und Balkone waren für die Frauen des königlichen Harems bestimmt.

Der Stadtpalast von Udaipur

1567 wurde die von einer Mauer umgebene Stadt Udaipur an den Ufern des Pichola-Sees gegründet. Sie war die Hauptstadt des Fürstentums Mewar in Rajasthan. Durch anhaltende Konflikte mit Moguln wurde ein Großteil der ursprünglichen Stadt zerstört, doch im 17. Jahrhundert wurde Udaipur wieder aufgebaut, wobei die schmucklosen, mächtigen Wände auf der Seeseite des Stadtpalastes wehrhafter wirken als zuvor. Die Architektur in Udaipur spiegelt die Mischung des indischen und des islamischen Stils wider, die speziell in Rajasthan schon lange vor der Ära der Moguln entstanden war. So ist der Stadtpalast unbeeinflusst vom späteren Stil der Mogulhöfe.

Die Tradition der Wandmalerei sticht besonders in den Höfen des mächtigen Stadtpalastes hervor. Mit dem kühnen, farbenprächtigen Rajput-Stil und einem jüngeren, ausgefeilteren Stil, der schon fast Rokokocharme hat, werden Stilgrenzen verwischt. Andere Dekorationen funkeln Juwelen gleich, und tatsächlich wurden auch Halbedelsteine verarbeitet.

Ein auffallendes Merkmal ist die vielseitige Verwendung von Glas, das in Mauern, Decken und sogar Böden verarbeitet wurde. Im 19. Jahrhundert war ein Herrscher so begeistert davon, dass er eine Glasmöbelgarnitur aus Frankreich bestellte. Im 17. Jahrhundert war Udaipur der aktuellen Mode 50 Jahre hinterher, bis der letzte Mogulherrscher Aurangzeb 1679 dort einzog. Im 18. Jahrhundert wurde der Pavillon aus weißem Marmor auf dem Stadtpalast errichtet. Der berühmte Seepalast auf einer Insel, der heute ein Hotel ist, sieht aus wie ein großes, weißes Schiff, das den See entlangfährt.

SÜDASIEN

Das Grabmal Gol Gumbaz in Indien

Bijapur, im südindischen Bundesstaat Karnataka (bis 1973 Mysore), war die Hauptstadt des einflussreichen, mittelalterlichen Sultanats der Adil-Shahi-Dynastie (1489–1686).

Die Herrscher waren für religiöse Toleranz, weltoffene Kultur und für die Förderung der Künste bekannt. Sie hinterließen eine herausragende Ansammlung von islamischen Grabmälern, Moscheen und Palästen, die wohl die kunstvollsten in diesem Dekkan-Sultanat waren. Unter ihnen sind das Jama Masjid sowie das elegante Mausoleum von Ibrahim Rawza aus dem 17. Jahrhundert.

Das größte und einprägsamste Bauwerk ist das Grabmal von Mohammed Adil Shah, auch als Gol Gumbaz bekannt, was so viel heißt wie „Runde Kuppel", und das 1625–1656 erbaut wurde. Mohammed liegt dort mit seiner Familie und seinem Lieblingshoftänzer begraben. Die Kuppel ist nach der des Petersdoms die größte der Welt und überspannt ohne stützende Säulen eine Fläche von 5555 m². Sie erhebt sich über einem gewaltigen Würfel, der an allen vier Ecken oktogonale, achtgeschossige Türme aufweist. Diese werden von einer eigenen Kuppel gekrönt, die auf einer Galerie umrundet werden kann. Wenngleich das Gol Gumbaz kein außerordentlich schönes Bauwerk ist, so ist es doch eine bauliche Meisterleistung. Das immense Gewicht der Kuppel wird mittels eines Bogensystems gekonnt auf den Würfel übertragen.

Die Dekorationen sind, bedingt durch den Tod des Erbauers, unvollständig.

Das mächtige viereckige Grabmal von Mohammed Adil Shah wird von einer der größten Kuppeln der Welt gekrönt.

SÜDASIEN

RECHTS
Blick auf den Hari Mandir über den Fußweg, der zum Eingangstor führt. Der Turm links im Bild, der einem Minarett gleicht, hatte früher eine Kuppel und eine Laterne.

GEGENÜBER
Ansicht des Goldenen Tempels über den so genannten Nektarteich

Der Goldene Tempel in Amritsar

Der Goldene Tempel oder Hari Mandir ist ein Heiligenschrein der Sikhs. Er wurde Ende des 16. Jahrhunderts auf einem Stück Land errichtet, das der Großmogul Akbar den Sikhs überließ, da er deren offene Haltung gegenüber Religion teilte. So wurde der Tempel auf einer künstlichen Insel im Nektarteich (Amrit-sar) unter dem fünften Guru Arjan erbaut, der die Niederschriften der Gurus zusammentrug und in dem Werk Adi Granth Sahib vereinte. Dieses wird heute im Tempel unter einer goldenen Abdeckung verwahrt, die mit Smaragden und Diamanten besetzt ist. In den 60er-Jahren des 18. Jahrhunderts wurde der Tempel von den Afghanen zerstört, bald jedoch neu aufgebaut.

Ein weißer, marmorner Fußweg führt über den Teich zum Tempel, dessen unterer Teil ebenfalls aus weißem Marmor besteht. Der obere Bereich einschließlich der Kuppeln und Kioske ist mit Blattgold bedeckt, und es stehen Zitate aus der Granth Sahib darauf geschrieben. Das Bauwerk hat vier Eingänge, die für die vier Hindukasten und der Toleranz diesen gegenüber stehen. Die Türen sind versilbert. Ein Pavillon mit einer Kuppel krönt den Tempel. Ganz oben ist das königliche Schirm-Symbol zu sehen. Der Innenbereich ist mit Gemälden, Einlegearbeiten und großen, floralen Zeichnungen verziert, die Tiere und Menschen zeigen und vom Stil der Moguln abweichen. Die Architektur des schönen Hari Mandir ist zweitrangig gegenüber seinem wichtigen Status als religiöser Schrein.

SÜDASIEN

Das Rote Fort in Delhi

Als Shah Jahan seine neue Stadt Shahjahanabad (Alt-Delhi) errichten ließ, entstand auch das Rote Fort (Lai Qila) in Delhi. Obwohl das Bauwerk restaurierungsbedürftig ist, strahlt es Stärke und Reichtum aus. Schön, doch ohne Pomp, ist es eine bedeutende architektonische Errungenschaft.

Ein Merkmal des späten Stils der Moguln unter Shah Jahan ist der weiße Marmor, der an die Stelle des traditionellen Sandsteins trat und nicht länger reine Zierde war. Die luxuriösen Paläste der Anlage, wie der Rang Mahal (Bemalter Palast), sind aus Marmor, doch einige Gebäude bestehen auch noch aus rotem Sandstein, wie die Diwan-i-Aman (Halle der öffentlichen Empfänge). Vor der 1200 m² großen Halle führt ein Säulengang entlang, dessen Säulen mit gezackten Spitzbögen verbunden sind und die mit Pietra dura, Marmor mit Halbedelsteinen, gestaltet sind.

Die Diwan-i-Khas (Halle der privaten Empfänge) besteht ebenfalls aus Marmor und hat die gleichen Bögen, die allerdings auf viereckigen Pfeilern ruhen. Die Silberplatten der Decke wurden im 18. Jahrhundert von den Marathas heruntergerissen, und der sagenumwobene Pfauenthron wurde 1732 von Nadir Shah nach Teheran gebracht. Später wurde er zerstört, sodass heute nur noch Schriften seine Existenz bezeugen. In der Diwan-i-Khas zeigen gemalte oder eingelegte Dekorationen vornehmlich Blumen. Wer würde den Vers leugnen, der in goldenen Lettern auf Bögen verkündet: „Wenn es ein Paradies auf Erden gibt, dann ist es hier."

Schön, aber schlicht, ist die Moti Masjid, die Perlenmoschee aus weißem Marmor, die man als Privatkapelle für den gläubigen Aurangzeb, den Sohn des Shahs, baute.

GEGENÜBER
Für die Bauwerke des Roten Forts wurde der Sandstein, der zur Zeit der ersten Mogulherrscher üblich war, mit dem glitzernden Marmor vermischt, den Shah Jahan wünschte.

LINKS
Die Perlenmoschee wurde als Privatkapelle für Aurangzeb gebaut.

SÜDASIEN

Der Taj Mahal ist der Höhepunkt eines Mischstils, der einige der schönsten Bauwerke der Welt hervorbringen sollte.

Der Taj Mahal

Der Taj Mahal im indischen Agra ist der Inbegriff des Mogulstils unter Shah Jahan und wurde oft als das schönste Bauwerk der Welt bezeichnet. Nur wenige, die es im Lichte der Dämmerung gesehen haben, werden widersprechen. Allerdings war es auch eines der teuersten Bauwerke der Welt, und seine Erbauung trug zum Entschluss Aurangzebs bei, seinen Vater Shah Jahan zu stürzen. Die letzten acht Jahre seines Lebens musste dieser als Gefangener in seinem Palast in Agra fristen.

Den Taj, den Rabindranath Tagore als „eine Träne auf der Wange der Zeit" beschrieb, ließ Shah Jahan erbauen, um seiner Liebe zu seiner Frau Mumtaz Mahal Ausdruck zu verleihen. Mumtaz war bei der Geburt ihres vierzehnten Kindes 1631 gestorben.

Ihr Mausoleum ist aus leuchtend weißem Marmor erbaut, der mithilfe von 1000 Elefanten aus 300 km entfernten Steinbrüchen herbeigeschafft wurde. Tausende islamische Arbeiter benötigten 20 Jahre, um die kostbaren Materialien zu verbauen. So entstand dieses Wunder der Symmetrie, das sich auf einer 7 m hohen, quadratischen Plattform erhebt, deren Seiten 95 m lang sind. Die schlanken Minarette, die sich an jeder Ecke befinden, sind unmerklich nach außen geneigt, sodass sie im Falle eines Erdbebens vom Mausoleum weg stürzen. Die zentrale, perlenförmige Kuppel, die eigentlich eine Doppelkuppel ist, ist 57 m hoch und endet in einer Spitze aus Messing. Kalligraphische Reliefs und Pietra-dura-Arbeiten zieren die Außenwände. Aurangzeb schuf das einzige asymmetrische Element des Taj Mahal, indem er neben dem zentralen Grabmal seiner Mutter das seines Vaters anbringen ließ.

Der Taj Mahal ist, wie bei den Mogulen üblich, von prachtvollen Wassergärten umgeben.

SÜDASIEN

Die Angkor-Wat-Tempelanlage in Kambodscha

Die Verbreitung der indischen Kultur in anderen Ländern brachte zwei verblüffend große religiöse Tempelanlagen hervor: Borobudur in Java und Angkor Wat in Kambodscha. Letztere kann sich sowohl bezüglich der Schönheit als auch der Größe durchaus mit den großartigen Tempeln in Indien messen. Vielfach wird die Anlage als größter religiöser Komplex der Welt beschrieben. Sie wurde von dem hinduistischen Herrscher der Khmer, Suryavarman II., der zwischen 1113 und ca. 1150 regierte, erbaut und Vishnu geweiht. Anscheinend sollte Angkor Wat auch das Grabmal Suryavarmans werden, wo dieser in der Gestalt Vishnus in einigen Skulpturen gezeigt wird. Wie auch in Indien, symbolisiert der pyramidenförmige Tempel den heiligen Berg, die Heimat der Götter.

Ein breiter, 200 m langer Fußweg aus Stein mit gewaltigen Geländern in der Form einer Schlange führt zu dem großen, kreuzförmigen Tor der Tempelanlage. Der Hof dahinter ist durch wunderschöne Galerien in vier Teile untergliedert. Atemberaubend steile Treppen führen auf die zweite Stufe, die auch von Galerien gesäumt und auf beiden Seiten von Türmen abgeschlossen wird. Ein weiterer, steiler Aufstieg bringt den Besucher in den mit Ecktürmen versehenen Haupthof, der ebenfalls in vier Bereiche unterteilt ist. An der Stelle, an der sich die Galerien kreuzen, erhebt sich der 66 m hohe Hauptturm, in dem sich ein Schrein befindet. Obwohl der Stil der Khmer letztlich aus Indien stammt, haben ihn die Innovationen und die Baukünste der Khmer zu mehr als einer bloßen Variante gemacht. Die gebogene Form der fünf verbliebenen Türme ähnelt dem Stil in Bhubaneswar. Das grundlegende Bauprinzip basiert auf dem Balkenträger.

So müssen Säulen mächtige Kapitelle tragen, um die wuchtigen Architrave zu stützen. Dabei wurden zwar Eisendübel, jedoch kein Mörtel verwendet. Große Skulpturen, ursprünglich bemalt und vergoldet, schmücken vornehmlich Flachreliefs, die lebendige Szenarien der Hindu-Mythologie zeigen. Kurz nach dem Tod Suryavarmans wurde Angkor Wat geplündert. Erst in einen Buddhatempel verwandelt, wurde die Anlage im 16. Jahrhundert ganz aufgegeben und sollte erst Jahrhunderte später, völlig überwuchert, von Europäern wieder entdeckt werden.

LINKS
Einer der vier Eingänge von Angkor Wat, der über eine steile Treppenflucht erreicht wird

GEGENÜBER OBEN
Ein Eckturm und ein Tor vor dem ersten Hof

GEGENÜBER UNTEN
Die Silhouette der Haupttürme gegen den Abendhimmel

Kapitel 8

Islam

Die Große Moschee in Mekka

Der Felsendom in Jerusalem

Die Große Moschee in Córdoba

Die Große Moschee von Samarra

Die Sidi Oqba Moschee in Kairouan

Die Freitagsmoschee in Isfahan

Die Zitadelle von Kairo

Die Karawanserei bei Aksaray

Die Zitadelle von Aleppo

Die Alhambra in Granada

Die Grabstätte der Timuriden in Samarkand

Die Süleymaniye-Moschee in Istanbul

Der Topkapi-Palast in Istanbul

Die Masjid-i Shah in Isfahan

Die Karawanserei Han Asad Pascha in Damaskus

Die Medrese Mir-i Arab in Buxoro

ISLAM

Der folgende Teil über die islamische Architektur soll sowohl sakrale als auch weltliche islamische Bauwerke in den vielen Ländern der islamischen Welt vorstellen. Südasien bildet hierbei eine Ausnahme, da dort die kulturellen Umstände zu einer Vermischung von verschiedenen Stilen (insbesondere des Islam und des Hinduismus) führten, die ein ganz eigenes architektonisches Erbe hinterließen.

Die Besonderheiten der islamischen Architektur unterscheiden diese ganz klar von der europäischen oder christlichen Baukunst. Allgemein gesprochen sind islamische Bauwerke nach innen gerichtet, es ist also kein Interesse am äußeren Erscheinungsbild erkennbar. Doch auch hier gibt es Ausnahmen wie etwa Grabmäler und andere „monumentale" Bauwerke. Oft ist es schwierig zu erkennen, welchem Zweck ein Bauwerk dient. Ein großes Tor oder eine Kuppel könnte sowohl zu einem Palast oder einer Moschee gehören. Der Innenraum ist es, auf dem die Betonung liegt, und um ein Bauwerk kennen zu lernen, muss man es betreten.

Die Anpassungsfähigkeit islamischer Bauwerke ist erstaunlich. Eine gotische Kathedrale kann schwerlich zweckentfremdet werden, doch in der islamischen Architektur wurde der Grundplan einer Hofmoschee auch auf viele andere Bauwerke übertragen.

Oft scheint diesen Bauwerken eine Achse oder eine spezielle Ausrichtung zu fehlen; manche scheinen gar zwei Schwerpunkte zu haben, und es gibt keinen zentralen Punkt, der ins Auge stechen würde. Muster wiederholen sich ohne klaren Anfang oder Ende.

Islamische Architekten interessierten sich auch nicht für groß angelegte Bauwerke. Neue Bereiche wurden völlig ungeachtet der Größenverhältnisse an alte Gebäude angefügt, sodass bei manchen älteren Bauwerken ein regelrecht chaotischer Eindruck entsteht. Ein Beispiel hierfür ist der Tokapi-Palast in Istanbul.

Ein weiterer, wenn nicht gar der Unterschied zwischen der islamischen und anderen architektonischen Traditionen ist die Einstellung zur Struktur. Anstatt Formen und Strukturen zu betonen, wie es im Westen üblich ist, bemühen sich islamische Architekten darum, diese zu verschleiern. Der Wunsch nach leichten und ätherischen Bauwerken lässt scheinbar schwebende Kuppeln entstehen und Gewölbe und Mauern unsichtbar werden. Dies wird durch die gigantische Palette an Dekorationstechniken ermöglicht: Mosaike, Gemälde, behauener Stein, Gipsformen und vor allem glasierte Fliesen überdecken eigentliche solide Strukturen. Das Dekor ist nicht nur erstaunlich reich, zumindest in Sakralbauten, sondern auch vorwiegend abstrakt oder mit floralen Mustern versehen. Auffallend ist auch die Verwendung von kalligraphischen und geometrischen Mustern, wobei diese natürlich mehr als nur Dekoration sind. Der Symbolismus dürfte für Nicht-Muslime schwer zu verstehen sein, und ohne dieses Hintergrundwissen ist auch die Bauweise nicht vollständig verständlich. Denn gerade die Tatsache, dass islamische Architektur als Ausdruck der islamischen Kultur gilt, die sowohl in der Religion als auch in der Gesellschaft tief verwurzelt ist, macht sie so unverwechselbar.

ISLAM

Die Große Moschee in Mekka

Die Große Moschee in Mekka, oder Masjid al-Haram, ist die heiligste Stätte der Muslime. Dort befindet sich das zentrale Heiligtum des Islam, die Kaaba. Nach ihr sind die Mihrab aller Moscheen ausgerichtet, und von jedem Muslim wird erwartet, wenigstens einmal im Leben dorthin zu pilgern.

Ursprünglich war das bekannteste aller islamischen Bauwerke das Haus des Propheten Mohammed in Medina. Um einen viereckigen Hof waren an zwei Seiten Räumlichkeiten für die Frauen des Propheten angelegt. Später wurde aufgrund der Hitze ein Säulengang mit Palmen erbaut, der Schatten spenden sollte. Die ursprüngliche Minbar (Kanzel) wurde aus der Säule gemacht, an die sich Mohammed während seiner Predigten lehnte, wie es Prediger in einer Medrese bis heute tun. Eine spätere Kanzel bestand aus Zedernholz und hatte drei Stufen. Mohammed stand auf der obersten, weswegen alle Imame seither auf der zweiten Stufe stehen.

Die Moschee in Mekka mit der Kaaba war schon 630 – lange vor Mohammeds Verkündigung der göttlichen Wahrheit – ein religiöses Bauwerk. Die Umayyaden-Kalifen vergrößerten die Moschee und ließen sie mit Mosaiken verzieren.

Die Kaaba ist ein fast quadratischer Steinblock (11 x 13 x 16 m), der sich in der Mitte des Hofes befindet und der so ausgerichtet ist, dass seine Ecken in alle Himmelsrichtungen zeigen. Sie soll aus den Tagen des Propheten Ibrahim (Abraham) stammen. Auf ihrer Pilgerfahrt umgehen die Pilger die Kaaba sieben Mal.

Ansichten der Moschee in Mekka, der heiligsten Stätte des Islam

ISLAM

Der Felsendom in Jerusalem

Der Felsendom ist nach der Kaaba in Mekka und der Moschee des Propheten in Medina die heiligste Stätte des Islam. Hier hätte Ibrahim (Abraham) fast seinen Sohn Isaac geopfert. 690 bis 692 wurde auf Anordnung des Kalifen Abd al-Malik der Bau des Schreins auf dem Tempelberg in Jerusalem, von wo aus der Prophet in den Himmel aufgestiegen sein soll, durchgeführt.

Das wunderschöne Bauwerk ist weltbekannt und für die islamische Architektur untypisch, wenn nicht gar einzigartig, da sowohl der Innenbereich als auch der Außenbereich reich verziert sind. Unter anderem nahm hier die byzantinische Tradition Einfluss. Ein fast perfektes Oktogon bildet den Grundriss, nur zwei Seiten sind leicht verkürzt. So entsteht ein achteckiger, doppelter Chorumgang. Über dem runden, steinernen Tambour erhebt sich die halbkreisförmige, hölzerne Doppelkuppel, die bei ihrer Erbauung von Goldplatten bedeckt gewesen sein soll. Perfekt bemessen sind die Abstände im Innenbereich: Die Höhe vom Boden zur Auflage der Kuppel entspricht in etwa dem Durchmesser des Innenraums (ca. 50 m). Die achteckigen Chorumgänge befinden sich dabei auf halber Höhe. Der obere Teil des Oktogons und des Tambours sind mit Mosaiken in Gold und Grünblau verziert. Die Kuppel ist heute mit vergoldetem Aluminium versehen. Das Dekor des Innenbereichs überdauerte mehr oder minder intakt.

GEGENÜBER und OBEN
Das Bauwerk hat trotz seiner unruhigen Lage viele Jahrhunderte überdauert.

ISLAM

Die Mezquita (spanisch für Moschee) von Córdoba ist eines der prachtvollsten Bauwerke in der islamischen Welt und wurde 784 von Abd ar-Rahman I. gegründet. Dieser flüchtete damals nach Spanien und konnte dort mithilfe der bereits etablierten Muslime eine Dynastie mit Córdoba als Hauptstadt errichten.

Die Große Moschee in Córdoba

Als die Umayyaden 750 von den Abbasiden verdrängt wurden und das Zentrum des Islam sich von Damaskus nach Bagdad verlagerte, gelang einem Umayyadenprinzen die Flucht nach Spanien. Dort erhob er sich selbst zum Kalifen und gründete eine Dynastie mit Córdoba als Hauptstadt, die fast 300 Jahre lang (756–1031) existierte. Damals war Córdoba, wo auch Christen und Juden toleriert wurden, die reichste und am höchsten entwickelte Stadt Europas.

Die Große Moschee von Córdoba ist eines der prachtvollsten Bauwerke des Islam. Wie beim islamischen Stil üblich, grenzt an die Südseite eines großen Hofes eine Gebetshalle. Durch drei große Erweiterungen wurde die zweitgrößte islamische Moschee geschaffen. Die Qibla-Mauer, die Mauer, die Mekka am nächsten ist, und das Minarett stammen aus dem 10. Jahrhundert.

Die Doppelbögen der Arkaden sind in einem unüblichen Muster erbaut. Da bereits vorhandene römische Säulen nicht hoch genug waren, wurden darauf rechteckige Balken angebracht, um die halbkreisförmigen Bögen zu stützen, welche wiederum das Dach tragen. Die Bögen fallen durch ihr gestreiftes Muster aus roten Ziegeln und weißem Stein auf. Die zentrale Mihrab, die nach Mekka weisende Gebetsnische (965), ist fast schon ein Kunstwerk für sich. Dort zieren florale Muster und Inschriften aus dem Koran die Mosaike.

ISLAM

Die Große Moschee von Samarra

Das architektonische Erbe der Abbasiden (750–1258) wurde leider fast völlig zerstört. Nichts ist geblieben von ihrer großen Hauptstadt und auch Samarra, die Stadt, die sich 30 km entlang des Tigris erstreckte und die Ernst Grube einmal als „die wohl prachtvollste, je von Muslimen erbaute Stadt" bezeichnete, verfiel, nachdem sie im 13. Jahrhundert aufgegeben worden war. Eines der wenigen, wenn auch nur als Ruine erhaltenen Bauwerke ist die Große Moschee des Kalifen Al-Mutawakkil, der diese 847 erbauen ließ. Sie soll die größte Moschee der Welt gewesen sein, deren Größe bis heute unübertroffen ist.

Nur ein mächtiges, befestigtes Rechteck aus einer 9 m hohen Ziegelmauer, das in Intervallen von runden Bastionen unterbrochen wird und das die gesamte 239 x 156 m große Anlage umgibt, sowie das Minarett im Norden des Komplexes sind erhalten geblieben. Die Moschee ist im Stil der Umayyaden erbaut. Die Gebetshalle im Süden verfügte über die stolze Anzahl von 25 Seitenschiffen und hatte ein Flachdach aus Holz. Die Mihrab war rechteckig und mit Mosaiken ausgestaltet.

Das Minarett ist aus offensichtlichen Gründen als Al-Malawiya, also als „Spiralenturm", bezeichnet. Dieser erhebt sich 27 m hoch über einem soliden, rechteckigen Fundament. Der Turm selbst ist rund und verjüngt sich zur Spitze hin. Man kann ihn über eine Rampe an der Außenseite erklimmen, die sich gegen den Uhrzeigersinn fünf Mal in immer kleiner werdenden Spiralen nach oben windet, als ob sie sich entrollen wollte. Da die Symmetrie verlangte, dass die Abstände zwischen den Spiralen gleich groß waren, wird der Anstieg immer steiler. Der Zweck eines Minaretts ist natürlich, den Gebetsruf des Muezzins zu erleichtern, doch dafür wäre kein Minarett in dieser Größe notwendig gewesen.

Doch dieses Minarett ist auch ein Symbol islamischer Autorität und wurde mehrfach imitiert, wie beispielsweise in Kairo mit der Moschee von Ibn Tulun.

Der berühmte „Spiralturm" in Samarra

ISLAM

Die Sidi-Oqba-Moschee in Kairouan

Die Sidi Oqba Moschee in Kairouan in Tunesien wurde 670 an einer Stelle erbaut, an der zuvor ein römisches Bauwerk gestanden hatte. Seit sie 836 komplett neu aufgebaut wurde, hat sich ihre Gestalt kaum verändert. Die Erbauer gehörten der Aghlabiden-Dynastie an. Diese hatten sowohl kulturelle Verbindungen nach Spanien im Westen als auch zu den Kalifen im Osten.

Die klare Struktur dieser ersten „monumentalen" Moschee in Nordafrika wurde im ganzen Land imitiert, obwohl die Architektur nicht herausragend ist und nur wenige Dekorationen vorhanden sind. (Eine bemalte Holzdecke aus dem 9. Jahrhundert existiert nicht mehr.) Die Moschee weist einen großen Hof und eine rechteckige Gebetshalle auf, die in Kairouan durch Säulen in 13 Schiffe unterteilt ist. Das zentrale Schiff der Gebetshalle, das vom Eingang zur Mihrab führt und die Halle zweiteilt, ist, wie bei den Umayyaden üblich, breiter und höher als die anderen Schiffe. Eine kannelierte Kuppel auf einem Tambour, der sich auf einem viereckigen Fundament erhebt, überwölbt die Halle. Über der Mihrab erhebt sich eine zweite Kuppel. Die übrigen Seiten des Hofs säumen Arkaden, die von Doppelsäulen gestützt werden. Das mit 35 m sehr hohe Minarett ist in diese Außenmauer integriert und hat die Form eines rechteckigen dreistöckigen Turms, der von einer Kuppel aus dem 11. oder 12. Jahrhundert gekrönt wird.

GANZ LINKS
Das mächtige Minarett ist der imposanteste Teil der Moschee in Kairouan.

OBEN
Der Hof

LINKS
Ein kleiner Turm über einem Tor

ISLAM

Die Freitagsmoschee in Isfahan

Die Seldschuk-Türken, so genannt nach ihrem Anführer Seldschuk, waren eine türkische Fürstendynastie in Zentralasien, die im 10. Jahrhundert zum Islam konvertierte. Die Seldschuken zogen Mitte des 11. Jahrhunderts in den Iran ein, der das kulturelle Herzstück eines weitaus größeren Gebiets darstellte, und übernahmen dort die Herrschaft. Sie hielten offiziell das Kalifat in Bagdad aufrecht, nahmen aber den Titel Sultan an. Im Laufe des nächsten Jahrhunderts eroberten sie praktisch ganz Kleinasien und bezwangen dabei die Byzantiner.

Trotz der kulturellen Einheit des Islam war durch den Konkurrenzkampf der Umayyaden und der Abbasiden eine leichte Kluft zwischen Osten und Westen entstanden. Die Seldschuken führten gänzlich neue Ideen im Bereich der Architektur ein, die nicht nur im iranischen, sondern fast im gesamten islamischen Kulturbereich großen Einfluss nahmen. Zu diesen Innovationen gehörten das runde Minarett sowie die Einführung von vier Iwan, auf einer Seite geöffnete, gewölbte Hallen, die an jeder Seite des Hofes errichtet wurden und die besonders mit den Medresen (moscheeähnlichen religiösen Lehrstätten) assoziiert wurden. Auch wurde das Äußere der Bauwerke stärker betont, und es wurden komplexe Muster aus Ziegeln ersonnen.

Die Freitagsmoschee, oder Masjid-i Jami, wurde im 8. Jahrhundert für den wichtigsten Gottesdienst der Woche erbaut. In der Moschee in ihrer heutigen Form sind noch Überreste aus dem 10. Jahrhundert vorhanden. Die Seldschuken-Moschee bestand aus einem Hof mit Arkaden, einer Gebetshalle und vier Iwan, die in die Bogengänge integriert waren. Die Form der Hauptkuppel, die 1080 über der Gebetshalle errichtet wurde, ist klassisch. Der einzige Schmuck der Kuppel und des mehreckigen Fundaments ist das prachtvolle Mauerwerk. Im Inneren ist eine kufische Inschrift zu sehen, mit der des Sultans Malik Shah (1072–1092) gedacht wurde. Direkt gegenüber auf der anderen Seite des Hofes befindet sich noch ein weiterer prachtvoll überwölbter Raum.

Nachfolgende Herrscher fügten andere Elemente an: Die meisten der glasierten Fliesen und die Zwillingsminarette auf dem zentralen Iwan entstanden unter den Safawiden.

Die Freitagsmoschee der Seldschuken in Isfahan erzählt bildhaft die Geschichte der Entwicklung iranischer Baustile.

ISLAM

Heute wird die Zitadelle von Kairo von der gigantischen Mohammed-Ali-Moschee aus dem 19. Jahrhundert überragt.

UNTEN RECHTS
Die Kuppeln der Moschee

UNTEN
Detail des kalligraphischen Dekors im Innenbereich

Die Zitadelle von Kairo

Die Fatimiden, deren Name auf die Abstammung von Fatima, der Tochter des Propheten, hinweist, waren shiitische Muslime, die im 10. Jahrhundert die Kontrolle über einen Großteil Nordafrikas an sich rissen. Ägypten, besonders Kairo, war reich und lebendig und verhältnismäßig gut gefeit gegen Invasionen, wodurch es im Mittelalter zum Zentrum der islamischen Architektur wurde. Die Fatimiden verdrängten 696 die abbasidischen Kalifen und dehnten ihr Herrschaftsgebiet bis nach Syrien aus. Sie gründeten Al-Qahira (Kairo), das sich zur ägyptischen Hauptstadt entwickelte. Durch das Ersetzen von Ziegeln durch Stein als primäres Baumaterial beeinflussten sie auch die Architektur. Zwischen 1087 und 1092 ließ der Wesir alle Festungen der Stadt neu aus Stein errichten.

Während dieser Zeit entstanden auch einige mächtige Tore, wie etwa das Siegestor, die von anatolischen Baumeistern errichtet worden sein sollen. Dieser Annahme scheint durch die auffällige Ähnlichkeit, die einige Bauwerke mit seldschukischen Strukturen aufweisen, Gewicht verliehen zu werden. Zu dieser Zeit schwand die Macht der Fatimiden bereits aufgrund des wachsenden Einflusses der Seldschuken und der Kreuzfahrer, und so erlangte eine damaszenische Dynastie die Herrschaft über Ägypten. 1171 setzte der von Damaskus eingesetzte Herrscher Salah ad-Din (Saladin) den letzten fatimidischen Kalifen ab und etablierte die Ayyubid-Dynastie. Saladin ließ die Zitadelle als Regierungssitz errichten und gleichzeitig die Befestigungsanlagen der Stadt ausbauen. Er plante die Eingliederung aller Stadtteile Kairos in die Befestigungsanlage. Dies wurde erst nach seinem Tod vollbracht. Kairo ist die am besten erhaltene aller islamischen Städte, und viele der Strukturen, die unter Saladin entstanden, existieren noch heute. Die Zitadelle ist eines der bemerkenswertesten noch erhaltenen Exemplare islamischer Militärarchitektur. Das kunstvolle Mauerwerk und das imposante Gewölbe suchen in Ägypten vergeblich nach ihresgleichen.

ISLAM

Die Karawanserei bei Aksaray

Die kulturelle Einheit der islamischen Länder machte das Reisen möglich, und so verbrachte mancher gebildete Reisende des 14. Jahrhunderts, wie etwa Ibn Battuta, Jahre damit, Länder im islamischen Kulturbereich – und auch darüber hinaus – zu bereisen. Neben dem von allen Muslimen geforderten Haddsch, der Pilgerreise nach Mekka, trieb die Neugier viele Gelehrte und Pilger auf die Straßen. Da diese langen Reisen oft durch unwegsame Gebiete führten, waren Orte, die Nahrung und Unterkunft boten, vonnöten. Diese Karawansereien (abgeleitet von den Karawanen, in denen Reisende oft unterwegs waren), die vornehmlich an den Hauptreiserouten errichtet wurden, waren oft Prestigeobjekte, die von Herrschern oder Würdenträgern gestiftet wurden. Der Baustil wird meist mit dem der Seldschuken in Anatolien assoziiert, wenngleich er schon früher Anwendung fand. Heute sind einige der Ruinen in moderne Hotels umgewandelt worden.

Ein einziges Tor, das breit genug war, um schwer beladene Kamele einzulassen, führte durch eine dicke Mauer in einen rechteckigen Hof. Unterkünfte für Menschen, Tiere und Güter waren oft auf zwei Stockwerken an den Innenmauern angebracht. Häufig gab es eine Gebetshalle und auch Wasser für rituelle Waschungen.

Größere Gebäude verfügten über Säulenhallen und wurden durch zahllose Anfügungen von Nebengebäuden nicht selten fast zu eigenständigen Dörfern.

Eine der größten Karawansereien liegt an der Straße zwischen Aksaray und Konya. 1229 stiftete Sultan Kayqubad I. die 4500 m² große Anlage. Ein 12 m hohes, aufwändig verziertes Steintor und eine überwölbte Halle, mit fünf Seitenschiffen und einem Gebetsraum, zeugen vom Luxus einer Sultan Han, einer königlichen Karawanserei.

Obwohl sie in jüngerer Zeit restauriert wurde, sind Teile der Karawanserei bei Aksaray noch immer Ruinen. Nichtsdestotrotz vermitteln sie einen guten Eindruck von der Größe des Bauwerks.

ISLAM

Das beachtliche Haupttor ist der am besten erhaltene Teil der Zitadelle von Aleppo.

Die Zitadelle von Aleppo

Ein Merkmal bedeutender Städte in der islamischen Welt war die Zitadelle (Qal'a oder Qasaba), eine befestigte, eigenständige Stadt in der Stadt, wie der Kreml in Russland. Die Zitadellen unterschieden sich erheblich in Größe und Wichtigkeit, da einige reine Militäranlagen waren, andere wiederum, wie die Zitadelle in Kairo, Regierungssitze beherbergten. Zu diesen gehörten Gebäude, die das Leben dort angenehm machten.

Die beeindruckenden Überreste der Zitadelle von Aleppo erheben sich spektakulär auf einem steilen, exponierten Hügel, der teils auf natürliche Weise und teils durch Menschenhand geschaffen wurde. Ein Wassergraben schützt die Anlage, die aus militärischer Sicht eine sehr bedeutende Zitadelle des Islams war und die 1124 bis 1125 einer Belagerung durch christliche Kreuzfahrer standhielt.

Die heute noch verbliebenen Teile entstanden hauptsächlich im frühen 13. Jahrhundert unter den ayyubidischen Emiren. Die Mamluken (1260–1517) führten einige Änderungen und Anfügungen durch. Hinter den Mauern füllten Paläste, Moscheen, Bäder und verschiedene andere Gebäude etwas chaotisch die ovale Fläche aus, da das Gelände und die sehr unterschiedlichen Bauperioden Schwierigkeiten bereiteten. Bis auf die Mauern und das Minarett der Moschee sind kaum Bauwerke erhalten.

Die imposanteste Konstruktion überhaupt, das Eingangstor, ist hingegen an seinem ursprünglichen Platz. Wenigen Bauwerken ist ihre Stärke so offensichtlich anzusehen. Auf der der Stadt zugewandten Seite befindet sich jenseits des Wassergrabens ein Wachturm, der über eine beeindruckende, leicht ansteigende Brücke zum Tor führt, das in sich schon eine kleine Festung ist. Man sieht sich einer Wand aus Kalksteinquadraten gegenüber, die Zinnen, Pechnasen und Schießscharten aufweist und durch einen schlichten, engen Eingang zu einer überwölbten Passage führt.

Hinter dieser Fassade wird die Umgebung freundlicher und eine große Halle überdacht den Eingangsbereich, in dem die Besucher ankommen. Die vorhandenen Skulpturen und Einlegearbeiten wurden Ende des 13. Jahrhunderts gefertigt.

ISLAM

ISLAM

Die Alhambra in Granada

Die maurische Dynastie der Nasriden wurde im 13. Jahrhundert in Granada gegründet, nachdem das muslimische Spanien in Einzelstaaten zerfallen war. Der Begründer der Dynastie war Muhammad I. ibn Nasr, der auch die Zitadelle der Alhambra erbauen ließ. Die Stadtburg Alhambra ist vermutlich das bekannteste muslimische Bauwerk nach dem Taj Mahal. Der Kontrast zwischen den mächtigen Steinmauern sowie den viereckigen Türmen des Außenbereichs, die bar jeder Zierde sind, und dem reich verzierten Innenbereich mit kunstvoll gestalteten Höfen und Räumen ist nirgendwo frappierender.

Der Palast ist in verschiedene Bereiche unterteilt, von denen jeder einen Hof aufweist. Die Ausrichtung wechselt zwischen West-Ost und Nord-Süd, und die Gebäude sind scheinbar wahllos angeordnet. Oft wurde die Alhambra mit einem Traum verglichen, in dem man dank eleganter Arkaden, von Palmen beschatteten Teichen, Springbrunnen und kunstvollem Stuck, Fliesen und geometrischen, kalligraphischen und floralen Gestaltungen versinken kann. Tatsächlich stiftet die Größe der Anlage Verwirrung, wozu auch der Hang der islamischen Architekten beiträgt, solide Gebäude vor dem Auge verbergen zu wollen. Die Kuppel der „Kammer der Zwei Schwestern" wirkt mit ihren Myriaden an Muqarnas wie eine optische Illusion. Leider ist nur wenig über die Erbauer dieses hoch entwickelten Bauwerks, die sich so gut darauf verstanden, Lichteffekte einzusetzen, bekannt. In der Mitte des Löwenhofs, der vormals eine Blütenoase war, befindet sich ein von Löwenskulpturen umgebener Springbrunnen – eines der seltenen Exemplare frei stehender Skulpturen in der islamischen Welt.

Muhammad I. etablierte die Dynastie der Nasrid in Granada und ließ die Alhambra als seinen Regierungssitz erbauen. Die Bauarbeiten wurden unter seinen Nachfolgern Yusuf I. (1333–1354) und Muhammad V. (1354–1391) fortgesetzt.

ISLAM

ISLAM

Die Grabstätte der Timuriden in Samarkand

Die Invasion des Eroberers Timur Lenk (Timur der Lahme oder Tamerlan) setzte der mongolischen Kultur im östlichen Teil der islamischen Welt im späten 14. Jahrhundert ein Ende. Timur ernannte Samarkand, das heute in Usbekistan liegt, zu seiner Hauptstadt. Obwohl sich seine Nachfolger an Herat hielten, blieb Samarkand bis zum 16. Jahrhundert ein wichtiges Kunstzentrum.

Das Familienmausoleum der Timuriden ist Teil eines Gebäudekomplexes, dem Gur Emir, der eine Moschee, eine Medrese und andere Gebäude mit einschließt, die sich um einen Hof gruppieren. Das Grabmal ließ Timur ursprünglich für seinen Erben, Muhammed Sultan, erbauen, der im Kampf gegen die Osmanen 1402 fiel. Als Timur 1405 starb, ließen ihn seine Söhne dort neben seinem Enkel beerdigen. Im Gegensatz zum Großteil der anderen von den Timuriden erbauten Bauwerke, wie etwa die gigantischen Paläste, die nur noch aufgrund von zeitgenössischen Beschreibungen bekannt sind, ist die Grabstätte gut erhalten. Ein gut durchdachter Grundriss sah einen Grabturm, eine achteckige Kammer, die allerdings einen viereckigen Innenraum aufweist, und eine Kuppel vor. Dadurch ähnelt die Grabstätte Timurs der nahen Totenstadt von Shah-i Zinda mit ihren hohen Tambours und kannelierten Kuppeln aus dem 14. Jahrhundert. Das Fundament der ca. 34 m hohen Doppelkuppel weist den gleichen Durchmesser auf wie der Tambour.

Das Dekor aus glasierten Fliesen und Ziegeln sowie gemeißeltem Marmor ist auffallend. Um den hohen Tambour zieht sich eine Inschrift in großen kufischen Zeichen, und die Wände sind mit Paneelen bedeckt, die mit einer anderen hochstilisierten Kalligraphie-Schrift versehen sind. 1434 ließ Ulugbek, ein Enkel Timurs, ein monumentales Hoftor errichten.

Die viereckige Grabkammer ist mit Blattgold und Onyx geschmückt. Timurs dunkelgrüner Sarkophag ist, wie auch die anderen, von einer Barriere aus Marmor geschützt, obwohl sich seine sterblichen Überreste unter Grabplatten in der Krypta befinden.

Die Gur Emir in Samarkand. Die Doppelkuppel erhebt sich auf einem sehr hohen Tambour.

ISLAM

Die Süleymaniye-Moschee in Istanbul

Nach dem Fall der Seldschuken in Anatolien dauerte es nicht lange, bis die Osmanen im 14. Jahrhundert begannen, ihr Herrschaftsgebiet auszuweiten. Nachdem sie durch die Invasionen Timurs einige Rückschläge hatten hinnehmen müssen, eroberten sie innerhalb der nächsten beiden Jahrhunderte die westlichen islamischen Länder sowie Südosteuropa einschließlich der alten byzantinischen Hauptstadt Konstantinopel, die zum Zentrum der westlichen islamischen Gesellschaft wurde.

Unter den Osmanen bewegte sich die Architektur in neue Richtungen. Die bedeutende Errungenschaft war eine riesige, mit einer Kuppel versehene Moschee. Die Kuppel sollte ein Quadrat überwölben, um so den perfekten Kreis über dem perfekten Viereck zu schaffen. Schon in Bursa, der ehemaligen Hauptstadt des Osmanischen Reiches, wurde im 14. Jahrhundert eine ähnliche Kuppel erbaut, bei der 20 Kuppeln in vier Reihen zu je fünf Kuppeln einen rechteckigen Grundriss überwölben. Nach der Eroberung Konstantinopels im Jahre 1453 nahmen auch die große Kuppel und der enorme Innenraum der Hagia Sophia Einfluss auf diese Entwicklung. Nach 200 Jahren wurde das endlich ausgereifte System im „goldenen Zeitalter" unter Süleyman I. (Süleyman dem Prächtigen) von dem begnadeten Architekten Sinan angewendet. Dieser überwand mit dem Bau der Selimiye-Moschee in Edirne letztlich das Problem, enorme Kuppeln mit größtmöglichen Innenbereichen zu vereinbaren.

Der Komplex der Süleymaniye-Moschee, der 1550 von Sinan erbaut wurde, bedeckt eine Fläche von 60000 m² und bietet u. a. Schulen, Krankenhäusern, Herbergen und Grabmälern Platz. Seit jeher ist die Süleymaniye-Moschee die bedeutendste Moschee Istanbuls und gilt als das größte und großartigste Werk Sinans. Süleymans Herrschaft dauerte schon über 30 Jahre, als er ein Bauwerk von unvergleichlicher Pracht in Auftrag gab. Die exakt berechneten Abstände lassen auf sehr sorgfältige Planung schließen. Die Hauptkuppel ist 53 m hoch und wird von einer regelrechten Landschaft (über 500) von Kuppeln, Bögen und Halbkuppeln eingerahmt. Die Ausführung ist ebenso wie das Dekor beispiellos, wenngleich Letzteres hinter Sinans geometrischen Künsten zurückstehen muss.

ISLAM

Wie bei den Seldschuken liegt auch bei osmanischen Bauwerken das Hauptaugenmerk auf Struktur und nicht auf Dekorationen und Details. Dementsprechend ist die Süleymaniye-Moschee erbaut.

ISLAM

Der Topkapi-Palast in Istanbul

1462 begann der Bau des Topkapi-Palastes, der bis ins 19. Jahrhundert die Residenz der osmanischen Sultane bleiben sollte und der heute ein Museum ist. Ursprünglich bestand er aus einem Sommerpalast am Wasser und einer Winterresidenz auf dem Hügel darüber, der durch seine Lage auf einer Halbinsel südlich des Goldenen Horns einen herrlichen Blick über die Stadt bot. Die Bauwerke entstanden ab dem 15. Jahrhundert, doch in letzter Zeit mussten einige von ihnen modernen Projekten wie etwa dem Bau einer Eisenbahnlinie weichen. Islamische Bauwerke und speziell Paläste wurden selten als Einheit erbaut. Meist wurde der Grundriss durch spätere Anfügungen stark verändert. Obwohl diese Anlage großartige individuelle, wenn auch eher kleine Bauwerke aufzuweisen hat, zeugt nichts von der typisch westlichen Bekundung von Stärke und Pracht.

Die Bauwerke sind im Wesentlichen um den Zweiten und den Dritten Hof arrangiert. In Letzterem befand sich der Thronsaal gegenüber dem sehr schönen „Tor der Glückseligkeit". Ein Beispiel für die unvorstellbar reiche Dekoration des Palastes ist der überwölbte, in Gold, Weiß und Blau gehaltene Schlafraum von Murad III. (1574–1595). Dieser weist einen wunderschönen, kufischen Schriftzug auf dunkelblauem Hintergrund auf. Nebenan befindet sich ein hübsches Gebäude, das als „der Käfig" bekannt ist und den Wohnbereich der – manchmal gefährlich lebenden – Brüder des Sultans darstellte. Die Gemächer der Haremsdamen bilden im Nordosten einen Palast im Palast. Der attraktive Chinili-Kiosk (1473) außerhalb der Palastmauern ist besonders für die glasierten Steingutfliesen aus Iznik bekannt, die seine Wände bedecken.

ISLAM

LINKS
Das Haupteingangstor des Palastes

GEGENÜBER RECHTS und **LINKS**
Der Topkapi-Palast ähnelt mit über 100 verschiedenen Bauwerken einem Labyrinth, in dem man sich ständig neuen, faszinierenden Strukturen gegenübersieht.

ISLAM

GEGENÜBER
Ostansicht der türkisfarbenen Kuppel der Masjid-i Shah mit einer Medrese im Vordergrund

UNTEN
Blick über den nächtlichen Hof

UNTEN RECHTS
Der Innenbereich der Gebetshalle

Die Masjid-i Shah in Isfahan

Im frühen 16. Jahrhundert einten die Safawiden den Iran, und die Macht ihrer Dynastie erreichte unter Shah Abbas I., genannt der Große (1587–1629), ihren Höhepunkt. Der erklärte Isfahan zu seiner Hauptstadt und strukturierte die ganze Stadt gemäß einem Netz von miteinander verbundenen Plätzen um, was ein seltenes Beispiel iranischer Städteplanung ist. Der größte Platz im Norden, der Maidan-i Shah, wird an drei Seiten von einem mächtigen Gebäudekomplex umgeben. Eines dieser Bauwerke ist die Masjid-i Shah (Moschee des Königs), das großartigste Bauwerk dieser prachtvollen Stadt. Deren monumentales Eingangstor mit den 34 m hohen Minaretten nimmt einen beträchtlichen Teil der Südseite des Platzes ein. Ähnlich gestaltet ist auch die ältere Moschee Sahykh Lutfallah an der Ostseite des Platzes.

Das Bauwerk ist gemäß seldschukischer Traditionen erbaut und weist somit die vier Iwan auf, von denen jeder zu einer überkuppelten Halle führt, die von zweigeschossigen Arkaden mit spitz zulaufenden Nischen flankiert wird. Der größte Iwan befindet sich auf der Seite der Qibla und hat ein wahrlich massives Portal und eine ebensolche Kuppel, die sich auf einem hohen Tambour erhebt.

Hinter den Iwan östlich und westlich des Hofes befinden sich Medresen. Der Bau der Anlage war in nur vier Jahren 1616 abgeschlossen, wenngleich die Dekorationsarbeiten länger andauerten.

Die vornehmlich in Türkis und Blau gehaltenen Keramikfliesen, die den sichtbaren Außenbereich der Moschee bedecken, bilden einen schönen Kontrast zu den warmen Farbtönen der Ziegel und der Umgebung. Der Fliesenbelag mit vorwiegend floralen, fließend ineinander übergehenden Gestaltungen im Innenbereich ist vielfarbig. Beim Brand einer Fliese wurden bis zu sieben Farben verwendet.

ISLAM

ISLAM

Die Karawanserei Han Asad Pascha in Damaskus

Han ist der türkische Name für eine Karawanserei, die nicht wie gewöhnliche Karawansereien in abgelegenen Gebieten liegt, sondern in einer Stadt. Diese Han benötigten keine hohen, befestigten Wände. Dort konnten mehr Handelsgüter untergebracht werden, da weniger Platz für Lebensmittel und Tierfutter nötig war. Oft wurden sie als Tauschmärkte oder gewöhnliche Märkte benutzt. Wenige sind erhalten geblieben, da sie dem modernen Umbau der Städte weichen mussten oder natürlichen Katastrophen zum Opfer fielen. Der berühmte Markt in Fustat am Ufer des Nils wurde im 12. Jahrhundert zerstört. Bis zu 14 Stockwerke hohe Häuser sollen ihn angeblich gesäumt haben. Ein Nachfolger war der Han al-Khalili aus dem 16. Jahrhundert, der der Hauptmarkt Kairos für Luxusgüter war. Noch später gab es im Hafen von Sawakin am Roten Meer einen riesigen Han, der Karawanen mit über 100 Kamelen aufnehmen und versorgen konnte. Die Gebäude um den Hof waren drei bis vier Stockwerke hoch und an zwei Seiten für Warenlager reserviert.

In Damaskus, einem wichtigen Handelszentrum, gab es viele Han. Der größte wurde Mitte des 18. Jahrhunderts von dem osmanischen Khan Asad Pascha gebaut. Nur die Säulen und Bögen, die einst Kuppeln trugen, stehen noch. Heller und dunkler Marmor wechseln sich ab, und farbenprächtige Muqarnas zieren das Haupteingangstor.

Der Hof des bedeutendsten Han in der wichtigen Handelsstadt Damaskus war einmal mit einem Dach aus neun Kuppeln versehen. Die den Hof umgebenden Gebäude waren nach dem üblichen System organisiert, das Wohnbereiche über den Lagerräumen und den Ställen vorsah.

ISLAM

Die Medrese Mir-i Arab in Buxoro

Bildung ist im Islam eng mit Religion verbunden, und so ist es schwierig, zwischen einer Moschee und einer Medrese, einer Schule, zu unterscheiden. Die ersten Moscheen, beginnend mit dem Haus des Propheten in Medina, dienten noch beiden Zwecken. Als die Medrese zu einer eigenständigen Institution wurde, ähnelte ihr Aufbau immer noch dem einer Moschee mit vier Iwan, doch war kein Minarett vorhanden.

Der Unterricht wurde oft formlos abgehalten – die Schüler saßen in einem Kreis auf dem Boden der Iwan; der Lehrer lehnte an einer Säule. In die Mauern zwischen den Iwan waren die Unterkünfte der Schüler eingelassen. Diese waren zwar meist spartanisch, doch einige Medresen wie die Madrasa-i Shah in Isfahan sind sehr elegant.

Die historische Stadt Buxoro blühte bereits, als die Araber sie 709 eroberten, und war als Bildungsstätte berühmt. Ihre Medresen, einschließlich der Mir-i Arab, wurden zur Glanzzeit Buxoros (ca. 1535) als Hauptstadt des großen usbekischen Reiches erbaut. Zu Zeiten der Sowjetunion durften nur sie und eine andere Medrese in Taschkent in Betrieb bleiben.

Ein Scheich aus dem Yemen, der auch der Namensgeber ist, gründete und baute die Schule mit vier Iwan und 100 Kammern für Studenten der Islamischen Literatur, des Rechts und des Arabischen.

Nicht-Muslimen ist der Zutritt verwehrt. Sie müssen die kalligraphischen Inschriften und die Mosaike, die die Tambours der beiden blauen Kuppeln bedecken, aus der Ferne betrachten.

Die Ulugbek-Medrese aus dem 15. Jahrhundert befindet sich gegenüber. Die außerordentlich große Abdal-Aziz-Khan-Medrese, deren Bau 1645 begonnen wurde, weist ein wunderschön mit Mosaiken, Gipsreliefs und Malereien verziertes, großes Eingangstor auf. Südlich der Mir-i Arab befindet sich die Amir-Alim-Khan-Medrese aus dem 19. Jahrhundert, die mit der architektonischen Tradition bricht und anscheinend vornehmlich als Bibliothek genutzt wurde.

Die Medrese Mir-i Arab wurde auf der Basis eines Plans mit vier Iwan erbaut und verfügt über 100 Kammern für die Studenten.

ISLAM

Kapitel 9

Das 20. Jahrhundert

Das Auditorium Building in Chicago

Das Guaranty Building in Buffalo

Das Börsengebäude in Amsterdam

Das Flatiron Building in New York

Die AEG-Turbinenfabrik in Berlin

Die Grand Central Station in New York City

Der Hauptbahnhof von Helsinki

Der Einsteinturm in Potsdam

Das Chilehaus in Hamburg

Selfridge's Department Store

Das Bauhaus in Dessau

Die Sydney Harbour Bridge

Die Golden Gate Bridge in San Franciso

Die Kirche des Heiligen Herzens in Prag

Fallingwater in Pennsylvania

Das Chrysler Building in New York City

Das Empire State Building in New York City

Das Rockefeller Center in New York City

Das Seagram Building in New York City

Das Ford House in Illinois

Die Marseiller Wohneinheit

Die Notre Dame du Haut-Kirche in Ronchamp

Das Atomium in Brüssel

Die Kathedrale von Coventry

Das Guggenheim Museum in New York City

Der Gateway Arch in St. Louis

Die Kathedrale von Brasília

Marina City in Chicago

Die Habitat-Siedlung in Montreal

Die Universität von East Anglia in Norwich

Das Sydney Opera House

Die Neue Staatsgalerie in Stuttgart

Das Centre Pompidou in Paris

Das Lloyd's Building in London

Das High Museum of Art in Atlanta

Die Commerzbank in Frankfurt

Der Reichstag in Berlin

Die Petronas Towers in Kuala Lumpur

Das Guggenheim Museum in Bilbao

DAS 20. JAHRHUNDERT

Das 20. Jahrhundert wurde von der Bewegung der Moderne dominiert, ein Term, der immer unpassender erscheint, je mehr Zeit verstreicht. Beeinflusst von Persönlichkeiten wie Gropius und Mies van der Rohe, dem Vorstand des Bauhauses, der Wiege des Modernismus, entwickelte sich aus einigen Grundideen ein neuer, internationaler Stil. Weniger offensichtlich, doch kaum minder nachhaltig, nahm der wunderbare Genius Le Corbusiers Einfluss auf diese nicht fassbare Bewegung. Der technische Fortschritt und neue Materialien wie Eisen, Glas und Stahlbeton eröffneten viele Möglichkeiten wie beispielsweise den Bau von Wolkenkratzern. Die Erbauer gaben sich gänzlich der Idee hin, dass die Funktion eines Gebäudes dessen Form definieren sollte, gemäß dem Motto „die Form folgt auf die Funktion", wie es Louis Sullivan, der Doyen der Chicago School, einmal definierte. In anderen Worten: Gebäude sollten „ehrlich" sein.

Der Blick der Architekten war nicht in die Vergangenheit, sondern in die Zukunft gerichtet. Sie lehnten historische Stilrichtungen ab und sehnten sich nach einer neuen Art der Architektur, die einem neuen Zeitalter angepasst war. Der Wunsch nach einer nützlichen, demokratischen und universellen Architektur brachte schließlich den Stil des Internationalen Modernismus hervor. Dessen Verbreitung wurde durch die Vorteile moderner Kommunikation und Mobilität erleichtert. Der Effekt war vergleichbar mit dem der Erfindung des Buchdrucks, der Wissen im Europa der Renaissance mobil machte. So waren Architekten auf der ganzen Welt genau darüber im Bilde, woran ihre Kollegen arbeiteten.

Paradoxerweise hatte das Verbot des Bauhauses unter den Nationalsozialisten zur Folge, dass der internationale Einfluss des Bauhauses verstärkt wurde, da viele der führenden Köpfe vor allem in den USA Schutz suchten. Der neue Stil variierte sehr in den einzelnen Ländern, und nationale Unterschiede waren deutlich zu erkennen.

Rückblickend kann man sagen, dass viele der besten Architekten des 20. Jahrhunderts „modern" waren, ohne „modernistisch" zu sein.

So wurde der starre Dogmatismus der Modernisten nicht weiter getragen, als es die Aussagen von Adolf Loos 1908, nämlich „Verzierungen sind ein Verbrechen", und Mies' subtilere Anspielung „Weniger ist mehr" zu tun vermochten.

Während klassische Gebäude wie das Seagram Building von Mies van der Rohe auf unbestimmte Zeit dem Betrachter Respekt abnötigen werden, verursachte die Verbreitung von minderwertigen Glas- und Stahlblöcken in der Nachkriegszeit steigende Unruhe.

Die Gebäude waren höchst unfunktional, und die Menschen, die in ihnen lebten oder arbeiteten, verabscheuten sie. Um 1970 lehnten Architekten ganz allgemein die strikten Grundsätze des Modernismus ab, hatten jedoch keine klare Vorstellung von einer Alternative. Der Post-Modernismus vermischt und kreiert – er provoziert.

Der High-Tech-Stil des Centre Pompidou lässt tief blicken und technische Strukturen erkennen. Beton, der früher mit Solidität assoziiert worden war, wurde in neuen, freieren Formen verwendet und existierte oft sogar als Fertigteil. Gebäude wurden eingefärbt und verkleidet, sollten etwas darstellen, das sie nicht waren. Sie sollten provozieren und amüsieren und wurden kalkuliert schlechtem Geschmack unterworfen.

Das Problem mit solcher Architektur ist, dass sie bald einen faden Beigeschmack bekommt. Viele Architekten nahmen ihre Arbeit jedoch sehr ernst. Unternehmen wie Norman Foster and Partners produzierten eine ganze Reihe von innovativen und erfolgreichen Gebäuden, indem sie sich den unaufhaltbaren Fortschritt und insbesondere den Computer zunutze machten. Eines ist sicher: Obwohl Architektur unweigerlich international bleiben wird, ist sie vielfältiger als früher. Stil erlebt eine Renaissance.

DAS 20. JAHRHUNDERT

DAS 20. JAHRHUNDERT

Adler & Sullivans Auditorium Building, ein Produkt der Chicago School, war eines der ersten Gebäude, die den Weg für die Entwicklung der Architektur des 20. Jahrhunderts ebneten. Die Konstruktion des Gebäudes war gleichzeitig der Beginn der Karriere von Frank Lloyd Wright, der Adler & Sullivan mit seinem Talent beeindruckte und in der Folge angestellt wurde.

Das Auditorium Building in Chicago

Das Auditorium Building in Chicago Im letzten Viertel des 19. Jahrhunderts kam langsam der Modernismus auf. Neue Materialien und neue Konstruktionstechniken auf der einen und die nachlassende Dynamik der Architektur auf der anderen Seite führten zu der wachsenden Erkenntnis, dass die Zukunft eben jenen neuen Materialien und Methoden gehören würde und dass das Hauptanliegen der Architektur Funktionalität sein sollte. Die Idee, Gebäude mit Eisenrahmen zu bauen, war schon in den 50er Jahren des 19. Jahrhunderts entstanden. Schließlich entstand aus dieser Technik ein neuer Gebäudetyp, der Wolkenkratzer. Doch erst nachdem Henry Bessemer ein Verfahren erfunden hatte, um Stahl günstig in Massen herzustellen, und Elisha Otis einen funktionierenden Aufzug konstruiert hatte, konnte diese Idee in die Tat umgesetzt werden.

Diese Zeit war auch die der Zusammenschlüsse, wie etwa dem von Adler mit Sullivan in Chicago, die 1886 bis 1889 das Auditorium Building erbauten. Dieses beruhte auf einem revolutionären Konzept und war eines der ersten Gebäude, das eine Mehrzweckfunktion übernahm.

DAS 20. JAHRHUNDERT

DAS 20. JAHRHUNDERT

Obwohl Sullivan das Guaranty Building in Buffalo seiner Maxime „die Form folgt auf die Funktion" unterstellte, war er ebenso an Verzierung interessiert, was ein zeitgenössischer Wissenschaftler als seine genialste Fähigkeit erachtete. Das zarte Blattwerk rechts im Bild ist charakteristisch.

Das Guaranty Building in Buffalo

Die führende Persönlichkeit der Chicago School war Louis Sullivan (1856–1924). Der gebürtige Neuengländer zog 1873 nach Chicago. Zuerst arbeitete er für William Jenney, dessen Home Insurance Building (1883) mit seinen Eisenstangen und Streben nicht mehr weit von einem Metallskelett entfernt war. Nach einem Jahr an der École des Beaux-Arts in Paris begann seine Zusammenarbeit mit Dankmar Adler in dem Unternehmen, das sich als Adler & Sullivan einen Namen machte. Sullivans erstes Gebäude mit einem Metallskelett war das zehnstöckige Wainwright Building in St. Louis (1890).

Auf dieses folgte das 14-stöckige Guaranty Building in Buffalo im Jahre 1894.

DAS 20. JAHRHUNDERT

Die Struktur des Wainwright Building zeigt sich deutlich in seinem äußeren Erscheinungsbild: Hohe identische Zellen sind in einem kompromisslosen Gittermuster angeordnet. Die Räume des Erdgeschosses sind größer und in der zukünftigen Tradition erbaut, Gebäude auf Piloten oder auf Säulen zu errichten. Doch trotz seiner Betonung der Funktion war Sullivan Dekorationen ganz und gar nicht abgeneigt. Tatsächlich interessierte er sich für sie ebenso wie für Strukturen. Dies zeigt sich in der Ziegelverkleidung des Guaranty Building am besten, vor allem unter dem hervorragenden Gesims. Sullivans zarte, abstrakte und schmückende Muster, die aus der Ferne schlecht zu sehen sind, haben unerwartet viele Elemente des Art-nouveau-Stils. Später sollte Sullivan erfahren, dass die Gebäude immer weniger verziert wurden, und konzentrierte sich darauf, den „Materialien treu zu sein", wie es William Morris und John Ruskin sowie die Renaissance der Gotik vorlebten.

Die Chicago School lehnte die Abhängigkeit von historischen Stilen ab, was aber nicht bedeutete, dass die Vergangenheit keinen Einfluss mehr auf die Gegenwart hatte.

DAS 20. JAHRHUNDERT

Berlages mächtiges Börsengebäude ist ein sehr persönliches Bauwerk, welches das ausgeprägte Wissen des Architekten um historische Formen zeigt. Es war wegweisend für die Entwicklung des Modernismus.

GEGENÜBER
Detail der Turmuhr, die Berlages große Detailliebe veranschaulicht.

Das Börsengebäude in Amsterdam

Das massive Backsteinbauwerk unterteilt sich in drei große Hallen, von denen die größte die Waren-und Getreidebörse beherbergt. Ein Glasdach wird von parabelförmigen Eisenträgern gestützt, und breite, doch unaufdringliche Arkaden säumen den unteren Bereich. Büros und andere kleinere Räume sowie der große Versammlungsraum der Handelskammer über dem Eingang machen das Börsengebäude komplett.

Der einflussreiche holländische Architekt Hendrik Berlage (1856–1934) hatte einen Wettbewerb um die Gestaltung des Börsengebäudes gewonnen. Die „Beurs van Berlage", wie sie die Amsterdamer heute noch nennen, ist sein großartigstes Werk. Oft wird Berlages Stil mit der Art-nouveau-Bewegung assoziiert. Auch war der Architekt, der Vorlesungen hielt und Bücher verfasste, der erste große Verfechter von Frank Lloyd Wright, und das, bevor er eines von Wrights Gebäuden zu Gesicht bekam. Doch im Grunde war Berlage traditionsbewusst, mochte den romanischen Stil und war von Viollet-le-Ducs Aussage beeinflusst, die Gotik sei in Wirklichkeit praktischer und logischer Natur und nicht spirituell motiviert. Berlage verwendete historische Materialien

DAS 20. JAHRHUNDERT

und war so erpicht auf die „Ehrlichkeit" eines Bauwerks, dass er sich sogar weigerte, eine Backsteinwand zu verputzen. Er hatte nichts gegen Historismus, doch ihm missfiel der damit verbundene Mangel an Eigenleistung, der die 80er- und 90er-Jahre des 19. Jahrhunderts prägte.

Sein Börsengebäude in Amsterdam bezeugt, das er vergangene Stilrichtungen meisterhaft mit zeitgenössischen Techniken zu verbinden wusste. Runde romanische Bögen harmonieren wunderbar mit frei liegenden Fachwerkträgern.

DAS 20. JAHRHUNDERT

DAS 20. JAHRHUNDERT

Das Flatiron Building in New York

Der richtige Name dieses heldenhaften Überlebenden der allerersten Wolkenkratzer lautet Fuller Building. Doch seit der Zeit seiner Erbauung zwischen 1901 und 1903 wurde es aufgrund seiner ungewöhnlichen Form Flatiron Building (Bügeleisengebäude) genannt. Das Bauwerk befindet sich auf einem dreieckigen Gelände zwischen der 22. und der 23. Straße, vor dem sich der Broadway und die Fifth Avenue kreuzen. Es wurde von der Firma von Daniel H. Burnham (ehemals Burnham and Root, eine der Vorreiterfirmen des Baus von Stahlskelettgebäuden in Chicago) gebaut. Burnham war allerdings sehr mit seinen Plänen für die Gestaltung Chicagos beschäftigt, sodass ein Großteil des Werkes Charles B. Atwood zu verdanken ist.

Viele Geschichten ranken sich um das Bauwerk. Einige Stadtführer behaupten, dass es das erste Gebäude mit einem Stahlskelett gewesen sei, was nicht der Fall war. Andere bestehen darauf, dass es der erste echte Wolkenkratzer New Yorks war und dass die Leute Angst hatten, es würde umstürzen. Doch das Flatiron Building war 1902 keineswegs das höchste Bauwerk in New York.

Das Gebäude hat drei Seiten, doch anders als beispielsweise das Chilehaus in Hamburg, ist die „spitze" Seite abgerundet und an der schmalsten Stelle ca. 2 m breit. Das Flatiron ist mit seinen 21 Stockwerken 87 m hoch und überragte damals alle umstehenden Gebäude bei weitem. Ein Kritiker beschrieb es einmal als eine „energiegeladene Mischung aus Gotik und Renaissance". Die klassische Unterteilung in drei Bereiche ist voll umgesetzt. Der größere Mittelteil wird von drei vertikalen Fensterreihen, die sich leicht nach außen wölben, untergliedert. Vor allem im oberen Drittel zieren das Gebäude Terrakotta-Reliefs, die Blumen und Büsten zeigen. Durch seine Größe und seine auffallende Form beeindruckt es sogar die New Yorker.

New York City war immer mehr als nur bereit, alte und auch altehrwürdige Gebäude für den Bau von etwas Größerem, nicht zwingend Besserem zu opfern, doch das Flatiron Building ist bis heute erhalten.

DAS 20. JAHRHUNDERT

Paradoxerweise wurde der modernen Architektur zu großen Teilen von Industriegebäuden der Weg bereitet, die damals allerdings noch nicht als Architektur angesehen wurden, was aus der hierarchischen Unterscheidung zwischen Kunst und Handwerk resultierte.

Die AEG-Turbinenfabrik in Berlin

Peter Behrens (1868–1940) war eigentlich ein Maler und Gestalter, dem es die Art-and-Crafts-Bewegung und der Art-nouveau-Stil angetan hatten. 1900 nahm seine Karriere eine Wendung, als er zu einer Künstlerkolonie bei Darmstadt eingeladen wurde, wo er, wie auch Joseph Olbrich, sein eigenes Art-nouveau-Haus gestaltete. 1907 gehörten er und Olbrich zu den Gründern des Deutschen Werkbundes, der sich die „Veredelung der gewerblichen Arbeit im Zusammenwirken von Kunst, Industrie und Handwerk" zum Ziel gemacht hatte. Noch im selben Jahr wurde Behrens zum beratenden Architekten der progressiv orientierten AEG, für die er alles entwarf – von Büroblöcken über Produktionsanlagen bis hin zu Firmenbriefpapier und elektrischen Toastern.

Was ihn jedoch vor allen Dingen zum am meisten bewunderten aller Wegbereiter des Modernismus macht, waren seine Industriegebäude.

Behrens' massive, monumentale Turbinenfabrik aus dem Jahre 1909 war Teil eines riesigen Industriekomplexes. Die Fabrik war sein erstes und bedeutendstes gewerblich genutztes Gebäude und gleichzeitig auch die erste Stahl-Glas-Konstruktion in Deutschland. Dieses Bauwerk war das erste überhaupt, das verkündete, dass eine Fabrik auch „Architektur" sein kann. Die AEG-Turbinenfabrik war ein höchst funktionales Gebäude, das mittels der am höchsten entwickelten Techniken erbaut wurde. So diente ein leichter Stahlrahmen als Skelett, und auch die mächtig aussehenden Eckelemente aus Beton sind nur dünn. Obwohl es keine Verbindungen zu einem speziellen historischen Stil gibt, weist die Fabrik eine gewisse zeitlose Monumentalität auf, die auf einen klassischen Einfluss hindeutet. Die Front ist wie ein typischer, klassischer Tempel aufgebaut, und die Seiten werden in regelmäßigen Abständen von Pfeilern gestützt. So mancher erkennt bei der Fabrik allerdings eine größere Ähnlichkeit mit einer Scheune als mit einem Tempel. Einige der jüngeren nicht gewerblichen Gebäude von Behrens, wie etwa die Deutsche Botschaft in St. Petersburg, wiesen offensichtlich eher neoklassische Elemente auf.

Die Turbinenfabrik ist trotz der Begeisterung des Architekten für die Art-and-Crafts-Bewegung eine Hymne an die Großindustrie. Ob nun widerstrebend oder aus Versehen, definierte Behrens in einem 1908 veröffentlichten Artikel „monumentale Kunst" als Ausdruck dessen, was auch immer die momentane treibende Kraft der Gesellschaft sei. Behrens Einfluss nahm ungeahnte Ausmaße an, und unter seinen Schülern fand sich kein geringeres Architektenanwärtertrio als Le Corbusier, Gropius und Mies van der Rohe.

DAS 20. JAHRHUNDERT

DAS 20. JAHRHUNDERT

Der Abriss der Penn Station löste eine Welle der Empörung aus, was dazu führte, dass der Grand Central ein ähnliches Schicksal erspart blieb. Seit den 1960er-Jahren wird der Bahnhof vom Pan-Am Building überragt.

GEGENÜBER
Die Bahnhofshalle der Grand Central vor ihrer jüngsten Renovierung

DAS 20. JAHRHUNDERT

Die Grand Central Station in New York City

Vor der rasanten Verbreitung des Autos waren Eisenbahnen Anfang des 20. Jahrhunderts speziell in den USA sehr gefragt. Die Bahngesellschaften hatten nicht nur die Ressourcen, um prachtvolle neue Bahnhöfe zu errichten, sondern waren auch sehr fortschrittlich und unterstützten in großem Stil abenteuerliche architektonische Ausflüge. Die zwei herausragenden Resultate wurden ungefähr zur gleichen Zeit in New York City erbaut: die Pennsylvania Station (1902–1911) von der Firma McKim, Mead and White, und die Grand Central Station (1903–1913) von Warren & Whitmore. Beide Bauwerke waren unter Anwendung der aktuellsten Technik errichtet worden und ein voller Erfolg – von der funktionalen Seite aus betrachtet.

Als Inspirationsquelle für die Penn Station werden oft die Thermen von Carcalla genannt. Der unmotivierte Abriss des Bahnhofs 1963 löste eine Welle der Empörung aus, und eine Initiative wurde gegründet, um die Grand Central vor dem gleichen Schicksal zu bewahren. Die Initiative gewann den Prozess vor dem obersten amerikanischen Gericht.

Mit der Umrüstung der Züge von Dampf auf Elektromotoren ging das Ausbauen der Grand Central einher, die nun über zwei Etagen mit über 100 Bahnsteigen unter den Straßen Manhattans verfügte.

Die gigantische, schöne Bahnhofshalle ist 38 m hoch und 2500 m² groß. Es gibt kaum einen attraktiveren Ort, um auf einen Zug zu warten.

DAS 20. JAHRHUNDERT

DAS 20. JAHRHUNDERT

Der Hauptbahnhof von Helsinki

Anfang des 20. Jahrhunderts bemühte sich Finnland, einen nationalen Stil zu etablieren, angespornt vom Wunsch, sich von den Russen zu emanzipieren. Es entstand eine traditionsbewusste, solide und einfache Bauweise, bei der Holz und robuster Granit zu den Hauptbaumaterialien zählten. Dieser Stil ähnelte dem maskulinen Stil des amerikanischen Architekten Henry H. Richardson (1838–1886) mit seinen Schindelhäusern und solidem, romanischem Mauerwerk. Einer der vielen großartigen, finnischen Architekten des letzten Jahrhunderts war Eliel Saarinen (1873–1950), der das Nationalmuseum in Helsinki (1905) im typisch finnischen Stil erbaute. Sein Entwurf für einen Bahnhof gewann 1904 einen Wettbewerb und wurde zwischen 1906 und 1914 umgesetzt. Der Bahnhof von Helsinki ist demnach im finnischen Nationalstil der Romanik erbaut, trägt aber auch Züge des Art-nouveau-Stils. Das selbstbewusste, monumentale Bauwerk hatte über die Grenzen Finnlands hinaus großen Einfluss und etablierte Saarinens Ruf international. Der massive und doch elegante Bahnhof aus gräulichem Granit sowie der Uhrenturm wurden bald in Nordamerika und Europa imitiert. Der massive Rundbogen der Haupthalle wird von zwei Paaren riesiger, Lampen tragender Atlas-Figuren flankiert. Oft arbeitete Saarinen mit seiner Frau Louise Gesellius und später auch mit seinem Sohn Eero zusammen.

Die Fassade von Eliel Saarinens berühmtesten Bauwerk (gegenüber). Details der Figuren (unten).

DAS 20. JAHRHUNDERT

Der Einsteinturm in Potsdam

Erich Mendelsohn (1887–1953) hatte zwar geraume Zeit während seiner beruflichen Laufbahn als Architekt nur wenige Aufträge, doch er war unbestritten einer der bedeutendsten europäischen Architekten des 20. Jahrhunderts. Zu den berühmtesten Bauwerken des vielfach kopierten, doch niemals erreichten Mendelsohn gehört der Einsteinturm in Potsdam, wenngleich dieser am wenigsten Einfluss auf die Architekturbewegung nahm. Mendelsohn war fasziniert von Bauwerken, deren Form nicht durch die Funktion bestimmt wurde, sondern die, expressionistischen Skulpturen gleich, eher geformt als gebaut werden mussten. Während seiner Stationierung an der russischen Front im Ersten Weltkrieg fertigte er viele Entwürfe für Gebäude dieser Art an. Auf einer Ausstellung im Berlin der Nachkriegszeit erregten diese Zeichnungen Aufsehen, doch nur der Einsteinturm wurde zwischen 1917 und 1921 realisiert. Ein Professor der Berliner Universität hatte ein Projekt ins Leben gerufen, mit dem er die Relativitätstheorie von Albert Einstein beweisen wollte. Er unterstützte den Bau des Turms als Labor. Zusätzlich befand sich auf dem Dach ein Observatorium. Die Regierung stellte den Grund und Boden in Potsdam zur Verfügung, und 1924 wurde der Einsteinturm offiziell eingeweiht.

Das Theater (1914) des Belgiers Henry van de Velde für den Deutschen Werkbund, der gestaltorientierten Organisation, die 1907 von Behrens und Olbrich gegründet wurde, nahm starken Einfluss auf Mendelsohns Arbeit. Er bewunderte Van de Velde, der „Beton im Art-nouveau-Stil verbaute und doch ein klares Konzept und Aussagekraft hatte". Leider lag die deutsche Industrie nach dem Ersten Weltkrieg in Trümmern, und so war es Mendelsohn unmöglich, die von ihm benötigten flexiblen Materialien, vor allem Stahlbeton, zu erhalten. Er war gezwungen, für den Bau des Einsteinturms mit Backsteinen, Stahl und Beton Vorlieb zu nehmen. Daher ließ er ihn verputzen, um so den Eindruck zu erwecken, der Turm bestünde aus nur einem Material. Das Endergebnis, das entfernt an ein futuristisches Fortbewegungsmittel erinnert, ist nichtsdestotrotz ein einzigartiges Original. Merkwürdig ist, dass es von außen so viel größer wirkt, als es tatsächlich ist.

DAS 20. JAHRHUNDERT

Die Form des Einsteinturms war zu einem gewissen Grad vom Zusammenbruch der deutschen Wirtschaft nach dem Krieg beeinflusst. Der Turm ist eine der interessantesten Strukturen eines über die Maßen begabten Architekten.

DAS 20. JAHRHUNDERT

Ungünstige Standorte fordern Architekten heraus und lassen so oftmals interessante Lösungen entstehen. Ein Beispiel ist das expressionistische Meisterwerk von Höger in Hamburg, dessen Vorderkante wie ein Speer geformt ist.

Das Chilehaus in Hamburg

Einer der Gründer des Deutschen Werkbundes, Hermann Muthesius, hatte die englische Art-and-Crafts-Bewegung einige Jahre vor Ort mitverfolgt und beeinflusste jüngere deutsche Architekten, wie etwa Fritz Höger (1877–1949). So spricht englische Architektur aus dem Bauwerk, das gemeinhin als eines der Meisterwerke des deutschen Expressionismus schlechthin bezeichnet wird: das Chilehaus in Hamburg. Dieses wurde 1922 bis 1923 erbaut und überstand die Angriffe von 1943. Höger wendete beim Bau des Chilehauses die von ihm und anderen Architekten neu belebte norddeutsche Tradition des Backsteinhauses an. Wie das Flatiron Building demonstriert das Chilehaus, das für eine Schifffahrtsgesellschaft, die Handel mit Chile trieb, erbaut wurde, die Adaption an ungünstige Standorte. Oben auf der Kante, die man schon fast als Bug bezeichnen möchte, spitzt sich die Dachverkleidung dramatisch zu. Der Eindruck eines Ozeandampfers wird von der gewagten, asymmetrischen „Welle" an der Südfassade unterstrichen. Runde Bögen zieren das Erdgeschoss.

Die Mauern der oberen drei der acht Stockwerke sind sowohl vertikal als auch horizontal effektvoll zurückgesetzt. Der Übergang ist durch einen Wechsel von rechteckigen zu runden Fenstern unter hervorspringenden Balkonen gekennzeichnet.

DAS 20. JAHRHUNDERT

Selfridge's Department Store

Die Oxford Street in London ist eine der bekanntesten Einkaufsmeilen der Welt. Trotz des Trends in Richtung weniger aufwändiger Läden boomt das Selfridge's, das erste und größte aller Einkaufszentren in London, noch immer.

Der gebürtige Brite H. Gordon Selfridge war Juniorpartner bei Marshall Field's in Chicago, dem ersten großen Einkaufszentrum Amerikas. 1906 beschloss er, einen ähnlichen Konsumtempel in England zu schaffen. Der ausgewählte Entwurf war vernünftiger als andere, doch immer noch exotisch. Der ausführende Architekt war Frank Swales. Das Einkaufszentrum öffnete schon 1909 seine Pforten in der noch unattraktiven Oxford Street, wurde aber erst 1928 endgültig fertig gestellt.

Die Anlage gleicht einem überdimensionierten römischen Palast mit ionischen Elementen in Verbindung mit einem Stahlrahmen.

Die obligatorischen Schaufenster sind im Erdgeschoss zu bewundern, erst darüber erheben sich die mächtigen Säulen. Das „Pièce de Résistance" ist die Uhr über dem Eingang.

Sie wird von einer Frauenfigur mit Flügeln im langen Gewand von Gilbert Bayes begleitet, die auf einem steinernen Schiffsbug steht. Der offene, große Innenraum sowie Annehmlichkeiten wie etwa Restaurants oder Waschräume waren eine Neuheit.

Die Uhr und das Skulpturenensemble über dem Haupteingang des Selfridge's

DAS 20. JAHRHUNDERT

Gropius' Designs für die Gebäude des Bauhauskomplexes in Dessau verkörperten die Doktrine dessen, was zur Internationalen Bewegung der Moderne werden sollte.

RECHTS
Der Hochbau, in dem sich die Studentenunterkünfte befinden (rechts), mit Blick auf die Werkhallen

GEGENÜBER
Der Haupteingang mit dem zweigeschossigen Bürogebäude, das die Straße überbrückt, und dem Lehrgebäude auf der linken Seite

UMSEITIG
Ansicht des Haupteingangs von vorne

Das Bauhaus in Dessau

1919 trat Henry van de Velde als Vorstand der Arts-and-Crafts-Schule in Weimar zurück, und Walter Gropius (1883–1969) wurde sein Nachfolger. Gropius war ein ehemaliger Student von Peter Behrens und einer der Begründer des internationalen modernen Stils, der kubische Blöcke, gläserne Mauern und wenig Dekoration des Außenbereichs als beispielhaft ansah. Der Aufbau war meist asymmetrisch, und Weiß dominierte. Das Bauhaus, ab 1925 in Dessau angesiedelt, zielte erfolgreich darauf ab, die verschiedensten Künstler zusammenzubringen, um gemeinsam an der „Zukunft zu bauen". Bald sollte es sich vom Expressionismus und der Arts-and-Crafts-Tradition entfernen und sich auf Technologie und Industrie konzentrieren, wodurch das Bauhaus zum Motor der internationalen Architekturbewegung wurde. 1924 veröffentlichte Gropius ein Memorandum, mit dem er sein Vorhaben verkündete, die „neue Einheit" von Kunst und Technologie zu vertreten. Das Bauhaus bestand u. a. aus dem imposanten Hauptbereich mit den hohen Glasmauern und dem die Straße überbrückenden Gebäudeteil, in dem sich das Büro Gropius' und die Lehrerunterkünfte befanden. Neben den Studentenunterkünften gab es eine Sporthalle, Lehrsäle, einen Speisesaal und ein Theater. Heute wie damals diktiert die Funktion die Form. Ab 1928 übernahm Mies van der Rohe die Leitung, bis das Bauhaus 1933 wegen der Bedrohung durch die Nationalsozialisten geschlossen wurde. Dies verlieh dem Bauhaus enormen Aufschwung, da seine Mitarbeiter und Ideen insbesondere in den USA weiterlebten.

DAS 20. JAHRHUNDERT

DAS 20. JAHRHUNDERT

DAS 20. JAHRHUNDERT

DAS 20. JAHRHUNDERT

RECHTS UND UMSEITIG
Neben dem praktischen Nutzen gewann die australische Hauptstadt mit der Sydney Harbour Bridge eine Sehenswürdigkeit, die mit Big Ben, dem Eiffelturm oder der Freiheitsstatue zu vergleichen ist.

Die Sydney Harbour Bridge

Die Notwendigkeit einer Verbindung zwischen der Nord- und der Südküste Sydneys wurde durch die rasante Ausdehnung der Stadt im späten 19. Jahrhundert immer dringlicher. Einige forderten einen Tunnel, doch man entschied sich für eine Brücke. 24 Entwürfe, die bei einer regionalen Ausschreibung eingereicht worden waren, wurden abgelehnt, weshalb es 20 Jahre dauern sollte, bis der Bau begann.

Der geniale Ingenieur John Bradfield überwachte den Bau, der durch die britische Firma Dorman and Long ausgeführt wurde. Um nachträgliche kostspielige Korrekturen zu vermeiden, wurde der Aufbau der Bogenbrücke, die große Lasten einschließlich einer Eisenbahnlinie tragen sollte, sehr sorgfältig geplant. Ralph Freeman, der beratende Ingenieur aus London, füllte allein 28 Bücher mit Berechnungen. Der Anstrich der Brücke ist ein endloses, sehr kostenintensives Unterfangen. Eine Hängebrücke wäre sowohl im Bau als auch im Unterhalt billiger gewesen, doch wäre sie kein so prachtvolles Denkmal gewesen, wie es sich Sydney erwartete. Mehr als 800 Häuser mussten abgerissen werden, bevor der Bau 1924 beginnen konnte. Über 1400 Arbeiter waren daran beteiligt, 16 von ihnen kamen bei Unfällen ums Leben. Die Spannweite des Hauptbogens zwischen den Pfeilern beträgt 503 m, und 52 m liegen zwischen Wasseroberfläche und Brücke, was selbst den größten Schiffen die Durchfahrt ermöglicht. Die Gesamtlänge beläuft sich auf 1149 m.

Der Bogen wurde von den Seiten her aufgebaut, wobei Stahlkabel die Konstruktionen hielten und auf beiden Seiten Gelenke angebracht wurden, um Windeinflüsse ausgleichen zu können. Als die beiden halben Bögen fertig gestellt waren, wurden die Stahlseile über 12 Tage hinweg langsam abgerollt, um die Seiten so zusammenzuführen. Die Fahrbahn wurde anschließend von innen nach außen gebaut. 1932 wurde die Brücke eingeweiht. Die Zeremonie wurde gestört, da ein königstreuer Milizoffizier das Band mit seinem Säbel durchtrennte und so dem Premierminister zuvorkam. Trotz der Gladesville Bridge (1964) und des Sydney-Harbour-Tunnels (1992) kann die Brücke den Anstieg des Verkehrsaufkommens, das zehn Mal so hoch ist wie 1932, fast nicht bewältigen.

DAS 20. JAHRHUNDERT

DAS 20. JAHRHUNDERT

DAS 20. JAHRHUNDERT

DAS 20. JAHRHUNDERT

Die Golden Gate Bridge in San Francisco

Obwohl alle Rekorde der Brücke heute gebrochen sind, war die Golden Gate Bridge viele Jahre lang die längste Hängebrücke der Welt. Sie ist eines der architektonischen Meisterwerke des 20. Jahrhunderts und bietet aufgrund ihrer herrlichen Lage einen bewegenden Anblick.

Das Golden Gate (Goldenes Tor) ist eine 5 km lange und 3 km breite Meerenge, die den Pazifik mit der Bucht von San Francisco verbindet. Schon 1872 war der Bau der Brücke über die Meerenge thematisiert worden, doch erst 1916 wurde die Idee aufgegriffen. Der Kriegsveteran Joseph B. Strauss (1870–1938) war der einzige, der an eine Realisierung glaubte und die Kosten in einem realistischen Rahmen veranschlagte. Seine Kostenberechnung von 30 Millionen Dollar sollte nur um 5 Millionen Dollar überschritten werden. Das Kapital wurde durch die Emission von Anleihen aufgebracht, die gegen zukünftige Mautgebühren gesichert waren.

Die Spannweite beträgt 1280 m, und aufgrund des Hauptschifffahrtsweges musste die Straße 67 m über dem Meeresspiegel bei Flut liegen. Die Türme der Trageseile ragen 152 m über die Fahrbahn der Brücke. Trotz der massiven Gegenwehr der Fährgesellschaften wurde das Projekt bewilligt. 1933 begann der Bau, und 1937 wurde die Brücke eröffnet. Ein unter der Brücke gespanntes Sicherheitsnetz rettete 19 Männern das Leben. 12 weitere starben, als ein Gerüst das Netz zerriss.

Die romantische Golden Gate Bridge bei Nacht und bei Tag

DAS 20. JAHRHUNDERT

Bis vor kurzem war Plecnik kaum bekannt, doch sein bemerkenswert einzigartiger, persönlicher Stil und sein unerschöpflicher Vorrat an Ideen gelten mittlerweile als Anzeichen für wahrhaftige Genialität.

Die Kirche des Heiligen Herzens in Prag

Indem er historische Stilrichtungen und Ideen aufgriff, sie jedoch völlig neu interpretierte, schien der Architekt Josef Plecnik (1872–1957) den Zivilisationsprozess ausdrücken zu wollen.

Der gläubige Katholik wurde in Ljubljana geboren und in Wien von Otto Wagner ausgebildet. Ab dem Jahre 1911 war er Schulleiter einer Kunsthochschule in Prag. In den über 30 Jahren, die er in Prag verbrachte, schuf er als sein beachtenswertestes Bauwerk die Kirche des Heiligen Herzens (1928–1932) im Stadtteil Zizkov.

Diese ist eine Mischung aus Plecniks romantischem Nationalismus, seiner religiösen Hingabe, aus Historismus, Rationalität und bravourösem Gestaltungstalent.

Die Außenansicht beeindruckt durch den flachen Turm, der fast so breit ist wie die Basilika, die er ziert, und deren schlichtes Pediment er wiederholt. In der Mitte fällt die surrealistisch angehauchte Uhr auf, die auf einem verglasten Rundfenster zu sehen ist.

Die unteren Teile der Basilika und des Turms bestehen aus Ziegeln, die oberen sowie die Türen sind weiß verputzt. Die Kirche ist schlicht, doch mit den klassischen Girlanden über den Reihen kleiner, fast viereckiger Fenster und den vertikalen Linien aus vorspringenden Steinen sehr schmückend.

DAS 20. JAHRHUNDERT

DAS 20. JAHRHUNDERT

Fallingwater in Pennsylvania

Der bekannteste amerikanische Architekt des 20. Jahrhunderts war Frank Lloyd Wright (1867–1959), der verschiedenste Gebäudetypen schuf und großen Einfluss auf seine Zeit hatte. Jedes seiner Gebäude war individuell, er fand für jedes Problem eine Lösung, ohne sich je zu wiederholen oder seine Kreativität einzubüßen. Als junger Mann arbeitete Wright mit Louis Sullivan zusammen, der einer der wenigen Architekten war, die er respektierte. Wright war stolz auf seine amerikanische Architektur und verneinte deren Ähnlichkeit mit dem Modernismus.

Einen Ruf machte er sich als Gestalter von „Prairie Houses" für seine reiche Klientel in der Gegend von Chicago. Diese Häuser waren niedrig, großflächig, und die offenen Räume gingen ineinander über. Die ausladenden Dächer und Terrassen verschmolzen mit der Landschaft. Das berühmteste seiner Häuser ist Fallingwater, Fallendes Wasser, (1936–1939) in Bear Run, Pennsylvania.

Die Integration des Hauses in seine Umgebung gelang Wright hier am besten. Inmitten von Wäldern steht das Haus auf einem steilen Hügel auf Pfeilern. Unter den vorspringenden Terrassen sprudelt ein Wasserfall. Stein, Beton und Glas sind die Materialien. Modernismus und Romantik sind in Fallingwater vereint, das als Landhaus für einen Textilfabrikanten aus der Stadt erbaut wurde. Im Sommer ist es ein Magnet für viele Städter.

Fallingwater ist wahrscheinlich das bekannteste Privathaus des 20. Jahrhunderts.

DAS 20. JAHRHUNDERT

Die Ähnlichkeit mit einer Rakete aus älteren Science-Fiction-Filmen ist besonders groß, wenn das Chrysler Building bei Nacht beleuchtet wird.

GEGENÜBER
Obwohl rund um das Bauwerk neue Wolkenkratzer aus dem Boden schossen, bleibt das Chrysler Building ein unverwechselbares Wahrzeichen inmitten der Türme Manhattans.

Das Chrysler Building in New York City

Anfang des 20. Jahrhunderts kamen „gotische" Wolkenkratzer in Mode, allen voran das Woolworth Building (1913) in New York City. So merkwürdig sich das anhören mag, für Historiker barg dieser Trend eine gewisse Logik, da ein Wolkenkratzer per Definition ein vertikal ausgerichtetes Bauwerk ist und die Vertikalität das wesentliche Merkmal der Gotik war.

William van Alen (1883–1954) plante für das Bauwerk, das er im Auftrag der Chrysler Cooperation baute, eine völlig neuartige Spitze. Er schuf eine Art-Deco-Spitze, die ebenso wie das Bauwerk selbst aus rostfreiem Stahl gefertigt ist und in der Sonne glitzert. Eben diese Spitze macht das Chrysler Building so unverwechselbar. Der Art-Deco-Stil, der als eine Art Pop-Modernismus beschrieben wurde, war nur begrenzt auf Bauwerke anwendbar. So entstand in der Folge eine ganze Reihe von Art-Deco-Wolkenkratzern, denen aber der Reiz des Chrysler Building fehlt. Bessere Erfolge wurden erzielt, als der Stil bei Kinos, den neuen Vergnügungspalästen, angewendet wurde.

DAS 20. JAHRHUNDERT

Das 77-stöckige Chrysler Building wurde zwischen 1928 und 1930 erbaut. Der Motorenmagnat Walter P. Chrysler löste eine Baufirma als Auftraggeber ab und wollte ein Bauwerk schaffen lassen, das die Menschen staunend zum Stehenbleiben bewegen sollte. Das Vorhaben, das höchste Bauwerk der Welt zu errichten, trieb die aktuellen technischen Möglichkeiten bis ans Äußerste.

Dekorative Motive, die in Zusammenhang mit Autos standen, wie etwa Wasserspeier in Form von Kühlergrills, zieren den Außenbereich, wenngleich sich die Autofirma dort nie niederlassen sollte. Mit 319 m erreichte das Chrysler Building schließlich sein Ziel als höchstes Bauwerk der Welt. Doch schon wenige Monate später wurde es vom Empire State Building übertrumpft. Der Architekt van Alen scheint nach seinem großartigen Erfolg in Vergessenheit geraten zu sein. Damals wusste er sich und sein Bauwerk jedoch gut in Szene zu setzen: Die siebenstöckige Stahlspitze wurde innerhalb des Turms zusammengebaut, sodass sie niemand außer den Arbeitern zu Gesicht bekam, bis sie am Tag der Fertigstellung durch eine Öffnung an der Spitze des Gebäudes in nur 90 Minuten an ihre Position gebracht und dort fixiert wurde.

DAS 20. JAHRHUNDERT

Nachdem die Türme des World Trade Centers (411 m) 2001 durch einen terroristischen Anschlag fielen, ist das Empire State Building wieder das höchste Bauwerk von New York City.

Das Empire State Building in New York City

Wir alle wissen, dass in den USA gerne großflächig gebaut wird. Mancher Europäer würde gar von Verschwendung sprechen. Ganz anders verhält es sich in den Großstädten. Büro- und Appartementblöcke schießen in die Höhe, und einem Grundstück wird das Maximum an Raum abgenötigt, den es zur Verfügung hat. Die offensichtliche Erklärung ist die Tatsache, dass gutes Bauland inmitten von Großstädten wie Chicago oder New York rar und unglaublich teuer ist. Doch das allein ist noch nicht alles. Vielleicht war der Drang, immer noch spektakulärere Wolkenkratzer zu schaffen, in dem Wunsch begründet, die Technologie des Menschen gegen die Vielfalt der Natur antreten zu lassen. Natürlich gab es auch einen viel banaleren Grund: Ein spektakuläres Bauwerk brachte mehr Ruhm und konnte so teurer vermietet werden.

Kaum hatte die Spitze des Chrysler Building Manhattans Skyline dominiert, schon wurde nur ein paar Blocks südlich das Empire State Building hochgezogen. Im Gegensatz zu den Wolkenkratzern in Chicago durften diese in New York City nicht gerade nach oben gehen. Die Baubehörde forderte die Abstufung sehr hoher Gebäude, um zu verhindern, dass benachbarte Gebäude oder ganze Straßen in permanenter Dunkelheit versanken. Diese Art der Regulierung war außergewöhnlich, trug jedoch sehr positiv zum Stadtbild bei.

Das Empire State Building wurde zu Zeiten der beginnenden Weltwirtschaftskrise zwischen 1929 und 1931 von der Firma von Richmond H. Shreeve, William Lamb und Arthur L. Harmon erbaut. Es ist ein stattlicher, gar eleganter Turm, der aufgrund seiner Abstufung nur aus einiger Entfernung ganz zu sehen ist. Le Corbusier, der meinte, er könne sich auf den Fußweg legen und das Empire State den ganzen Tag anschauen, wäre enttäuscht gewesen. In jedem Fall verdankt das Bauwerk seine sofortige und anhaltende Berühmtheit seiner enormen Größe. 381 m, die Antenne nicht mitgerechnet, ragt es in die Höhe und war somit über 40 Jahre das höchste Gebäude der Welt. Der Stahlrahmen ist mit Steinen verkleidet und die Art-Deco-Verzierungen sind weniger ausgeprägt als die des Chrysler Building. Seit 1931 haben über 117 Millionen Menschen die Aussicht von der Plattform genossen.

DAS 20. JAHRHUNDERT

DAS 20. JAHRHUNDERT

Ansichten des Rockefeller Center

RECHTS
Die Atlas-Figur, die einen angedeuteten Globus trägt

GEGENÜBER LINKS
Ein Fußgängerbereich

GEGENÜBER RECHTS
Das ehemalige RCA Building, dessen extreme Vertikalität es höher erscheinen lässt, als es eigentlich ist.

Das Rockefeller Center in New York City

Das Rockefeller Center wurde zwischen 1931 und 1940 in einem sehr einheitlichen Stil erbaut, der Betonung auf die Vertikalität legte und ganz im Zeichen der Art-Deco-Periode vor dem Zweiten Weltkrieg stand. Eine ganze Architektenschar war an dem Bau von zehn großen Einheiten beteiligt, die insgesamt 14 Gebäude umfassen und mitten in Manhattan zwischen der Fifth und der Sixth Avenue drei Straßenblocks einnehmen. Der Art-Deco-Stil des sechsstöckigen Foyers der Radio City Music Hall, die 1932 als erstes der Gebäude eröffnet wurde, ist am besten ausgeprägt. Dieses mit seinen 6000 Sitzplätzen größte und technisch bestens gerüstete Theater der Welt erlangte bald internationale Bedeutung. In erster Linie war das Rockefeller Center jedoch ein von John D. Rockefeller Junior protegiertes, gewerbliches Projekt, weswegen Bürogebäude in der Mehrzahl sind. Das größte ist das ehemalige RCA Building mit 70 Stockwerken, das die Achse bildet, zu der die anderen Gebäude parallel oder im rechten Winkel ausgerichtet sind.

Sehr bekannt ist auch die Eislaufbahn im Freien, die einer der beliebtesten öffentlichen Plätze an einem Winterabend in New York ist. Erst nachträglich machte sich jemand die vermeintlich vergebliche Liebesmüh', eine Eislaufbahn vorzuschlagen.

354

DAS 20. JAHRHUNDERT

DAS 20. JAHRHUNDERT

DAS 20. JAHRHUNDERT

Das Seagram Building in New York City

Ludwig Mies van der Rohe (1886–1969) zählte, wie auch Le Corbusier, zu den großartigsten Vertretern des modernen Baustils und kann nicht für die manchmal sehr unglücklichen Schöpfungen von weniger talentierten Imitatoren verantwortlich gemacht werden. Mies leitete das Bauhaus die letzten drei Jahre, bevor die Nationalsozialisten es schlossen, und wanderte danach in die USA aus. Er arbeitete dort als Architekturprofessor am Illinois Institute of Technology in Chicago, dessen Campus er neu gestaltete. Obwohl er einen außerordentlich guten Ruf hatte, errichtete er nach 1945 nur noch sehr wenige Gebäude. Zu dieser Zeit war sein strenger Stil getreu seinem Motto „Weniger ist mehr" voll ausgereift. Seine Gebäude haben meist eine kubische Form und ein Stahlskelett. Viel Glas förderte die klare Struktur, die von vertikalen und horizontalen Linien abgegrenzt wird und praktisch ohne jede Zierde auskommt.

Seine Gebäude sind vielseitig verwendbar, da der Innenbereich keine Auswirkungen auf den Außenbereich hat. Sie können sowohl als Büro- als auch als Appartementgebäude genutzt werden.

Das Seagram Building (1954–1958) erbaute Mies mit Philip Johnson für den Spirituosenkonzern Joseph E. Seagram's & Sons. Es wird gemeinhin als das Musterexemplar aller Bürogebäude von Mies bezeichnet und ist eines der großartigsten Bauwerke der zweiten Hälfte des 20. Jahrhunderts. Das Bauwerk war zu seiner Zeit das größte seiner Art, bedeckt jedoch nur ein Drittel des dazugehörigen Geländes. Ein breiter Platz vor dem Bauwerk bietet eine schöne Abwechslung in der überlaufenen Gegend östlich der Park Avenue. Fast wie ein Kliff erhebt sich das mit Bronze verkleidete Gebäude, das Unsummen kostete, 38 Stockwerke in die Höhe.

Eine auffällige Straßenskulptur vor dem Seagram Building

Eine Gitterkonstruktion, die Verwendung von Massenteilen, ein zentraler Dienstleistungsbereich u. Ä. waren die simplen Prinzipien des rechteckigen Seagram Building, das kein Wegweiser für die Zukunft, sondern ein Nonplusultra war.

DAS 20. JAHRHUNDERT

Goff entwarf und erbaute eine große Zahl bemerkenswert ungleicher Häuser. Das Ford House zählt zu seinen größten Erfolgen.

Das Ford House in Illinois

Bruce Goffs (1904–1982) Karriere begann in den 30er-Jahren des 20. Jahrhunderts in Chicago. Doch den Architekten zog es nach Süden, wo er einige Jahre an der Universität von Oklahoma unterrichten sollte. Die Bauwerke des exzentrischen Architekten (fast ausschließlich Privathäuser) bilden eine merkwürdige und sehr vielfältige Sammlung. Seine ersten Schöpfungen mögen von Frank Lloyd Wright beeinflusst sein, mit dem er studiert hatte, und auch später teilte er Wrights Neigung zu bizarren Formen. Organisch, expressionistisch und modern hat man ihn genannt, doch auch wenn all diese Beschreibungen auf ihn zutreffen, so sind sie doch zu pauschal. Goffs Häuser basieren auf einer sehr guten Planung und viele, wie etwa das ganz aus Holz erbaute Wilson House (1950), sehen heute fast schon traditionell aus.

Von den jüngeren, gewagten und offenen Häusern von Goff ist die Samuel Ford Residence (1949) das vielleicht gelungenste. Das niedrige, runde Gebäude ist überwölbt, misst 51 m im Durchmesser und wird von einem roten Stahlskelett gestützt. Die Stahlkuppel ist mit dunklen Schindeln bedeckt; die an der Spitze angebrachte Laterne lässt Licht in den Innenbereich fallen, was in der oberen Etage, die eine Galerie bildet, einen eindrucksvollen Effekt erzeugt. Die Konstruktion ist einfach, viele Teile waren vorgefertigt, und das Haus illustriert Goffs Vorliebe für einfache Materialien und aufwändige Formen. Das Haus ähnelt Häusern, die 20 Jahre später von umweltbewussten Erbauern ersonnen wurden.

DAS 20. JAHRHUNDERT

Die Marseiller Wohneinheit

Die Wohneinheit ist wohl das bekannteste Werk des berühmtesten Architekten des 20. Jahrhunderts, Le Corbusier (Charles-Édouard Jeanneret 1887–1965). Er wurde sowohl als großer Held als auch als Schrecken der Moderne angesehen und ist durch seine Genialität und seine vielen Bauwerke, die dem unerschöpflichen Füllhorn seiner Kreativität entstammen, schlecht zu kategorisieren.

Bald nach dem Zweiten Weltkrieg wurde er von der französischen Regierung mit dem Bau von Wohnungen für mehr als 1600 Menschen in Marseilles beauftragt. Unter der Bedingung, keinen Baurichtlinien entsprechen zu müssen, willigte Le Corbusier ein. Der in der Städteplanung erfahrene Architekt musste von Plänen für einen Stahlrahmen Abstand nehmen, da Fachkräfte und Materialien knapp waren.

Die Unité d'Habitation (Wohneinheit) wurde zwischen 1946 und 1952 als 165 m langer, 17-stöckiger Betonblock auf mächtigen Stützen erbaut. Die darunter liegende Fläche wurde als Parkplatz verwendet. 337 Wohnungen sowie Läden, ein Hotel, eine Schule, eine Turnhalle, ein Schwimmbad u. v. m. fanden darin Platz und bildeten praktisch eine eigenständige Stadt. Die zweigeschossigen, langen und schmalen Wohnungen sind wie einzelne Schubladen in das Skelett eingesetzt und paarweise gruppiert.

Dadurch, dass sie nicht unmittelbar aneinander liegen und vom tragenden Skelett getrennt sind, ist eine Schallisolierung garantiert. Die Wohneinheiten erstrecken sich jeweils über zwei Etagen, wobei der Schlafbereich als Galerie über dem Wohnraum ausgebildet ist, was für Familien keine allzu praktische Lösung darstellt. Le Corbusier verputzte den Beton und die Holzverkleidung nicht, was den sehr stabilen Eindruck noch verstärkte. Auf dem Dach befinden sich zahlreiche gemeinschaftliche Einrichtungen.

Diese berühmte Wohneinheit ist ein weiteres Beispiel für zukunftsweisende Architektur, auch wenn ihr Einfluss manchmal zu fragwürdigen Ergebnissen führte.

DAS 20. JAHRHUNDERT

Le Corbusiers viel bewunderte Wallfahrtskirche in Ronchamp ist eine seiner originellsten und am wenigsten umstrittenen Arbeiten.

Die Notre-Dame-du-Haut-Kirche in Ronchamp

Die zwei Vorgängerkirchen der Wallfahrtskirche in Ronchamp (1951–1955) auf einem Gipfel in den Vogesen wurden nacheinander in den beiden Weltkriegen zerstört. Die Architektur der neuen Kirche ist ein Novum, und in den Augen vieler schuf Le Corbusier mit der Notre Dame du Haut sein kunstvollstes Bauwerk. Die Strenge und die Logik der internationalen Moderne scheinen hier unwichtig, obwohl die Kirche durchaus dem Modular, dem Proportions-System, Le Corbusiers angepasst ist. So ist sie der Beweis dafür, dass selbst der rationalste Architekt ein Bauwerk entwerfen kann, das persönlicher und poetischer Natur ist, das Gestalt gewordener Glaube und nicht Vernunft ist. Nach der Fertig-

DAS 20. JAHRHUNDERT

DAS 20. JAHRHUNDERT

stellung schrieb Le Corbusier dem Bischof, dass er „versucht habe, einen Ort der Stille, des Gebets, des Friedens und der inneren Freude zu schaffen". Man kann sich kaum eine gelungenere Verwirklichung dieses Ziels vorstellen.

Die Gestaltung wurde eindeutig von der Landschaft beeinflusst. Le Corbusier reiste einige Male zu den Ruinen, um Zeichnungen der alten Kapelle anzufertigen, ließ jedoch glaubhaft verlauten, dass ihn auch eine Muschel, die er am Strand gefunden hatte, inspiriert hätte. Man weiß, dass er kleine Modelle anfertigte, bevor er die Pläne ausarbeitete. Hinter den gekrümmten Wänden, die die Silhouette der Berge widerspiegeln, wird der Innenbereich mithilfe kleiner Fenster beleuchtet, die scheinbar wahllos angeordnet wurden. Einige sind mit Buntglas verglast. Das außergewöhnliche, bootähnliche Dach gleicht tatsächlich einer Muschel und ist vergleichsweise leicht. Es wird nicht von den massiven Betonwänden, sondern von dünnen Stahlpfeilern gestützt, wodurch ein schmaler, verglaster Spalt zwischen Dach und Wänden bleibt. Das Dach erstreckt sich bis über den Freialtar, der anlässlich von Großmessen zum Einsatz kommt.

DAS 20. JAHRHUNDERT

DAS 20. JAHRHUNDERT

Das Atomium in Brüssel

Das Atomium (1954–1958) im Norden Brüssels befindet sich nicht weit von einem älteren architektonischen Meisterwerk, dem Laeken-Glashaus, und wurde anlässlich der Weltausstellung 1958 erbaut. Es zeigt die Gitter-Anordnung der Eisenatome in gewaltiger Überdimensionierung. Das Thema der Ausstellung war der Fortschritt und die Menschheit, und so schien ein Atom-Motiv passend zu sein, obwohl es die meisten Menschen mit Massenvernichtung und einer zukünftigen Bedrohung für die Welt, der Kernkraft, in Verbindung brachten. Doch das Atom war in den 50er-Jahren des 20. Jahrhunderts ein beliebtes Motiv.

Die Gesamthöhe der Struktur beläuft sich auf 102 m. Sie besteht aus neun gigantischen, zweigeschossigen Stahlkugeln mit je 18 m Durchmesser und ca. 200 Tonnen Gewicht. In der obersten der Kugeln ist ein Restaurant untergebracht. Sechs der anderen werden für spezielle Veranstaltungen zur Verfügung gestellt und weisen ca. 200 Sitzplätze auf. Die Kugeln sind über Röhren verbunden, die die Bindungen der Atome untereinander repräsentieren. In diesen befinden sich Aufzüge und Verbindungsgänge von einer Kugel zur nächsten. Im mittleren Rohr befindet sich ein „Express"-Aufzug. Das Atomium, das über der Stadt aufragt, wurde als architektonisches Wunder bezeichnet. So wäre es ein Kubus, der auf einer Ecke balanciert, wenn die Brandverordnung nicht Treppen auf beiden Seiten verlangte, die zwei der äußeren Kugeln scheinbar unterstützen. Diese Treppen machen den Effekt zunichte und verleihen dem Bauwerk bis zu einem gewissen Grad das beunruhigende Aussehen einer Science-Fiction-Maschine, die sich bedrohlich dem Betrachter nähert.

LINKS
Das Atomium mag kitschig sein, doch ist es Kitsch im großen Stil.

RECHTS
Detail der verbundenen Kugeln

DAS 20. JAHRHUNDERT

DAS 20. JAHRHUNDERT

Die Kathedrale von Coventry

Die historische Stadt Coventry wurde im November 1940 elf Stunden lang von der deutschen Luftwaffe bombardiert, wodurch ein Großteil der alten Stadt und die Kathedrale zerstört wurden. 1950 wurde ein Wettbewerb für die neue Kirche ausgeschrieben, den Basil Spence (1907–1976) mit seinem Entwurf gewann.

Es mag eine Erleichterung gewesen sein, dass die Obrigkeit der anglikanischen Kirche nicht auf der Gotik als Baustil bestand. Doch Spences Coventry Kathedrale (1954–1962) ist auch nicht im typischen Sinne modern, obwohl zu Zeiten der Weihe der Kirche in einer eher defensiven Streitschrift zu lesen war, dass die Kirche „eindeutig und ernsthaft modern" sei. Schöner, rosagrauer Sandstein war das Hauptbaumaterial der an Felsvorsprünge erinnernden Wände des großen und wuchtigen Hauptschiffs. Diese sind in einer Art Zickzack-Muster angeordnet, wobei die schmalere Kante eine vertikale Reihe von Fenstern aufweist. Das kupferne Dach ist von unten nicht zu sehen. Im Inneren reichen schlanke Säulen bis zu einer Art Kreuzrippengewölbe.

Bekannt ist das enorme Wandgemälde hinter dem Altar, das Christus zeigt. Die ausgefallene, allein stehende Kapelle schmückt ein ansprechender Mosaikboden. Auch die gelungene Einbindung der Ruinen der alten Kathedrale, deren gotischer Turm noch existiert, fand allgemeine Zustimmung.

Die Fenster beleuchten den Altar und das gewaltige Wandgemälde.

DAS 20. JAHRHUNDERT

Das Guggenheim-Museum in New York City

Obwohl es die Freiheitsstatue nicht als das Symbol schlechthin für New York City abgelöst hat, erkennt man das am Central Park gelegene Solomon-R.-Guggenheim-Museum (1956–1959) sofort.

Der Großindustrielle Solomon R. Guggenheim gründete das Museum ursprünglich 1937 unter anderem Namen, um dort seine Kunstsammlung aufzubewahren. Für den Bau eines neuen Museums schwebte ihm ein avantgardistisches Bauwerk vor. Aus eben diesem Grund engagierte er Frank Lloyd Wright. 1943 war Wright allerdings schon 76 Jahre alt, und man erwartete keinen radikalen Entwurf. Doch Wright verstand sich ein weiteres Mal darauf, zu überraschen. In einem Brief an einen Bevollmächtigten Guggenheims schrieb er: „Die ganze Sache wird Sie entweder völlig aus der Bahn werfen, oder sie wird genau das sein, wovon Sie geträumt haben."

Trotz seiner einfachen Form ist das Bauwerk erstaunlich. Es ist im Wesentlichen ein gigantischer Betonkegel, dessen Durchmesser nach oben hin immer größer wird. Im Inneren windet sich eine Spiraltreppe an den Wänden entlang nach oben.

DAS 20. JAHRHUNDERT

Das Dach bildet eine flache Glaskuppel, die von außen nicht sichtbar ist. Die Bilder sind an den Wänden angeordnet, und der Besucher betrachtet sie beim Hinuntergehen der Rampe. Hinauf gelangt man mit einem Aufzug. Die Bauarbeiten wurden über zehn Jahre aufgeschoben, da einige Unternehmer bezweifelten, dass das Bauwerk brauchbar sein würde. Als das Museum offiziell eröffnet wurde, waren sowohl Wright als auch Guggenheim schon tot. Die Reaktionen waren gemischt, aber vorwiegend positiv. 1992 entstand ein zehnstöckiger Anbau im Hintergrund.

Die kühne Form des Guggenheim-Museums in New York City führte zu einer völlig neuen Art und Weise, Bilder in einer Galerie auszustellen.

DAS 20. JAHRHUNDERT

Der schlanke und schimmernde parabelförmige Bogen aus rostfreiem Stahl vor dem Fluss in St. Louis, der Gateway Arch (Torbogen), wie er genannt wird, wird zu Recht als das höchste Denkmal der USA bezeichnet.

DAS 20. JAHRHUNDERT

Der Gateway Arch in St. Louis

Die Stadt St. Louis im Bundesstaat Missouri ist stolz auf ihr Erbe als „Tor zum Westen". Nach dem Louisiana Purchase (Erwerb des Bundesstaates Louisiana) von Präsident Thomas Jefferson (1803) war St. Louis nicht nur das größte Handelszentrum am Mississippi, sondern auch der Ausgangspunkt für die folgende Westexpansion. Es behielt seine Vorherrschaft auch während der Ära der Eisenbahn bei. 1947 wurde ein Wettbewerb für die Gestaltung des Jefferson National Expansion Memorial ausgeschrieben, den Eero Saarinen gewann, dessen Arbeiten bis dato immer in Zusammenarbeit mit seinem berühmten Vater, Eliel, entstanden waren.

Für den Entwurf wurde ein zehn Jahre altes Projekt von Adalberto Libero (1903–1963) herangezogen, das als Tor zur Weltausstellung in Italien im Jahre 1942 geplant gewesen war.

Der Bogen wurde zwischen 1963 und 1965 erbaut, wobei die Vermessungsarbeiten ausschließlich bei Nacht erfolgten, um Verzerrungen durch Sonneneinstrahlung zu vermeiden. 192 m Höhe rechtfertigen den Anspruch des Stahlbogens, der sich zur Spitze hin verjüngt, das höchste Denkmal der USA zu sein. Der Bogen hat die Form einer Kettenlinie, die entsteht, wenn man eine lange Kette an beiden Enden festhält. Sein Gewicht beträgt 17246 Tonnen und bei normaler Wetterlage schwingt er etwa 1 cm hin und her. Die maximal mögliche Amplitude, mit der er sicher schwingen könnte, ist 46 cm. Diese Schwingung könnte jedoch nur ein 240 km/h schneller Sturm auslösen.

Die Behörden der Stadt haben einigen Aufwand betrieben, um den Bau des Gateway Arch, der 13 Millionen Dollar kostete, voranzutreiben und so eine wichtige Touristenattraktion zu schaffen. Laut der Internetseite des Gateway Arch ist dieser die am vierthäufigsten besuchte Touristenattraktion der Welt, was allerdings bezweifelt werden könnte.

DAS 20. JAHRHUNDERT

DAS 20. JAHRHUNDERT

Die Kathedrale von Brasília

Die Idee, eine neue Hauptstadt für Brasilien zu bauen, entstand schon 1808, wurde 1889 in der Verfassung verankert, jedoch erst 1956 in die Tat umgesetzt. Der Plan für die neue kostspielige Hauptstadt stammte von Lúcio (Luis) Costa, aber der ausführende Architekt war der geniale Oscar Niemeyer, der „brasilianische Le Corbusier", dessen lebendige Kreativität der Le Corbusiers ähnelte und der gegenüber den strengen Grundsätzen des Modernismus eine ähnlich ungezwungene Haltung einnahm. Er erbaute fast alle öffentlichen Bauwerke – speziell die Regierungsgebäude – in Brasilien.

Obwohl die Stadt schon zehn Jahre vorher eingeweiht worden war, konnte das interessanteste Bauwerk, die Kathedrale, erst 1970 fertig gestellt werden. Niemeyer wendete beim Bau der Kathedrale hoch entwickelte Techniken an und ließ eher eine Skulptur als ein architektonisches Bauwerk entstehen.

Sie hat die Form einer Dornenkrone, die aus 16 hohlen, ca. 30 m hohen Betonrippen gestaltet ist. Diese krümmen sich auf ihrem Weg zur Spitze nach innen, wobei sie immer breiter werden. An der Spitze treffen sie sich, um sich nach außen zu krümmen und sich dabei wieder zu verjüngen. Die Abstände zwischen den Rippen sind komplett in einem Honigwabenmuster verglast. Das Bauwerk wird über eine dunkle Passage erreicht, aus der man in das helle und luftige Erdgeschoss des runden Hauptschiffs tritt, das wesentlich größer ist, als von außen vermutet; bis zu 4000 Menschen finden in ihm Platz. Das Glas der Decke reflektiert die Lichtreflexe vom Wasser des die Kathedrale umgebenden Pools, in dem sich die umstehenden Gebäude spiegeln.

Wie so viele Städte spaltete sich auch Brasília: Der prächtige öffentliche Bereich steht den verfallenden Satellitenstädten der Stadtbewohner gegenüber.

GEGENÜBER
Der unterirdische Eingang der Kathedrale von Brasília

UNTEN
Im Inneren wird man auf den Marmoraltar und die Engelsfiguren aufmerksam, die unter der Decke schweben.

DAS 20. JAHRHUNDERT

Marina City in Chicago

Die Zwillingstürme der Marina City (1964–1967), die von den Bewohnern Chicagos Maiskolben genannt werden, stellen das bekannteste Werk von Bertrand Goldberg (1913–1997) dar, welches dieser auf dem Höhepunkt seiner langen Karriere schuf. Mit ihnen tat er formvollendet seinen Glauben an die Vorteile runder Formen kund: die überlegenen aerodynamischen Qualitäten, die Möglichkeiten, die durch einen zentralen Kern offen standen, und der gleiche Abstand der Einheiten von diesem Kern usw. Allerdings mussten sich die Türme der Marina City einigen Spott hochgeistiger Modernisten gefallen lassen. Und obwohl sie sicherlich einer gänzlich anderen Gesinnung entsprangen als die benachbarten Lake Shore Drive Apartments von Mies van der Rohe, hielt sich das Erstaunen aufgrund der Ähnlichkeit in Grenzen. Die Marina City wurde zu einer Zeit gebaut, in der die Grundstückspreise schneller stiegen, als die Gebäude erbaut werden konnten, und so wurde sie bestmöglich an das bemerkenswert schmale Gelände in der Ufergegend angepasst. Um allen Bewohnern eine gute Sicht zu bieten, wurden die Wohnungen mit den halbrunden Balkonen, die dem Bauwerk sein maiskolbenartiges Aussehen verleihen, erst ab dem 21 Stockwerk (von insgesamt 60) angesetzt. Darunter befinden sich die Stellplätze für 450 Autos, entsprechend der Anzahl der Wohnungen pro Turm. In der Anlage finden sich außerdem Büros, Läden, Restaurants, ein Theater zwischen den Türmen, eine Sporthalle, sogar eine Bowlingbahn – und natürlich der Jachthafen. Die Wohnungen sind um einen zentralen Kern, der 11 m durchmisst, gruppiert. Dies war der erste Teil des Bauwerks, auf dem dann der Baukran errichtet wurde. Zur Zeit ihrer Erbauung waren die Türme die höchsten Betonbauwerke der Welt.

LINKS
Goldbergs Türme der Marina City konnten zuerst – vermutlich aufgrund der horrenden Preise – nicht so leicht wie gehofft Mieter anlocken.

GEGENÜBER
Chicago mit der Marina City im Vordergrund

DAS 20. JAHRHUNDERT

DAS 20. JAHRHUNDERT

Die Habitat-Siedlung war die Sensation der Weltausstellung 1967 in Montreal. Die Materialien sind einfach, doch die Gestaltung ist unglaublich kompliziert.

Die Habitat-Siedlung in Montreal

Die Habitat genannte Wohnanlage am St.-Lawrence-Strom war das erste wesentliche Werk des israelisch-kanadischen Architekten Moshe Safdie, der 1938 geboren wurde. Den Anstoß für den Entwurf der Anlage lieferte die „Expo 67", doch die Habitat sollte nach der Weltausstellung in Montreal weiterhin genutzt werden.

Die Verwendung von vorgefertigten Stahlbetonbauteilen war nicht neu, und die Siedlung reflektierte viele der Ideen von Gropius und dem Bauhaus. Die Neuerung bestand darin, dass der außergewöhnliche Betonblock das „Konzept einer vorgefertigten Betonboxanlage von einer utilitaristischen Technik auf das Niveau gefühlvoller Architektur anhob" (Gilbert Herbert).

Die Anlage besteht aus 554 Fertigteilen, die zusammengesetzt wurden, um einen einzigen Komplex zu bilden. Dessen Form ist kompliziert und nur mit Computer-Unterstützung realisierbar. Auf den ersten Blick wirkt es chaotisch, fast als ob jemand eine Reihe von Containern auf einen Haufen geworfen hätte. Die Einheiten bilden jedoch, verschieden kombiniert, 15 unterschiedliche Wohnungstypen. So entstanden 158 Einheiten, vom Einzimmerapartment bis zur Luxuswohnung. Zwischen die Wohneinheiten ist ein System von Fußwegen geschoben.

Die ausgeklügelten, asymmetrischen Auskragungen ermöglichen Balkone bzw. Dachterrassen und eine gute Sicht für jede der Wohneinheiten. Stahlkabel sichern diese Konstruktionen. Wie der Architekt sagte, hatte er die Idee, „Privatsphäre, Frischluft, Sonnenlicht und vorstädtische Annehmlichkeiten in einem städtischen Umfeld" anzubieten.

Ursprünglich waren 900 Apartments vorgesehen, doch obwohl die Anlage weitaus populärer war als angenommen, wurden sie nie gebaut. Die vergleichsweise hohen Baukosten erwiesen sich als unerwartetes Problem.

Dies mag auch der Grund dafür sein, warum das Habitat-Projekt keine Imitatoren auf den Plan rief. Safdie selbst entwickelte diese Idee in Israel weiter, einem Land, in dem es ohnehin die Tradition kubusförmiger Häuser gab. Andere Architekten, wie etwa Kisho Kurokawa in Japan, entwarfen ähnliche Konzepte.

DAS 20. JAHRHUNDERT

DAS 20. JAHRHUNDERT

Die Universität von East Anglia in Norwich

Der britische Architekt Denys Lasdun (1914–2001) war eine der führenden Persönlichkeiten des so genannten Neuen Brutalismus der 50er- und 60er-Jahre des 20. Jahrhunderts. Dieser hatte sich der „ehrlichen" Architektur Mies van der Rohes und Le Corbusiers verschrieben, welche ihre Strukturen und Materialien nicht versteckten. Tatsächlich waren die Anhänger des Neuen Brutalismus diesem Prinzip anfangs sogar noch stärker verbunden als etwa Mies selbst, doch im Laufe der Zeit vermischte sich die Bewegung mit anderen internationalen Einflüssen und setzte andere Prioritäten. Lasdun, dessen berühmtestes Werk das Nationaltheater in London (1967–1976) ist, beschrieb seine Arbeit als „die Kombination aus Vertikalem und Horizontalem".

Die Universität von East Anglia (UEA) war eine der Campusuniversitäten, die nach dem Zweiten Weltkrieg in England geradezu aus dem Boden schossen. Diese sind allgemein unter dem Begriff „red-brick" (roter Ziegel) zusammengefasst. Die UEA hingegen besteht aus Beton.

Der innovative Campus ist, entgegen dem bereits etablierten mit seinen großräumig verteilten Gebäuden, sehr zentralisiert aufgebaut. Die Wohn-, Lehr- und Verwaltungsgebäude bilden einen einzigen Komplex, der sehr zweckmäßig ist. Gleichzeitig waren zukünftige Anbauten in der Planung vorgesehen.

Lasduns terrassierte, zikkuratähnliche Wohnblöcke weisen auf jeder zurückgesetzten Stufe Glasfronten auf. Dies und die Ausnutzung der Hanglage bot praktisch jedem Studenten eine Aussicht über die Grasflächen hinunter zu einem See.

Unvermeidbar war die Abnutzung der Innenbereiche im Laufe der Zeit, und auch die steilen Treppen entsprechen nicht mehr den modernen Vorstellungen. Jedoch sind die einzelnen Räume nicht unverhältnismäßig klein.

Obwohl viele den vom Wetter gezeichneten Beton hässlich finden, war der Entwurf von Sir Denys Lasdun für die Universität von East Anglia sowohl in ihrer Gesamtheit als auch im Detail erfolgreich.

DAS 20. JAHRHUNDERT

Das Sydney Opera House

Das Sydney Opera House (1957–1973) war ein umstrittenes Projekt, das von ständig auftauchenden neuen Problemen bedroht zu sein schien. Letztlich stellte es sich jedoch als ein Erfolg heraus, der die kühnsten Träume der Stadtväter übertraf und den einige von ihnen auch nicht verdient hatten. Denn viele der Probleme entstanden durch Einmischung der Politiker, was schließlich dazu führte, dass der dänische Architekt Jørn Utzon (geb. 1918) das Projekt und Australien verließ. Es gab ohnehin Zweifel an der Realisierbarkeit des anspruchsvollen Designs, doch die Bauingenieure der Firma von Ove Arup ließen den Traum wahr werden.

Das Sydney Opera House wurde auf einer kleinen Halbinsel im Hafen von Sydney erbaut. Utzon bewarb sich im Rahmen eines international ausgeschriebenen Wettbewerbs. 1956 wurde sein Entwurf, der angeblich nur eine Hand voll Skizzen umfasst haben soll, ausgewählt. Der geniale Architekt neigte dazu, seine Gestaltungen immer wieder zu überarbeiten, und so kann man nicht wissen, wie das Sydney Opera House ausgesehen hätte, wäre er bis zum Ende beteiligt gewesen. Das Opernhaus beherbergt fünf große Theater, und doch sagt man von ihm, es bestünde „nur aus Dach". Zwar verfügt die Concert Hall (die Konzerthalle) über 2679 Sitze, aber die bis zu 60 m hoch in den Himmel ragende, an Muscheln erinnernde Dachkonstruktion zieht alle Blicke auf sich. Die aufregenden Formen sehen eher aus wie Segeltuch als Beton und werden auch oft mit den Segeln der Boote im Hafen Sydneys oder mit den Rückenflossen der Haie im Ozean dahinter verglichen. Das australische Talent für bildhafte Sprache kommt auch in dem Spitznamen des Opera House, „Nonnenhauben", zum Tragen. Die Form des Dachs dient keinem praktischen Zweck und führte leider dazu, dass Kritiker dem Opernhaus – trotz seiner sonstigen Eignung – die Qualität als Bühne für klassische Opern abgesprochen haben.

Australiens berühmtes, postmodernes Opernhaus thront wie ein stolzes Segelschiff im Hafen von Sydney. Die Doktrin, Form folge der Funktion, wird völlig missachtet.

DAS 20. JAHRHUNDERT

Sir James Stirlings neue Staatsgalerie in Stuttgart ist voller Fantasie, Esprit und Aufregung.

Die Neue Staatsgalerie in Stuttgart

Die Neue Staatsgalerie wurde zwischen 1977 und 1984 als Erweiterung der Alten Staatsgalerie erbaut. Der Architekt James Stirling (1926–1994) hatte sich von den Grundsätzen der Internationalen Moderne abgewendet. Daher werden seine nach 1971 entstandenen Bauwerke, mit denen er seine vielfältige Ausdruckskraft ungezügelt auslebte, für gewöhnlich als postmodern bezeichnet.

Wie auch die Wandlichter der Staatsgalerie, die aussehen, als seien sie abgebrochene Stücke des Gesimses, weisen sie oftmals Details auf, die dem Betrachter zu verstehen geben, dass Architektur nicht zu ernst genommen werden sollte.

Stirlings Entwurf warf 1977 neun deutsche Entwürfe aus dem Rennen. Die Galerie lässt gekonnt verwinkelte Oberflächen in Räumen auf unterschiedlichen Ebenen aufeinander folgen.

Die zentrale Einheit bildet ein oben offener Rundbau aus Stein, dessen Wände durchbrochen sind, um fesselnde Einblicke in andere Bereiche zu erlauben. Es existiert keine Fassade als solche. Das Mauerwerk setzt sich aus Travertin und Sandstein zusammen, dessen erhabener Eindruck den leicht frivolen Farben, wie etwa dem Hellgrün des Bodens im Eingangsbereich, entgegentritt. Die Galerien befinden sich im obersten Geschoss und erhalten Licht durch das gläserne Dach. Die schlichten Räume sind eher konventionell, da Stirling die traditionelle Anordnung „überzeugender"

fand als die Alternativen des 20. Jahrhunderts.

Die Staatsgalerie rückte schon ein Jahr nach ihrer Eröffnung in der Liste der beliebtesten deutschen Museen von Platz 51 auf den ersten Rang.

DAS 20. JAHRHUNDERT

DAS 20. JAHRHUNDERT

Das Centre Pompidou in Paris

Georges Pompidou, der zwischen 1969 und 1974 der Präsident Frankreichs war, wollte mit dem Centre National d'Art et de Culture Georges Pompidou (1971–1977) keines Geringeren als Ludwig XIV. gedenken. Mit dem Bau beauftragt wurden der britische Architekt Richard Rogers (geb. 1933) und der Italiener Renzo Piano (geb. 1937) sowie der brillante Ingenieur Peter Rice der Firma von Ove Arup, die auch schon maßgeblich am Bau des Sydney Opera House mitgewirkt hatte. Die beiden jungen Architekten folgten Louis Sullivans Grundprinzip „Form folgt auf Funktion". Sie ließen zwar nicht alle ästhetischen Überlegungen beiseite, platzierten aber z. B. den Versorgungstrakt an der Außenfassade. Dieser umfasst u. a. Treppen in Plastikröhren, rote Aufzüge und weitere große, blaue Röhren für Luftschächte, grüne Wasserkanäle und gelbe Stromleitungen.

Das sechsstöckige Bauwerk, das den Spitznamen Kulturfabrik trägt, ist 168 m lang, 59 m breit und 42 m hoch. Ein Rahmen aus zylinderförmigen Stahlsäulen und Trägern gibt die Sicht auf den Innenbereich frei. Dieser konnte trotz einer Länge von 48 m ohne Stützpfeiler auskommen. Die durchweg „industrielle" Natur des Designs erregte, speziell durch ihren Standort in einem historischen Stadtteil Paris', heftige Proteste, da einige in dem Bauwerk nichts weiter als eine halbfertige Fabrik sahen. Der Platz erwies sich alsbald als Touristenmagnet. Schon 20 Jahre nach der Eröffnung des Centre Pompidou schloss man es vorübergehend für Renovierungsarbeiten.

Die Außenanlagen beweisen, dass auch technische Elemente, die sonst versteckt sind, schön sein können. Sie machen letztlich die Ästhetik des Centre Pompidou aus.

DAS 20. JAHRHUNDERT

Das Lloyd's Building in London

Das traditionsreiche Unternehmen Lloyd's of London wird oft fälschlicherweise als Versicherungsgesellschaft verstanden. Tatsächlich ist es jedoch eine Organisation von Einzelversicherern, die in hunderte Subunternehmen gegliedert sind, die durch das Prinzip der Diversifikation praktisch alles überall versichern können. Der Name leitete sich vom Lloyd's Kaffeehaus in der Lombard Street ab, wo sich Schiffsbesitzer und See-Versicherer ab den 90er-Jahren des 17. Jahrhunderts trafen. Im letzten Viertel des 20. Jahrhunderts erlebte Lloyd's schwierige Zeiten nach einer langen Phase verhältnismäßiger Sicherheit mit hohen Profiten.

Viele Einzelversicherer lehnten das High-Tech-Bauwerk (1978–1986) von Richard Rogers und der Baufirma von Ove Arup als zu dynamisch ab.

Der Rahmen des Gebäudes ist sehr solide, und es ist durch den leichten Zugang zu den Versorgungssystemen, wie beim Centre Pompidou, gegen Überalterung gefeit. Auch hier wird so ein großzügiger Innenraum geschaffen. Die schnellen, komplett verglasten Aufzüge bieten wunderbare Aussichten über London. Das zwölfstöckige Hauptgebäude basiert auf einem rechteckigen Grundriss, ist von Versorgungstürmen umgeben, besteht zur Hauptsache aus Beton, der mit Edelstahl verkleidet ist, und weist große reflektierende Glasflächen auf. An der Innenwandung des Atriums sind Balkone konzentrisch eingeordnet.

DAS 20. JAHRHUNDERT

Auch in dem bis dato wohl erfolgreichsten Bauwerk von Richard Rogers ist der Reiz der Stärke spürbar.

DAS 20. JAHRHUNDERT

Richard Meiers Bauwerke sind übersichtlich und stehen für seine Ablehnung des falsch verstandenen Postmodernismus.

Das High Museum of Art in Atlanta

Der New Yorker Architekt Richard Meier (geb. 1934) war Mitglied der „New York Five", einer Gruppe von Architekten, die 1969 durch eine Ausstellung im Museum of Modern Art auf sich aufmerksam machte. Die Entwürfe der Gruppe entsprachen der Tradition Le Corbusiers und der Internationalen Moderne. Die Gruppe löste sich bald auf, doch sie waren bekannt geworden und wurden mit Großaufträgen bedacht: Meier entwarf eine Reihe prestigeträchtiger Museen, unter ihnen das High Museum of Art in Atlanta, Georgia (1983), und wurde zu einem der weltweit erfolgreichsten und begehrtesten Architekten. Der Eindruck von Makellosigkeit in seinen Bauwerken erklärt sich durch seine Vorliebe für die Farbe Weiß.

Das stolze High Museum, das Teil des Woodrow Arts Center ist, ist wohl das bemerkenswerteste Exemplar unter seinen zahlreichen Bauwerken. Die Wettbewerbsjury stimmte 1981 einhellig für Meiers Entwurf. Betonplatten und ein Stahlrahmen bilden das Gerüst des Bauwerks, und die für Meier so typischen mit Porzellan emaillierten, weißen Stahlpaneele verkleiden es. Das so entstandene Muster wiederholt sich am Boden, im Außenbereich und an den zahlreichen Fenstern.

Zwischen kubischen Flügeln befindet sich die verglaste Fassade der Vorhalle, deren Rampen an das Guggenheim-Museum erinnern. Das Museum verfügt u. a. über ein Auditorium und ein Café.

DAS 20. JAHRHUNDERT

DAS 20. JAHRHUNDERT

Die Commerzbank in Frankfurt

Nicht viele Menschen würden sich freiwillig für eines der mittelmäßigen Büros in einem Hochhausblock entscheiden, in einem „verlängerten Aktenschrank", wie sie Jonathan Glancey nennt. Die Gestaltung der Hauptgeschäftsstelle der Commerzbank in Frankfurt am Main von Norman Foster & Partners ist der kühne Versuch, die Anonymität, die Monotonie und die verbrauchte Luft des typischen Büroturms hinter sich zu lassen. Foster stützte sich auf modernste Technik und auf das Fachwissen der Ingenieure der Firma Ove Arup & Partners.

Den Grundriss des 57-stöckigen Commerzbank-Towers (1997) bildet ein gleichseitiges Dreieck, in dessen drei Ecken sich die Versorgungsanlagen befinden. Steinfassaden umschließen einen 150 m hohen Atriumbereich, der in einem Glasdach endet. Dieser Bereich wird durch neun Gärten spiralförmig versetzt gegliedert. In jedem dieser vierstöckigen Gärten gedeiht die Flora eines anderen Erdteils. Von jedem Schreibtisch aus sind Pflanzen zu sehen, und durch die großen Fenster hat man einen schönen Blick auf die Stadt.

Durch die doppelte Außenfassade ist eine Versorgung mit Frischluft möglich. Die Innenfenster kann man elektrisch kippen. Die äußere Fassade ist bis auf Frischluftstutzen geschlossen.

Die romantische Idee war, die allgemeine Weite durch ein dorfähnliches Konzept zu ersetzen. 240 Menschen arbeiten in Großraumbüros, die durch gläserne Trennwände unterteilt und dadurch vor Lärm geschützt sind und die Aussichten auf den jeweiligen Garten bieten. Auch die Abwesenheit von Säulen verstärkt den großzügigen Effekt.

Das Bauwerk ist von außen betrachtet weniger auffällig – sowohl Bauregulierungen als auch die Kosten spielten hier eine Rolle.

GEGENÜBER
Die Commerzbank wurde von Norman Foster & Partners mit vielen Innovationen ausgestattet.

RECHTS
Innenansicht von einem der Gärten

DAS 20. JAHRHUNDERT

DAS 20. JAHRHUNDERT

GEGENÜBER
Der Reichstag wurde für das Zweite Reich gebaut, überstand das Dritte Reich nicht und ist heute das Symbol eines vereinten, demokratischen Staates.

RECHTS
Die neue Glaskuppel über dem Plenarsaal.

DAS 20. JAHRHUNDERT

Der Reichstag in Berlin

Der Reichstag wurde zwischen 1884 und 1894 im Stil der Neo-Renaissance für die Legislative des neuen deutschen Reiches erbaut. 1933 wurde das Bauwerk durch den Reichstagsbrand erheblich beschädigt, und die nachfolgende Aufhebung der Verfassung durch Hitler machte den Reichstag überflüssig. 1945 wurde er durch sowjetische Kanonen fast dem Erdboden gleichgemacht, und auch während der Teilung Deutschlands wurde ihm keine Aufgabe zuteil, wenngleich er teilweise restauriert wurde. Mit der Wiedervereinigung 1990 wurde Berlin wieder Hauptstadt, und es wurde das alte Reichstagsgebäude renoviert und erweitert, um ab 1999 Sitz des Bundestages zu sein. Den Auftrag erhielt der Brite Sir Norman Foster.

Die Energieversorgung des Bauwerks ist sehr umweltfreundlich, da Solarenergie, Rapsöl und ein eigenes Kraftwerk, das den Kohlendioxidausstoß um 90 Prozent verringert, zum Einsatz kommen. Am auffälligsten ist die neue Glaskuppel über dem Plenarsaal. Im Inneren leitet dort ein kompliziertes System aus Spiegeln das Licht der Sonne aus der Kuppel bis in den Sitzungssaal hinab. Laut Foster „sieht man (aus dem Plenarsaal) das Volk, das über die Politiker, die es bezahlt, aufsteigt. Hier herrscht das Volk und nicht die Politiker". Obwohl das Reichstagsgebäude kaum über 100 Jahre alt ist, hat es eine beachtliche Geschichte, die Foster & Partners bewahren wollten.

DAS 20. JAHRHUNDERT

Die malaysischen Himmelsstürmer werfen einige Fragen auf. Gibt es heute irgendeine Einbeziehung lokaler Traditionen bei architektonischer Gestaltung? Ist die Rivalität, die einst nur in Nordamerika beheimatet war, unter denjenigen, die den Titel „des höchsten Gebäudes der Welt" beanspruchen wollen, noch schärfer geworden, seit sie international ist?

Die Petronas Towers in Kuala Lumpur

In den 1980er-Jahren wurde mitten in Kuala Lumpur eine riesige Fläche frei. Die Regierung entschied sich gegen einen öffentlichen Park und für ein gewerbliches Gebäude.

Der Mineralölkonzern Petronas wurde zum Hauptinvestor und plante seinen Firmenhauptsitz in die Türme zu verlegen. Angespornt durch den malaysischen Premierminister Dr. Mahathir Mohammed, entstanden zwischen 1993 und 1998 die monumentalen Petronas Towers.

Der Entwurf stammte von dem in Argentinien geborenen, amerikanischen Architekten Cesar Pelli (geb. 1926). Dieser sah 88-stöckige Zwillingstürme vor, die etwa auf halber Höhe durch eine „Himmelsbrücke" verbunden wurden. Jedem der Türme wurde ein 44-stöckiger zylindrischer Turm angefügt. Der sternförmige Grundriss der Haupttürme ist ein islamisches Motiv. Die Vorbereitungen und Planungen vor dem Baubeginn waren erheblich. Projektleiter wurden für ein Jahr zum Studium in die USA geschickt und Experten aus aller Welt zu Rate gezogen.

Geologische Studien wurden bis zu 100 m unter der Erde durchgeführt – vieles wurde im Voraus bestellt, um kostspielige Verzögerungen zu vermeiden. Außerdem wurden strengste Sicherheitsvorkehrungen vorgenommen, um die 7000 Arbeiter nicht zu gefährden. In der letzten Bauphase wurden die Spitzen noch verlängert, so dass das Bauwerk mit 452 m bis zum Jahr 2003 den Titel „höchstes Bauwerk der Welt" trug.

DAS 20. JAHRHUNDERT

DAS 20. JAHRHUNDERT

Das Guggenheim Museum in Bilbao

Das Guggenheim Museum in Bilbao (1993–1997) ist ein Repräsentant der Bauwerke, die Ende des 20. Jahrhunderts ohne den Computer nicht hätten entstehen können. Es sieht aus wie eine gigantische, abstrakte Skulptur, die vielleicht an Picasso und den Kubismus erinnert. Die Zusammenstellung der ungleichen, miteinander verbundenen Formen, die zur Hauptsache mit Titan überzogen sind, unterliegt keiner nachvollziehbaren Logik. Doch das Design des Museums dürfte angesichts des Architekten keine große Überraschung gewesen sein. Der gebürtige Kanadier Frank Gehry (geb. 1929), der in Kalifornien lebt und arbeitet, wendete hier betont seine „regelfreie Architektur" an.

Die Idee entstand im Rahmen eines groß angelegten Projektes, das die heruntergekommene baskische Stadt Bilbao wieder zu beleben suchte. Zeitgleich war die Guggenheim-Stiftung auf der Suche nach einem weiteren Standort für ihre gewaltige Sammlung der modernen Kunst. Der Bau des Museums auf einem stillgelegten Industriegelände kostete ca. 100 Millionen Dollar. Im Oktober 1997 wurde das Museum eröffnet. Ein Versuch der ETA, einen Anschlag zu verüben, wurde verhindert. Im ersten Jahr zog dieses Museum mehr Besucher an als der Prado. Laut einer Studie kommen 80 Prozent der Besucher wegen des Bauwerks selbst.

Der Innenbereich ist gut an die überdimensionalen Kunstwerke angepasst. Die Hauptgalerie ist 137 m lang und 50 m hoch. Die Ausstellungsfläche beträgt auf drei Stockwerken insgesamt 9000 m².

Es ist ein interessanter Widerspruch: Während nahezu jedes moderne Bauwerk Missfallen erregt, wecken die extravagantesten und unkonventionellsten Designs oftmals allgemeine Begeisterung. Sowohl das Sydney Opera House als auch das Guggenheim-Museum in Bilbao gehören zur letzten Kategorie.

GLOSSAR

Adobe: luftgetrockneter Lehmziegel

Altarraum: östlicher Teil einer Kirche, in dem sich der Altar befindet

Apsis: halbrunde, auch vieleckige Altarnische als Abschluss eines Kirchenraumes

Aquädukt: brückenartiges Bauwerk mit einem Wasserkanal

Arkade: von Säulen getragene Bogenreihe

Architrav: unterster der tragenden Querbalken eines Säulengebälks

Art-nouveau: Bezeichnung für den Jugendstil in Großbritannien, USA und Frankreich, der von Pflanzenmotiven und lebendigen Farben bestimmt ist

Art déco: künstlerische Richtung, etwa 1920 bis 1930, die auf geometrischen Formen basiert

Arts and Crafts: Bewegung, die von John Ruskin und William Morris in England zu Zeiten der Königin Viktoria beeinflusst wurde und die der Industrialisierung ablehnend gegenüberstand

Atlas-Figur: Gebälkträger in Gestalt eines Mannes

Atrium: an den Seiten überdachter, offener Haupthof einer römischen Villa

Axial: in der Achsenrichtung ausgerichtet

Azulejos: spanisch für glasierte Zierkacheln, die typisch für Spanien und Lateinamerika sind

Baldachin: prunkvolles Dach aus Stoff, das sich z. B. über einem Thron oder Altar befindet

Bandelwerk: in Stein gehauene Ornamente in der Form von Laub, Blättern und Bändern

Baptisterium: der Teil der Kirche, in dem die Taufe durchgeführt wird

Barock: Kunststil im Europa des 17. bis 18. Jahrhunderts, der durch Formenreichtum gekennzeichnet ist

Basilika: Kirchenbauform mit Arkaden, Seitenschiff und Lichtgaden

Bastion: vorspringender Teil an einer Burgmauer, zumeist an einer Ecke, der den Verteidigern einen besseren Blick über die Mauern verschafft

Beton: steinähnliche Substanz, die durch die Mischung von Zement, Sand und Zuschlagstoffen wie etwa Kies entsteht

Blattwerk: Verzierungen in der Form von Blättern

Blendbogen: „gefüllter" Bogen, der als dekoratives Element eine solide Wand ziert

Burgfried: das Hauptgebäude oder der Hauptturm einer Burg, auch Bergfried genannt

Campanile (auch Kampanile): Glockenturm

Cella: hinter der Vorhalle befindlicher Hauptraum eines klassischen Tempels

Chaitya: buddhistisches Heiligtum oder Schrein

Château: ursprünglich eine französische Burg; später ein herrschaftliches Landhaus

Chor: der Kirchenraum, in dem sich der Chor befindet; oft gleichzeitig als Altarraum verwendet

Chorumgang: Gang in einer oder um eine Apsis

Churrigueresque: verschwenderischer Dekorationsstil, der im 18. Jahrhundert von den Werken des spanischen Architekten José Benito de Churriguera (1665–1725) abgeleitet wurde

Dachgesims: oberster, oft ornamentierter und vorspringender Teil eines Gebäudes oder einer Mauer

Decorated Style: Epoche der gotischen Baukunst in England zwischen dem 13. und dem 14. Jahrhundert, die üppiges Dekor förderte

Dorisch: erste der drei griechischen Ordnungen, für die kannelierte Säulen ohne Sockel und einfache Kapitelle charakteristisch sind

Early English: früheste Stufe der englischen Gotik im späten 12. und im 13. Jahrhundert, die weniger auf Vertikalität bedacht war als die französische Gotik

Entasis: sanfte Schwellung des Schaftes antiker Säulen

Erker: Mauerausbuchtung

Fachwerkträger: Teil eines tragenden Holzgerüsts

Fallgatter: Eisentor einer Burg, das zum Öffnen hochgezogen und zum Schließen (schnell) heruntergelassen wurde

Fassade: Hauptfront oder Stirnseite eines Bauwerks

Fiale: ornamentales Element auf der Spitze eines Giebels, einer Turmspitze, usw.

Flamboyant: späte gotische Architektur in Frankreich im 15. und im 16. Jahrhundert, die sehr luxuriöses, geschwungenes Maßwerk aufweist

Fries: zentraler bandartiger Streifen eines klassischen Säulengebälks, oder eine durchgängige Zierleiste entlang dem Kopfende eines Raumes oder Gebäudes

Galerie: umlaufender Gang eines Obergeschosses, der auf einer Seite offen ist; das Stockwerk über den Arkaden in einer gotischen Kirche

Gewölbe: bogenförmige Decke aus Mauerwerk

GLOSSAR

Gitterwerk: gitterartige, durchbrochene Fülldekoration, die ein Muster bildet

Gotik: vorherrschender Stil im Europa des späten 12. Jahrhunderts bis zur Renaissance, der von Spitzbögen, Kreuzrippengewölben, großen Fenstern und Strebebögen geprägt war

Gratgewölbe: Gewölbe, das von vier Tonnengewölben, die im rechten Winkel zueinander stehen, gebildet wird

Griechisches Kreuz: Kreuz mit vier gleich langen Armen

Hallenkirche: Hauptschiff und Seitenschiffe sind gleich lang, es gibt keine Lichtgaden

Han: siehe Karawanserei

Hauptschiff: rechteckiger Teil einer Kirche westlich der Vierung

Hufeisenbogen: Rundbogen, der sich nach unten verschmälert

Hypostylon: großer Innenbereich, dessen Dach von vielen Säulen getragen wird

Ionisch: die zweite der drei klassischen griechischen Ordnungen, für die Kapitelle in der Form von Voluten üblich sind

Iwan: große überwölbte Halle, die an einer Seite offen ist und sich in der Mitte jeder Mauer an den Seiten des Hofes einer islamischen Moschee befindet

Jalousie: Verdunkelungsvorrichtung an Fenstern

Jugendstil: siehe Art-nouveau

Kiosk: ein kleines, offenes Gebäude, ähnlich einem Sommerhaus, das oft auf Pfeilern steht

Kapitell: Kopfstück einer Säule, über dem Schaft

Kannelierung: senkrechte Einkehlungen am Schaft von Säulen

Karawanserei: Unterkunft für Karawanen an den Straßen im Nahen Osten

Karyatide: Säule in der Form einer weiblichen Figur

Kassette: dekorative, vertiefte Tafeln in einer Decke

Klassik: Stil im antiken Griechenland und Rom, der oft wieder belebt wurde (Neoklassizismus); vorherrschender historischer Einfluss auf westliche Architektur

Kolonnade: Säulengang, der das Säulengebälk, Bögen oder ein Dach trägt

Konsole: Vorsprung, meist aus Stein, als Teil einer Wand, der Stützbalken oder andere Bauelemente trägt

Korinthisch: die dritte der klassischen, griechischen Ordnungen, für die kunstvolle Kapitelle, die mit Blattwerk verziert sind, charakteristisch sind

Kragbalken: waagrechtes Bauelement, das über den Auflagepunkt hinausragt

Kreuzgang: offene Arkaden, die einen Hof einrahmen, zum Beispiel in Klöstern

Kreuzrippengewölbe: Gewölbe, bei dem die Grate zwischen den Wölbungen durch unterstützende, erhabene Bögen gekennzeichnet sind

Kuppel: gekrümmtes halbkugelförmiges Dach

Lanzettfenster: spitz zulaufende Fenster, ein Merkmal der frühen Gotik

Laterne: kleines Türmchen auf einer Kuppel oder einem Turm

Lateinisches Kreuz: Kreuz, bei dem der Teil des Längsbalkens unter dem Horizontalbalken länger ist als die übrigen drei Teile

Lehrgerüst: hölzerne Hilfskonstruktion, die beim Bau eines Bogens verwendet wird

Lichtgaden: Öffnungen an der Wand über der Arkade in einer Basilika als Hauptlichtquelle

Loggia: an den Seiten offener Bogengang, der manchmal ein eigenständiger Bau ist

Mahal: Palast

Manuelinik: prunkvoller, spätgotischer Stil in Portugal, der in der Zeit von Manuel I. (1492–1521) entstand

Masjid: Moschee

Maßwerk: geometrische Ornamentformen aus Stein, zur Gliederung von gotischen Fenstern; auch an Wandflächen und Gewölben vorkommend

Mausoleum: großes, monumentales Grabmal

Medrese: eine muslimische Schule

Metopen: fast quadratische, oft mit Reliefs verzierte Platten mit Triglyphen in einem dorischen Fries

Mezzanine: Zwischengeschoss, oft über dem Erdgeschoss

Mihrab: Hauptgebetsnische in der Qibla-Mauer einer Moschee

Minarett: schlanker, hoher Turm einer Moschee, von dem aus die Gläubigen zum Gebet gerufen werden

GLOSSAR

Minbar: hohe Kanzel in einer Moschee

Mosaik: Dekoration auf einer Oberfläche mit kleinen Glas- oder Steinwürfeln, die in Zement gesetzt werden

Mittelpfosten: vertikale Stäbe, die ein Fenster in Parzellen unterteilen

Muqarnas: in Stein gehauene Ornamente in einem islamischen Gewölbe, Stalaktiten gleichend

Obelisk: sich verjüngende, vierseitige Säule mit einer pyramidenähnlichen Spitze

Ochsenauge (Okulus): rundes oder ovales Fenster an der Spitze einer Kuppel oder eines Giebels

Oktogon: Bauwerk mit achteckigem Grundriss

Ordnung: eine der fünf klassischen Kategorien, von denen drei griechisch und zwei römisch sind, hauptsächlich durch die Form der Säulen charakterisiert

Pagode: mehrstöckiger, buddhistischer Tempelturm

Palladianischer Stil: beliebter Stil Anfang des 18. Jahrhunderts in Europa, der auf den Gestaltungen des Architekten Andrea Palladio (1508–1580), der klassische Elemente und die Renaissance verband, basierte

Pechnase: vorspringender Erker an einer Burg, der nach unten offen war, um Angreifer zu „bombardieren"

Pediment: dreieckiges Giebeldach über einem klassischen Eingangsportal

Pendentif: Konstruktion in Form eines konkaven Dreiecks, die eine Kuppel über einem rechteckigen Grundriss oder mehreckigen Tambour ermöglicht

Peristyl: Säulenreihe, die ein Bauwerk oder einen Hof umgibt

Perpendikularstil: englische Spätgotik (14. bis 16. Jahrhundert), die starke Betonung auf senkrechte Linien und große Fenster legte

Pfeiler: senkrechte Stütze des Mauerwerks, ähnlich einer Säule, nur mit breiterem Querschnitt

Piazza: großer, offener Platz in einer Stadt

Pietra Dura: Mosaiktyp, für den Halbedelsteine verwendet werden

Pilaster: Wandpfeiler, der nur ein wenig aus der Mauer hervorspringt und der dekorative Funktion hat

Piloten: Stützen, die ein Bauwerk wie Stelzen tragen

Plateresque-Stil: üppiger Dekorstil, der den Arbeiten der spanischen Silberschmiede im 16. Jahrhundert nachempfunden war

Podium: Fundament, auf dem ein Bauwerk, speziell ein Tempel, erbaut wird

Portikus: von Säulen getragener Vorbau einer Portalanlage

Presbyterium: den Priestern vorbehaltener Chorraum einer Kirche

Pylon: Turm, der das monumentale Eingangstor ägyptischer Tempel flankiert und wie eine abgeschnittene Pyramide aussieht

Qibla: Wand einer Moschee, die Mekka am nächsten ist

Querschnitt: vertikale Ansicht eines Bauwerks, als ob man es in der Mitte durchgeschnitten hätte

Rayonnant-Stil: klassischer gotischer Stil in Frankreich im 13. und 14. Jahrhundert, für den die Einbindung von aufwändigem Blattwerk und die Bereitschaft zu experimentieren charakteristisch ist. Das Wort bedeutet „strahlend" und beschreibt das zeitgenössische Muster der Lichtstrahlen, die durch Fensterrosen einfielen.

Ringmauer: befestigte Hauptmauer einer Burg; in moderner Architektur äußere, kein Gewicht tragende Mauer

Rokoko: Kunststil des Spätbarocks, der zwischen 1730 und 1760 seinen Höhepunkt erreichte und für den asymmetrische, kühn geschwungene Formen charakteristisch sind

Romanik: vorherrschender Baustil in Europa bis Mitte des 12. Jahrhunderts, der sich vom Stil des antiken Roms ableitete und für den Rundbögen, mächtige Pfeiler und dicke Wände charakteristisch sind

Rondell: runde Form, für gewöhnlich ornamentiert, ähnlich einem Medaillon

Rosette: rundes Fenster, bei dem Streben vom inneren Mittelpunkt nach außen abgehen, wie die Speichen eines Rades

Rotunde: Rundbau, meist mit einer Kuppel und einer Kolonnade

Rustika: Mauerwerk aus großen, nur roh behauenen Steinblöcken

GLOSSAR

Sanktuarium: heiligster Teil einer Kirche oder eines Tempels, in dem sich der Altar oder der Reliquienschrein befindet

Säule: lotrechte, zylindrische Stütze, die aus einem Sockel, dem Schaft und einem Kapitell besteht

Säulengebälk: horizontale Elemente über dem Kapitell einer Säule in der klassischen Architektur, die aus dem Architrav, dem Fries und einem Gesims besteht

Scagliola: Masse auf Gips- oder Zementbasis, der Marmorfragmente oder andere Materialien und Farbe beigemischt werden, um Marmor zu imitieren

Schindeln: überlappende Holzziegel an den Wänden oder auf dem Dach eines Bauwerks

Schlussstein: keilförmiger Stein am höchsten Punkt eines Bogens oder Gewölbes

Schnörkel: spiralenförmiges, dekoratives Element, das an eine aufgerollte Papierrolle erinnert

Seitenschiff: kleinere, seitlich an der Kirche befindliche Schiffe

Sgraffito: eingeritzte Dekoration in Fliesen oder Gips, bei der durch die obere Schicht bis zur Grundierung gearbeitet wird, um die darunter liegende Farbe sichtbar werden zu lassen

Sikhara: Hauptturm eines indischen Tempels, meist über dem Sanktuarium

Sockel: Block, auf dem eine Säule steht

Spannbeton: Stahlbeton, der durch Vorspannung schon so belastet ist, dass äußere Belastung auf den Beton ausgeglichen werden kann

Spandrille: dreieckiges Flächenstück, das einen Bogen umrahmt, z. B. die Fläche zwischen zwei Bögen einer Arkade

Stahlbeton: Beton mit eingebettetem Stahl für höhere Belastungen

Strebebogen: Verstrebung zwischen der Wand und dem Strebepfeiler mittels eines Halbbogens, die den Druck des Gewölbes ableitet

Strebepfeiler: solides, vertikales Element, das an eine Wand gebaut wird, um diese zu stützen

Stuck: modellierbare Masse aus Gips, Kalk, Sand und Wasser, die zu Reliefs verarbeitet wird

Stupa: überwölbtes, buddhistisches Grabmal, das Reliquien beherbergt

Sturz: horizontale Platte über einer Tür oder einem Fenster

Stylobat: oberste Stufe eines klassischen Bauwerks, auf der die Säulen stehen

Tambour: zylindrische Mauer, die eine Kuppel trägt; zylindrisches Teilstück einer Säule

Tatami: japanische Strohmatten, deren Maße die Bemessungseinheit darstellten, um Innenräume zu gestalten

Terrakotta: gebrannte, unglasierte Tonerde, die oft zu Dekorationszwecken verwendet wird

Tonnengewölbe: Gewölbe mit halbkreisförmigem Querschnitt

Torana: Torweg zu einem buddhistischen oder hinduistischen Tempel

Toskanischer Stil: römische Ordnung, eine der fünf klassischen Ordnungen, die sich wahrscheinlich von der etruskischen Architektur ableitete und dem dorischen Stil ähnlich ist; allerdings weist er Sockel und unkannelierte Säulen auf

Transept: Querschiff einer Kirche

Triforium: offener Laufgang entlang der Wand einer gotischen Kirche, der sich über dem Hauptschiff, aber unter den Lichtgaden befindet und manchmal als Galerie bezeichnet wird

Triglyph: kannelierte Steinplatte, die sich mit den Metopen in einem dorischen Fries abwechselt

Tympanon: Halbkreis zwischen dem Sturz und dem Bogen eines Durchgangs; rechteckiges Giebelfeld in einem klassischen Pediment

Vierung: Bereich einer Kirche, der da entsteht, wo sich Lang- und Querhaus kreuzen

Villa: großes, herrschaftliches Landhaus

Volute: schneckenförmiges Zierelement an ionischen Kapitellen

Vorgefertigter Beton: Betonelemente, die schon in einer Firma vorgefertigt wurden, bevor sie an Ort und Stelle verbaut werden

Voussoirs: französisch für Gewölbestein; keilförmige Steine, die die Innenkurve eines Bogens ausfüllen

Zikkurat: monumentales Bauwerk aus sukzessiv kleiner werdenden, konzentrischen Plattformen, eine Stufenpyramide

INDEX

A
Aachen 53
Abu Simbel 17
AEG-Turbinenfabrik 326
Ajanta-Höhlen 261
Aksaray 297
Aleppo 298
Alhambra, Granada 301
Amiens 77
Amritsar 276
Amsterdam, Börsengebäude 322
Amsterdam, Königspalast 162
Amun-Tempel, Karnak 18
Angers 90
Angkor Wat 282
Apollontempel, Bassae 32
Aranjuez 192
Arc de Triomphe, Paris 216
Athen 33, 34
Atlanta 388
Atomium 364
Auditorium Building 318
Avignon 104

B
Babylon, Ischtar-Tor 20
Basilius-Kathedrale 150
Bassae 32
Bauhaus 336
Beaune 116
Beauvais 81
Berlin 166, 326
Bhubaneswar 266
Blenheim Palace 169
Borgundn 83
Bourges 74
Brasília 373
Buckingham Palace 207
Burgos 88

Buxoro 312
Byodoin-Tempel 251

C
Caernavon 96
Canterbury 61
Capella Palatina, Palermo 75
Caracalla-Thermen, Rom 43
Caserta 182
Castel del Monte 89
Centre Pompidou 385
Chartres 72
Château de Blois 84
Chengde 239
Chilehaus, Hamburg 334
Chinesisch Mauer 233
Chrysler Building 350
Cluny 64
Córdoba 290
Coventry 367

D
Damaskus 311
Delhi 279
Diokletianspalast 45
Dogenpalast 94
Dublin 202
Durham-Kathedrale 59

E
Edinburgh Castle 69
Eiffelturm 214
Einsteinturm 332
El Escorial 146
Ely 60
Empire State Building 352
Epidaurus 35
Erechtheion 34

F
Fallingwater 349
Felsendom, Jerusalem 289
Firth of Forth 212
Flatiron Building 325
Florenz 103, 125, 126
Ford House 358
Four Courts 202
Frankfurt 390
Frauenkirche, München 119

G
Gent 55
Gizeh 15
Glasgow School of Art 226
Gol Gumbaz 275
Golden Gate Bridge 345
Granada 301
Grand Central Station, New York City 329
Gravensteen, Gent 55
Große Halle des Volkes 254
Große Stupa 259
Guaranty Building 320
Guarda, Portugal 110
Guggenheim–Museum, Bilbao 397
Guggenheim–Museum, New York City 368

H
Hagia Sophia 50
Hampton Court Palace 138
Helsinki 331
Himeji 250
Himmelstempel 236
Horyuji-Tempel 247
Hôtel-Dieu 116
Humayun-Mausoleum 272

I
Il Gesù, Rom 154

Ischtar-Tor 20
Isfahan 295, 308
Istanbul 304, 306

J
Jami Masjid-Moschee 270
Jekaterinenpalais 195

K
Kailasanath-Tempel 262
Kairo 296
Kairouan 293
Kapitol, Washington D.C. 210
Karnak 18
Khajuraho 269
Kiew 58
Kinkakuji-Pavillon 252
Ottobeuern 186
Knossos 21
Köln 97
Kolosseum, Rom 40
Konarak 268
Konstantinopel 50
Krak des Chevaliers 70
Kreml, Moskau 115
Kyongbokkung-Palast 242

L
Laon 71
Lloyd's Building 386
London 159, 207, 209, 218
Longleat, England 144
Louvre 142

M
Machu Picchu 25
Madrid 181
Mahabalipuram 264

402

INDEX

Mailand 112
Mainz 65
Maison Carrée, Nîmes 39
Mantua 131
Marienburg 92
Marina City 374
Marseille 359
Mekka 287
Mesa Verde 26
Mexiko-Stadt 158
Monticello, Virginia 198
Montreal 376
Mont-Saint-Michel 54
Moskau 150
München 119
Münster 99

N
Nîmes 38, 39
Norwich 379
Notre Dame, Ronchamp 360
Notre-Dame de Paris 73

O
Olympia 36

P
Paestum 31
Palazzo Barberini 130
Palazzo del Quirinale 129
Palazzo Ducale, Mantua 131
Palazzo Ducale, Urbino 127
Palazzo Medici-Riccardi 125
Palazzo Pitti 126
Palazzo Publico, Siena 87
Palermo 75
Pantheon, Rom 42
Paris 73, 142, 214, 216, 224
Parthenon, Athen 33

Peking 236, 254
Persepolis 23
Petersdom 152
Petronas Towers 394
Pisa 78
Pont du Gard, Nîmes 38
Potala-Palast, Lhasa 243
Prag 106, 174, 346

R
Ravenna 52
Regensburg 100
Reichstag, Berlin 393
Reims 80
Rialtobrücke 148
Rochester Castle 93
Rockefeller Center 354
Rom 40–43, 49, 129, 130, 152, 154, 194
Rouen 98
Royal Pavilion, Brighton 204

S
Sacré-Coeur, Paris 224
Sagrade Familia, Barcelona 228
Salamanca 76
Salisbury 101
Samarkand 303
Samarra 292
San Francisco 345
San Vitale, Ravenna 52
Sankt Petersburg 195, 196
Santa Maria del Fiore 103
Santa Maria della Salute 157
Santa Maria Maggiore, Rom 49
Santiago de Compostela 82
Schloss Belvedere, Wien 171
Schloss Chambord 137
Schloss Chantilly 140
Schloss Charlottenburg 166

Schloss Chillon, Schweiz 57
Schloss Drottningholm 164
Schloss Fontainebleau 134
Schloss Herrenchiemsee 223
Schloss Linderhof 220
Schloss Nypmphenburg 167
Schloss Rambouillet 108
Schloss Saint-Germain-en-Laye 141
Schloss Sans Souci 190
Schloss Schönbrunn 168
Schloss Versailles 161
Seagram Building 357
Segovia 132
Selfridge's Department Store 335
Sevilla 118
Siena 87
Sintra, Portugal 120
Sonnenpyramide, Teotihuacán 24
Sophienkirche, Kiew 58
Spalato 45
Spanische Treppe 194
St. Louis 371
St. Michael und St. Gudula 85
St. Nikolaus, Prag 174
St. Pancras, Bahnhof 218
St. Pauls, London 159
Stockholm 173
Stonehenge 13
Straßburg 56
Strawberry Hill 203
Stuttgart 382
Süleymaniye-Moschee 304
Superga, Turin 172
Sydney Harbour Bridge 340
Sydney Opera House 380
Syon House, Middlesex 201

T
Taj Mahal 280

Teatro Olimpico, Vicenza 149
Teotihuacán 24
Theater von Epidaurus 35
Todaiji-Tempel 249
Toledo 102
Topkapi-Palast in Istanbul 306
Tower of London 62
Turin 163, 172

U
Udaipur 274
Ulm 107
Urbino 127

V
Venedig 148, 157
Verbotene Stadt 240
Vicenza 149
Vierzehnheiligen 184
Villa Rotonda 145

W
Wartburg 68
Washington Monument 217
Washington 210
Weimar 206
Westminster 209
Wien 111, 171
Wieskirche 189
Windsor Castle 67
Winterpalais, Sankt Petersburg 196
Worms 66
Würzburg 179

Y
Ypern, Tuchhallen 86

Z
Zikkurat, Ur 16

© 2001 Regency House Publishing Ltd.

Genehmigte Lizenzausgabe
EDITION XXL GmbH
Fränkisch-Crumbach 2006
www.edition-xxl.de

Übersetzung: Vivien Werner, Dr. Peter Albrecht
Satz: REAL Satz und Druck GmbH
Cover: SAMMÜLLER KREATIV GmbH

ISBN (13) 978-3-89736-349-6
ISBN (10) 3-89736-349-6